변화를 포착하는 미래 통찰력

상상 오디세이

상상 오디세이

초판 1쇄 발행 2009년 2월 6일
초판 6쇄 발행 2022년 4월 22일

지은이 에이드리언 슬라이워츠키
옮긴이 조은경
감 수 유정식
펴낸이 김선식

경영총괄 김은영
콘텐츠사업1팀장 임보윤 **콘텐츠사업1팀** 윤유정, 한다혜, 성기병, 문주연
편집관리팀 조세현, 백설희 **저작권팀** 한승빈, 김재원, 이슬
마케팅본부장 권장규 **마케팅2팀** 이고은, 김지우
미디어홍보본부장 정명찬 **홍보팀** 안지혜, 김은지, 박재연, 이소영, 김민정, 오수미
뉴미디어팀 허지호, 박지수, 임유나, 송희진, 홍수경 **재무관리팀** 하미선, 윤이경, 김재경, 오지영, 안혜선
인사총무팀 이우철, 김혜진 **제작관리팀** 박상민, 최완규, 이지우, 김소영, 김진경
물류관리팀 김형기, 김선진, 한유현, 민주홍, 전태환, 전태연, 양문현

펴낸곳 다산북스 **출판등록** 2005년 12월 23일 제313-2005-00277호
주소 경기도 파주시 회동길 490
전화 02-702-1724 **팩스** 02-703-2219 **이메일** dasanbooks@dasanbooks.com
홈페이지 www.dasan.group **블로그** blog.naver.com/dasan_books
종이 (주)한솔피앤에스 **출력·인쇄** (주)북토리

ISBN 978-89-93285-73-4   03320

다산북스(DASANBOOKS)는 독자 여러분의 책에 관한 아이디어와 원고 투고를 기쁜 마음으로 기다리고 있습니다.
책 출간을 원하는 아이디어가 있으신 분은 다산북스 홈페이지 '투고원고'란으로 간단한 개요와 취지, 연락처 등을 보내주세요.
머뭇거리지 말고 문을 두드리세요.

Imagination
Odyssey

변화를 포착하는 미래 통찰력

상상 오디세이

SBS 서울디지털포럼 사무국과 최재천 함께 엮음

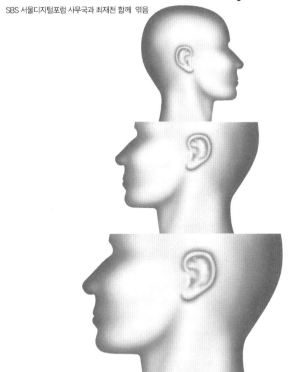

다산
북스

상상력과 변화 - 황석영(소설가)

어느 독자가 나에게 "어떻게 하면 소설을 쓸 수 있을까요?"라고 묻는다면 나는 그에게 되물을 질문이 이미 준비되어 있다. 바로 그 말은 "당신은 어젯밤에 꿈을 꾸었나요?"가 될 것이다. 그는 물론 그렇다고 대답할 것이고 나는 그에게 당신은 날마다 소설을 쓰고 있다고 말해줄 것이다.

사람은 누구나 꿈을 꾼다. 그리고 꿈은 현실의 반영이라고 누구나 상식적으로 말할 수 있다. 또한 반영이라는 것은 현실과 관계를 맺고 있으되 바로 그대로는 아니라는 점을 암시하고 있다. 우리는 현실 세계의 경험들, 현상계의 사물들과 접촉한 지각을 변형하여 재구성하고 상징화하고 간추리고 비약시킨 이미지 묶음과 줄거리를 '꿈'이라고 부른다. 나중에 기억되고 반추된 꿈이 알쏭달쏭하고 애매해서 곧잘 현명한 자나 나이 많고 경험 많은 자에게 '해몽'을 부탁하기도 한다.

과거의 합리주의와 이성적 체계 속에서 이들 복잡다단하고 뜬금없는 인간의 상징 부호들은 평가절하되고 어떻게든 논리적으로 아귀가 맞아야만 했고 명료하게 분석되어야만 했다. 정신분석학은 상상력의 결과물인 꿈을 성적 충동과 사회적 억압 사이의 갈등의 결과라고 규정했다.

그러나 산삼의 신비한 효능을 분석한다고 시험관에 넣고 추출해보았자 잡다한 몇 가지 물질이 나온다거나, 마음이 있는 곳을 가리킬 때 가슴 위에 손을 얹는다고 해서 그곳을 헤쳐봤자 심장밖에는 나올 것이 없는 것처럼 인간의 상상력은 분석으로 규명되는 것이 아니다. 이를테면 뇌세포의 복합적 작용이기도 하고 더욱 분명히 말하자면 그것은 몸 전체의 상호작용의 과정이기도 할 것이다. 상상계는 광대무변한 우주와 같은 몸의 그 어떤 허공에 형성된 영역이다.

그리하여 프로이트와 다르게 부족의 주술사나 동네 할머니들은 시적 이미지와 신화적 상징으로 꿈을 해몽했다. 상상력은 억압의 산물이기는커녕 그로부터 해방되려는 인간의 역동적인 구성력이다. 상상력은 논리나 분석의 로고스에 의하여 전달되는 것이 아니라 그야말로 신화적이고 상징적인 수사에 의하여 전달된다. 그러므로 사람들은 누구나 매일 시와 소설을 쓰고 있다는 말이 된다.

고대인들이 그려놓았던 성좌도라든가 그것을 이미지화한 별들의 신화 체계는 현대 천문학의 밑그림이 되었고 점성술과 역학과 수리는 첨단 물리학의 상징 기호가 되었다. 우리는 고대인의 동굴벽화에서 '상징이란 언제나 환경이 요청한 생체심리학적 요구의 산물'이라는 것을 발견한다. 사람의 사람다움은 바로 상상력을 표현하는 데서 시작된다.

배타적인 과학적 탐구의 습성은 오히려 과학의 인문적 영역을 제한해왔다. 인간의 영혼을 기초로 출발하지 않은 과학은 점점 더 가설로써도 성립될 수 없게 될 것이다. 이를테면 양자역학의 세계는 이미 불교의 색즉시공이나 유학의 기철학에서 사유되고 있었다. 생명의 기원에서부터 영장류에 이른 동물적 존재가 기계론적인 이성의 객관화 과정을 만나는 그 사이에 상상력이 실재한다.

우리는 상상력에 의하여 정신의 무한천공을 날아다니며 과거와 현재 그리고 미래를 넘나든다. 임의로 정해놓은 시간과 공간은 상상력 앞에서는 상대적으로 무화되어버린다.

이렇듯 상상력의 가능성이 현재의 제한된 지구적 문명을 넘어설 대안임에도 불구하고 우리는 그 반대로만 스스로를 제약하고 오히려 상상력을 죽이는 쪽으로 세계를 구축하려고 한다.

지금 이대로 살면서 생존의 방법을 바꾸지 않는다면 아마도 우리는 인류를 위한 유일한 행성인 지구와 더불어 파멸될지도 모른다. 비관적으로는 우리의 문명을 타이타닉호의 항해로 비유하는 이들도 있다. 바로 지척의 파국을 향하여 어둠 속을 헤쳐가는 승객들. 이 파국은 상갑판의 만찬장에서 춤추는 부자들이나 선박 밑바닥의 난민적 이주자들에게나 똑같이 오게 되는 종말이다. 그러나 동양의 고대 천문학에서는 보다 낙관적으로 지구의 모든 물질계와 문명이 전변轉變하는 개벽의 출발이라고 보기도 한다.

나는 '백한 번째 원숭이'라는 글을 기억하고 있다. 작은 섬에 사는 원숭이 부류 가운데 씨앗이나 고구마를 바닷물에 씻어 먹는 원숭이가 나온다. 다른 부류는 그놈의 행태를 곧 흉내 내게 된다. 흙을 씻어낼 뿐만 아니라 소금기가 간간해져서 맛도 좋아진다는 걸 알게 되기 때문이다. 그래서 같은 행동을 하는 원숭이가 백 마리가 넘게 되면 이웃

섬에서도 바닷물에 씻어 먹기 시작하는 원숭이가 나타난다는 것이다. 드디어는 수백 개의 섬들마다 모든 원숭이들의 행태가 변화한다.

문명과 생존이란 상상계의 차원에서 일어나는 주관적이며 동화적인 충동들과 사회적 환경에서 비롯된 객관적 요청들 사이의 끊임없는 교류과정이며, 상상력은 생명체 자신과 세계를 변화시키는 원천인 셈이다.

질서와 제도가 우선이 아니라 자유로운 영혼이 새로운 세계를 이끌어낼 것이다. 이 책에서 그 자유로운 영혼을 만나리라 믿는다.

상상의 힘 – 윌 아이 엠(블랙 아이드 피즈의 프로듀서 겸 리드보컬)

지난 2008년 5월 나는 서울디지털포럼의 연사로 초청받아 서울을 찾았다. 첨단기술산업 분야의 리더로 자리매김하고 있는 한국의 위상을 익히 알기에 디지털 엔터테인먼트의 미래에 대한 내 의견을 나눌 생각에 한껏 고무되었다. 이번 포럼의 주제였던 '상상'은 항상 시대를 앞질러 살려고 노력하는 나의 가치관과도 상징적으로 맞아떨어져 두 번 생각할 것도 없이 의기가 솟았다.

　그 무렵 우리 사이트에 올렸던 노래 'Yes We Can'(버락 오바마 미국 대통령이 2008년 뉴햄프셔 대통령후보경선 예비선거 연설 때 했던 말로 오바마 진영의 선거 구호가 되었다. 오바마를 지지하는 내용을 동명의 노래로 만들어 2008년 2월 인터넷을 통해 무료로 배포하였다)은 다운로드 횟수 3천만 번을 돌파했다. 마침 나는 대중예술가들과 일반인을 대상으로 한 차세대 네트워크 서비스인 딥다이브 Dipdive 를 범세계적으로 확대시키려는 계획을 세우고 있었다. 그래서 광대역 통신망의 범국민적 상용화를 세계에서 가장 빨리 이룬 나라 한국에서 이 프로젝트가 어떤 반응을 얻을지 무척 알고 싶기도 했다. 다행히 정말 기쁘게도 모두 나의 연설에 호응해주었다. 나 역시 세계에서 모인 내로라하는 두뇌들과 어울려 멋진 시간을 보냈다.

연설 중 누군가 "상상의 힘이란 무엇인가?"라는 질문을 했는데 나는 "상상이란 우리 모두를 오늘 이곳에 불러 모은 힘"이라고 답했다. 그 답변은 2008년 전 세계 각 분야를 망라해 새로운 생각을 이끄는 리더들이 서울디지털포럼에 모두 모였다는 사실과 그 사실이 갖는 중요성에 대해 되돌아보는 계기가 되었다. 나 역시 같은 궁금증을 갖고 있었다. 이 사람들이 여기 모여 하고자 하는 것이 무엇일까? 우리 손에서 좀더 나은 세상을 향한 변화를 이끌어내는 것이 정말로 가능한 일일까? 내 연설이 사람들의 의지를 돋우고 서로를 더 가까이 연결할 수 있을까? 내가 깨달은 것은 그 자리에 온 사람이면 누구나 상상의 힘을 믿기에 그곳으로 모였다는 것이다. 그리고 물론 그것은 내가 그 자리에 참석했던 이유이기도 했다. 나는 질문에 대한 답을 서울에서 찾았고, 최근 미국 대통령 선거 때 버락 오바마의 승리로 다시 한 번 확인했다.

　오바마 대통령이 대선 후보 시절 뉴햄프셔에서 했던 연설이 나를 감동시켜 더 많은 사람에게 그 감동을 전하도록 했던 것처럼 이 책에 담긴 소중한 연설들이 사람들의 마음을 움직여 그들의 삶에 새로운 장을 마련하는 계기가 되기를 바란다. 너무나 멋진 경험을 나눌 기회를 주신 서울디지털포럼 사무국에 감사드리며, 아울러 내 고향에서 '상상의 힘'을 믿고 서로 힘을 합해 지난 미국 대선에서 엄청난 변화의 힘을 보여주었던 미국 국민들에게도 감사의 마음을 전하고 싶다. 한국 국민의 저력 또한 이에 못지않다는 것을 진심으로 느낀다. 그리고 이제 그 힘으로 지금까지보다 더 큰 변화를 이끌어낼 수 있으리라 믿어 의심치 않는다.

Contents

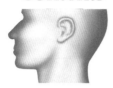

IDENTITY: BIO-REVOLUTION AND HUMAN EVOLUTION
아이덴티티 – 바이오 혁명과 인간의 진화

MEDIA: DIGITAL CONCEPTION OF ANALOG CONTENTS
미디어 – 디지털, 아날로그의 콘텐츠를 품다

ENVIRONMENT: FROM EARTH TO SPACE
환경 – 지구에서 우주로

미래를 과학하다

나는 요즘 가까운 지인들로부터 심심찮게 "이 참에 아예 돗자리를 깔라"는 충고를 듣는다. 몇 년 전 미국 대선에 대해 다분히 원론적인 예측을 내놓은 것이 뜻밖에 상당히 적중했기 때문이다. 힐러리 클린턴 상원의원의 이름이 유력한 대선후보로 사람들 입에 오르내리기 시작할 무렵 나는 미국이 그리 쉽사리 여성 대통령을 세우지는 못할 것이라는 사뭇 부정적인 견해를 밝힌 바 있다. 평소 여성친화적인 발언을 주저하지 않았던 내 전력에 비춰볼 때 다소 뜻밖이라는 게 주변의 반응이었다. 미국은 원래 청교도 정신에 입각하여 세워진 나라이고 비록 지금 세계의 변화를 주도하고 있지만 놀라울 정도로 보수적인 나라이기 때문에 나는 여성 대통령은 차라리 우리나라에서 먼저 나올 것이라고 호언장담했다. 거기다 한 술 더 떠 나는 미국에서 흑인 대통령이 여성 대통령보다 먼저 나올 것이라고 예측했는데 그 당시만 해도 가망성이 거의 없어 보이던 버락 오바마가 덜컥 대통령이 된 것이

15

다. 나는 사실 흑인이든 여성이든 백인 남성 이외의 사람이 미국 대통령으로 당선되는 날이 이렇게 빨리 올 줄은 미처 몰랐다. 이번 일은 홀로 어림잡아 헤아린 나의 억측^{guess}이 요행 맞아떨어진 것일 뿐 과학적인 미래 예측의 결과는 아니다.

2008년 5월 6일부터 8일까지 사흘 동안 전 세계 70여 명의 선구자적인 리더들이 한자리에 모였다. 《상상 오디세이》는 이들의 눈부신 상상력이 생물학과 생태학에서 출발하여 디지털 세계를 거쳐 급기야는 저 광활한 우주로 거대한 날개를 펼치는 대서사시를 기록하고 있다. 이 책에는 조만간 우리 눈앞에 펼쳐질 여러 가능한 미래들에 대한 묘사와 좀더 밝은 미래를 위한 제안들이 다양하게 소개되어 있다. 어떤 것들은 이미 조짐이 보이기 시작했고 거의 틀림없이 벌어질 현상처럼 보인다. 그런가 하면 만일 벌어지기만 한다면 얼마나 멋질까 싶지만 사실 실현 가능성은 그리 커 보이지 않는 것들도 있다. 하지만 지금 이 시점에서 가늠하는 실현 가능성은 그저 확률적인 의미를 지닐 뿐이다. 미래학이란 바로 가능한 미래^{likely or possible future}와 바람직한 미래^{desirable or preferable future} 사이의 간극을 줄이려는 노력이다. 따라서 가능성 여부와 상관없이 모든 제안을 심도 있게 검토할 필요가 있다.

이 책에 그려져 있는 많은 예측들은 빌 게이츠의 예측을 제외하고는 그 기간을 명확하게 명시하지는 않았다. 하지만 대부분 지금으로부터 약 10년 후인 2020년 무렵을 겨냥하여 상상된 것들이다. '태양광 돛단배^{solar sail}'를 타고 저 광활한 우주 공간을 인간 시간으로 여행하려는 앤 드루얀과 우주를 전쟁터가 아니라 관광지로 보고 우주호텔을 짓겠다는 제이비어 클라라몬트의 꿈은 10년 안에 이뤄지기 어려울지 모르지만, 향후 10년을 제2의 디지털 시대로 삼자는 빌 게이츠의 제안을 비롯한 대부분의 미래 구상들은 이미 진행 중이거나 언제라도 시동을 걸 준비가 되어 있는 것들이다. 2010년대는 우리 인류에게 또 한 번 화려한 이카루스의 날개를 허락할 것이다.

　최근 어느 조사에 따르면 과거에 존재했거나 현재에 존재하는 것들이 미래에도 여전히 존재할 가능성^{continuation}이 지난 100년 동안에는 80퍼센트였는데 이제는 5퍼센트 정도로 줄어든 반면, 지금까지 경험하지 못한 전혀 새로운 것이 미래에 나타날 가능성^{novelties}은 5퍼센트에서 85퍼센트로 급증했다고 한다. 산업화, 민주화, 정보화의 과정을 숨 가쁘게 달려온 우리 사회가 이제 드디어 미래를 내다볼 여유를 얻은 것 같다. 하지만 변화의 속도와 불확실성이 동시에 증가하고 있는 상황에서 미래를 예측하는 일은 점점 더 어려워지고 있는 게 사실이다. 근래 10여 년간 우리나라를 찾은 미래학자들은 한결같이 우리 정부에 '국가미래전략청'이 있어야 한다고 충고했다. 세계적인 석학들이 유독 우리나라에 이 같은 고언을 하는 이유는 지나치게 높은 우리나라의 해외의존도 때문이다. 우리나라는 좀 산다는 나라 중에서 산업, 사회 전반에 걸쳐 해외의존도가 가장 높은 나라 중 하나다. 해외의존도가 높은 나라일수록 먼 미래에 초점을 맞추고 국제시장의 동향을 살피고 그에 따라 국가전략을 수립해야 한다. 그렇지 않으면 노력은 노력대로 열심히 들이면서도 종종 전혀 예상하지 못했던 외부 충격에 속절없이 무너질 수밖에 없다. 우리는 이미 10여 년 전에 외환위기를 겪은 경험을 갖고 있다. 온몸으로 위기를 이겨내는 능력은 출중했는지 모르지만 그런 위기를 맞지 않기 위해 준비하는 능력은 거의 완벽하게 결여되어 있는 나라가 바로 우리 대한민국이다. 다행히 이명박 정부에 대통령 직속 미래기획위원회가 설립되었다. 이 위원회가 이번 정부만 보좌하는 5년짜리 위원회로 끝나지 않기를 기대해본다.

나는 요사이 문화와 문명의 차이에 대한 생각을 많이 하고 있다. 우리는 그동안 인류의 역사는 몇 개의 거대한 문화권으로 나뉜 가운데 그 각각의 문화권 속에서 서로 다른 문명들이 흥망성쇠를 거듭해온 것이라고 배웠다. 즉 문화가 큰 개념이고 문명은 다분히 국지적인 현상이라고 배운 것이다. 나는 이제 이러한 전통적인 문화와 문명 사이의 관계를 다시 정립할 때가 되었다고 생각한다. 인류는 이제 과학기술의 거대문명^{meta-civilization}에 의해 하나로 묶였다. 이 지구 생태계에 태어나 과학기술의 영향 밖에서 살 수 있는 사람은 더 이상 아무도 없다. 지구 어느 지역에 살고 있든, 어떤 전통 문화권에 속해 있든 모두 예외 없이 과학기술의 문명 속에 존재한다. 나는 이제 문명이 우리 인류를 하나로 묶어주는 실체이고 문화는 거의 문화 바이러스^{culture virus}의 개념으로 이해해야 한다고 생각한다. 이제 게임의 법칙은 누가 더 전염성이 강한 문화 바이러스를 만들어 퍼뜨리는가에 달려 있다. 조류독감이 만일 조류들만 걸리는 질병이라면 우리가 이처럼 민감하게 반응하지 않을 것이다. 조류독감 바이러스가 인수공동의 특성을 지니고 있기 때문에 엄청난 공포를 느끼는 것이다. 성공적인 문화 바이러스는 이처럼 숙주를 옮겨 다닐 수 있어야 한다. 이 책의 연사들은 정보통신, 바이오, 환경, 에너지, 우주산업 모두에서 어떻게 하면 더 강력한 바이러스를 창조하여 퍼뜨릴 수 있는가를 논의하고 있다.

독일의 신학자 몰트만[J. Moltmann]은 그의 저서 《오시는 하나님[Das Kommen Gottes]》(1995)에서 미래를 Futurum[Future]과 Adventus[Advent], 두 가지로 나누어 설명한다. 시간을 만일 지속적으로 흘러가는 단순한 선의 개념으로 이해한다면 Futurum은 아직 지나가지 않은 과거에 지나지 않는다. 이에 비해 Adventus는 앞서 있는 시간인 미래가 과거와 현재를 포함한 모든 시간 속으로 들어온다는 개념을 의미한다. 따라서 Adventus는 '시간이 지닌 가능성의 전제'이며 '시간의 발원이자 원천'이다. 기독교적인 시간은 어쩌면 미래에서 시작되어 현재를 거쳐 과거로 흘러가는 것인지도 모른다.

몰트만의 시간 개념은 다윈[Charles Darwin]의 그것과 사뭇 다르다. 다윈의 진화론적 시간 개념에 따르면 유전자라는 과거의 지침에 따라 현재를 구성하고 있는 변이들 간의 자연선택 과정에서 어떤 미래가 창조될 것인지 아무도 예측하지 못한다. 그래서 다윈은 원래 진화를 표현하는 말로 'Evolution'이라는 단어를 쓰려 하지 않았다. 'Evolution'은 '펼쳐 보인다'라는 뜻의 그리스어에서 온 말이라서 창조자 하나님이 이미 예정해놓은 미래가 우리 눈앞에 펼쳐진다는 뉘앙스가 너무 강했기 때문이다. 미래는 진정 다가오는 것인가, 아니면 만들어가는 것인가? 미래학자들은 한결같이 미래란 고체의 형태를 갖고 있는 게 아니라 어떤 그릇에 담느냐에 따라 모양이 달라지는 액체와 같다고 말한다. 그런가 하면 우리는 흔히 "우리에게 과연 어떤 미래가 펼쳐질지" 궁금해하며 다분히 수동적인 입장을 취한다. 미래는 반드시 온다. 비록 찰나의 현재에 머물곤 이내 과거로 사라져버리긴 하지만.

미래가 예정된 것이든 우리가 만들어가는 것이든 한 가지 분명한 사실이 있다. 미래는 준비하는 자의 것이다. 꿈꾸는 자만이 미래를 맞이할 수 있다. 미래가 설령 예정되어 있는 것이라도 준비하고 기다리는 자에게 제때 제대로 열릴 것은 너무나 당연한 일이다. 만일 미래가 전혀 정해지지 않은 무한한 가능성의 세계라면 미래에 대한 예측은 훨씬 더 강력한 힘을 발휘할 수 있다. 컴퓨터 기술 덕택에 이제 우리는 과거에는 꿈도 꾸지 못했던 예측들을 비교적 정교하게 구체화할 수 있는 능력을 갖게 되었다. 미래는 상상을 타고 온다. 소로[Henry David Thoreau]는 일찍이 "세상은 우리의 상상력을 위한 화폭에 불과하다"고 말한 바 있다. 우리는 전례 없이 상상력을 요구하는 시대에 살고 있다. 상상력이란 과연 어디에서 오는 것일까? 나는 우리 교육이 무턱대고 상상력을 기르자고 윽박지르는 것 같아 불편하다. 우리 사회에서는 무슨 까닭인지 상상력은 예술가나 인문학자의 전유물로 생각하는 경향이 있다. 그래서 그런지 상상력이란 말에는 종종 '인문학적'이란 수식어가 붙는다. 하지만 과학이야말로 상상력이 없이는 한 발짝도 나아가기 어려운 학문이다.

리처드 도킨스[Richard Dawkins]는 그의 저서 《무지개를 풀며[Unweaving the Rainbow]》에서 뉴턴이 프리즘을 이용하여 빛이 실제로는 여러 가지 색들로 이루어져 있음을 밝혀내는 바람에 무지개의 신비와 시성을 앗아갔다고 통탄한 영국의 시인 키츠에게 이렇게 되묻는다. 빛의 정체를 알게 되어 우리의 상상이 태양계를 넘어 저 광활한 우주로 펼쳐질 수 있게 된 것이 무지개란 요정들이 금덩어리를 감춰둔 곳이 비가 올 때마다 드러나 보이는 것이라는 켈트 신화의 상상보다 진정 못한 것이냐고. DNA의 존재를 알고 난 다음 뇌의 구조와 기능에 대해 더 많이 알게 된 지금 우리의 상상력이 예전보다 위축되었다고 말할 수 있는가? 상상력도 지식이 바탕이 되어야 더 큰 힘을 발휘할 수 있다. "학식은 없고 상상력만 있는 사람은 다리는 없고 날개만 있는 것"이라 했던 프랑스의 작가 주베르^{Joseph Joubert}의 지적을 되새길 필요가 있다. 나는 교육받은 상상력이 막무가내 상상력보다 대체로 우수하다고 믿는다. 이 책에는 과학적 상상력의 아름다운 무지개들이 수도 없이 떠 있다. 그것들이 아름답다는 것을 아는 것은 전적으로 여러분의 몫이다. '아름다움'이란 말은 '안다'라는 말에서 온 것이다. 우선 알아야 아름다움도 느낄 수 있다.

미래학은 정확한 미래 시점을 짚고 하는 학문이다. 그렇지 않으면 소설 또는 사기에 지나지 않는다. 예를 들어, 내가 만일 "미래에는 로봇이 인간을 지배할 것"이라는 예측을 내놓았다고 하자. 그러나 수십 년이 지나도 그런 일이 일어나지 않을 수도 있다. 그때 누군가가 내게 "아니, 미래에는 로봇이 인간을 지배한다더니 어찌 된 일이냐"고 따진다 하더라도 나는 여전히 "기다리시라니까요. '미래'에는 로봇이 인간을 지배한다니까요" 하며 한없이 미룰 수 있다. 미래학은 정확한 미래 시점을 짚고 지금 우리가 가지고 있는 모든 자료와 기술을 바탕으로 하여 과학적인 예측을 도출하는 학문이다. 미래학은 바로 교육받은 상상력의 과학이다.

이 책은 우리의 상상력으로 하여금 '시.간.$^{T.I.M.E.}$'을 가로지르게 만든다. 여기서 '시.간.$^{T.I.M.E.}$'이란 '서울디지털포럼 2008'의 주제로서 그야말로 시공간을 초월하여 시대의 가장 중요한 다음 네 가지 주제들을 섭렵하는 우리의 노력을 의미한다. Technology above and beyond(테크놀로지, 그 이상을 넘어), Identity: Bio-revolution and human evolution(아이덴티티—바이오혁명과 인간의 진화), Media: Digital conception of analog contents(미디어—디지털, 아날로그의 콘텐츠를 품다), Environment: From Earth to Space(환경—지구에서 우주로).

우리보다 훨씬 역사도 깊고 체력적으로도 건강한 지식생태계를 갖고 있는 선진국들은 종종 우리를 가리켜 자기들의 '중고 미래'를 재탕하는 나라라고 조롱한다. 하지만 우리는 그 어느 나라 국민보다 치열하게 교육받은 사람들이다. 동족 간의 전쟁으로 거의 완전하게 쑥대밭이 되었던 나라가 겨우 반세기 만에 무슨 재주로 세계 10위권의 경제대국이 될 수 있었겠는가? 근대 인류 역사에 이 같은 기적을 그 누가 상상할 수 있었으랴? 하지만 우리는 그걸 해낸 위대한 민족이다. 도대체 이 엄청난 기적은 어떻게 일어난 것인가? 나는 우리가 이룬 기적은 순전히 교육의 힘으로 된 것이라고 생각한다. 그리 좋지도 않은 제도 속에서도 죽어라 공부한 덕에 이렇게 우뚝 서게 된 것이다. 이제 그동안 우리가 습득한 이 엄청난 지식 위에 상상의 성을 쌓으면 되는 것이다. 우리는 선진국으로 도약할 준비를 갖춰온 일등 국민이다. 이 책이 우리들에게 누구보다도 멋진 2010년대를 열어주리라 믿는다.

-최재천

CHAPTER 1

Imagine the
Future

미래를
상상하다

상상력의 원천,
무한한 우주를 향하여 발을 딛다

올해 포럼은 '상상력 – TIME Technology, Information, Media, Entertainment 과 우주, 그리고 그 너머를 향한 탐험'이 주제다. 여기에 한 마디 덧붙인다면 '시간과 우주, 그리고 그 너머를 향한 탐험과 이해'라 할 수 있다. 물론 우리는 아직도 우주에 대해 모르는 것이 많다. 그러니 우주 그 너머에 대해서는 더더욱 아는 바가 없을 뿐더러, 우주 공간에서는 시간조차도 전혀 다른 개념으로 바뀌고 만다.

이곳 지구에서는 해가 뜨면 아침밥을 먹고 해가 지면 잠자리에 들 겠지만 우주 공간에서는 아침저녁이 따로 없이 그야말로 원하는 시간이 그 시간이 된다. 허블 우주망원경을 통해 우주를 바라볼 때, 우리 눈에 보이는 것이 끝도 없이 멀리 펼쳐진 공간인가, 아니면 시간인가? 사실 나도 잘 모르겠다. 하지만 이번 포럼 주제인 '상상력'은 향후 100

년 동안 변하지 않을 주제라는 것만큼은 분명하다. 그때까지도 우리는 여전히 시간과 우주 공간이 무엇인지, 또 그 너머엔 무엇이 있는지 알아내려 애쓰고 있을 것이기 때문이다.

솔직히 나는 지구 밖 우주 저편의 다른 천체에 머물다 온 적이 있다는 사실이 무척 자랑스럽다. 나야말로 상상과 꿈과 앞서가는 생각이 결국 현실로 이루어진다는 것을 보여준 산증인이 아니겠는가. 아직 우주비행 경험이 전혀 없었던 신참 우주비행사 시절, 훗날 로켓공학자로 이름을 떨치게 되는 베른허 마그누스 폰 브라운^{Wernher Magnus von Braun} 박사와 저녁식사를 함께한 적이 있었다. 그때 박사는 억센 독일식 억양으로 이렇게 말했다. "서난 중위, 어떻게 달에 갈 수 있을까 하는 걱정은 하지 마시오. 대위를 달에 보내는 건 나, 이 폰 브라운 박사가 할 일이요. 중위는 달에 도착하면 무엇을 할지나 걱정하면 됩니다." 잠자코 박사의 말을 듣고는 있었지만 솔직히 나는 그 말에 반신반의했다. 하지만 나는 박사의 말처럼 정말 달에 갔다 왔고, 박사의 상상과 앞선 생각은 결국 현실로 이루어졌다.

이제 지금 내가 있는 곳은 어디인지, 또 내가 다녀온 곳은 어떤 곳인지, 그리고 내가 이룬 것은 무엇인지에 대한 생각을 여러분과 함께 나누고자 한다. 오래전 우리 선조들은 별나라에 가는 꿈을 꾸었다. 아무도 가보지 못한 곳에 가는 꿈을 품고 살아왔다. 그들은 불가능을 꿈꾸었던 것이다. 도저히 이루어질 수 없을 것 같은 일을 바라는 것으로 보였으니까. 그리고 오늘날 한국의 최초 우주인 이소연 씨나 나 같은 사람이 그런 불가능한 일을 해낼 수 있었던 것은 바로 그 옛날 옛적 있을 법하지 않았던 일을 꿈꾸었던 우리 선조들 덕분이다.

비행기를 조종하고 싶다는 꿈을 꾸던 어린 시절에는 바로 그 꿈으로 인해 훗날 내가 달 위에 머물며 내 발로 달 위를 걸어 다니게 될 줄은 정말 몰랐다. 인간이 처음으로 달에 발을 디딘 지도 벌써 40년이란 세월이 흘렀다. 그러나 그 일이 계기가 되어 앞으로 인간이 어떤 일을 더 이루게 될지 아는 데는 앞으로 50년, 아니 어쩌면 100년의 세월이 더 필요할지도 모른다. 인류는 지구라고 부르는 이 행성을 벗어나 다른 별로 갔다. 그저 지구 둘레를 도는 것으로 그치지 않고 다른 별, 우주 저편에 있는 다른 천체로 날아가서 3일 동안이나 머물다 왔다.

지난 세대가 이룬 업적의 진가를 우리가 제대로 파악했는지는 잘 모르겠지만 미래의 역사가들은 지난 100년을 기적의 시대라 부를 것이다. 지난 20세기까지 인류가 이룬 업적은 처음에는 땅 위에 머물렀고, 그 다음엔 바다로 뻗어나갔을 뿐이다. 그러다 큰 꿈을 품었던 두 사람, 오빌과 윌버 라이트 형제Orville and Wilbur Wright의 의지와 상상력이 인류의 등에 날개를 달아주었다. 그 후 인류는 상상의 나래를 더욱 활짝 펴고 다른 별에 도달하기 위한 도구와 기술을 개발해냈다. 그렇게 해서 달은 더 이상 외계가 아니라 인류의 삶터로 부를 수 있는 역사적인 날을 맞이할 수 있었다.

아폴로11호가 달에 착륙한 지 40년의 세월이 흘렀다. 가끔은 존 F. 케네디 대통령이 21세기 속으로 손을 뻗어 10년만큼의 시간을 움켜쥔 다음 1960년대와 1970년대 사이를 정확히 갈라 그 사이에 끼워 넣었던 것이 아닐까 하는 생각이 들 때가 있다. 우리는 달에 갔다가 지구로 돌아왔다. 그리고 이제 다시 미국은, 아니 온 세계는 다시 달여행에 도전할 계획을 세우고 있다.

이제 과거를 돌아보면서 우리의 시작이 어땠는지 살펴보자. 나는 기술자 출신이고 또 평생 항공조종사로 일했지만, 사실 오늘까지 걸어온 길은 몽상가요, 철학자의 길이었다고 할 수 있다. 이 점이 내 인생에서 갖는 진정한 의미가 무엇인지 되새겨보면서, 우리 뒤를 이어 미래를 살 사람들의 마음과 생각에 영감을 불어넣는 것이 얼마나 중요한 일인지 일깨워줄 수 있기를 바란다.

1961년으로 되돌아가 보자. 의회 연단에 선 케네디 대통령은 달에 유인우주선을 보냈다가 다시 지구로 무사귀환 시키는 데 미국이 도전할 것이며, 그것도 1960년대가 끝나기 전에 완수하겠다고 발표하여 세상을 놀라게 했다. 당시 대통령의 요구는 불가능한 일을 해내라는 주문으로밖에 느껴지지 않았다. 아마도 근대사를 통틀어 이 때의 발표보다 엄청난 도전은 일찍이 없었을 것이다. 하지만 케네디 대통령이 우리에게 이렇게 터무니없는 상상

불가능을 향한 도전

과 허무맹랑한 꿈을 현실로 만들 것을 요구했기 때문에, 뒷날 미국인의 자부심과 도전정신이 고취될 수 있었고, 무엇보다 미국은 기술력과 경제력에서 강한 나라가 될 수 있었다.

케네디 대통령의 도전을 엄청난 도전이라고 불렀던 이유는 여기에 그치지 않는다. 그 도전은 냉전시대가 절정에 달한 시점에서 이루어졌다. 소련이 이보다 몇 년 전인 1957년에 벌써 세계 최초의 인공위성 스푸트니크1호를 발사했고, 존 F. 케네디 대통령의 연설이 있기 바로 한 달 전에는 소련 우주비행사 유리 가가린^{Yurii Alekseevich Gagarin}이 세계 최초로 우주여행에 성공했다. 의회 연설 3주 전에 미국 최초의 우주인 앨런 셰퍼드도 우주여행에 성공했으나 그가 우주에 머무른 시간은 고작 16분에 불과했다. 당시는 반전운동에 따른 대학생 소요사태와 시민투쟁으로 나라 전체가 이루 말할 수 없이 어수선했고 후에 미국사회에 엄청난 아픔을 가져올 베트남 전쟁이 본격화되던 시기였다.

당시는 소련이 말 그대로 우주를 꽉 잡고 있었다. 소련이 중량물 발사 로켓^{heavy lift rocket}을 쏘아 올릴 때, 미국 로켓은 발사대도 채 못 떠나고 폭발해버리던 때였다. 케네디 대통령이 정말 선견지명이 있었는지, 그저 몽상가에 불과했던 건지, 그도 아니면 정치적으로 수완이 좋은 사람이었던 건지 나도 헷갈리곤 했다. 솔직히 아마 이 세 가지 모두가 아니었을까 생각한다. 하지만 무엇보다 중요한 점은 그의 도전이 우리를 움직였다는 것이다. 그리고 이제 뒤돌아보니 그의 도전은 미국뿐 아니라 인류 전체가 미래로 나아가도록 움직이는 계기가 되었다. 결국 그 도전 때문에 오늘날의 우리가 있게 된 것이리라.

그때의 도전은 분명 미래에 대한 약속이었다. 그리고 인간의 영역이 지구의 테두리를 벗어나 우주의 다른 천체에까지 뻗어나가게 될 것이라는 약속이자, 인류 역사에서 유례를 찾아보기 어려운 위대한 기술적 노력을 요하는 과제였다. 하지만 그때의 아폴로 우주선은 이제 기술적으로 봤을 때 고물이 다 되었고, 세월의 녹이 슬어 빛이 바래고 말았다. 지금은 우리가 달까지 날아가기 위해 기울였던 두뇌싸움보다 여러분 주머니에 든 휴대전화를 연구하기 위한 경쟁이 더 치열한 세상이다. 오늘날 우리가 운전하는 차 계기반은 내가 지구에서 40만 킬로미터 떨어진 우주 공간에서 달착륙선을 타고 실제로 달 표면에 내려갈 때 다루던 조종 장치보다 더 현란한 기능을 자랑한다.

그때 달에 가기 위해 쏟았던
기술적 노력보다 훨씬 중요했던 것은
불굴의 의지였다.
결국 우리가 후대에게 물려준
유산은 기술적 업적이 아니라
바로 이 굴하지 않는 정신력이다.

하지만 그때 달에 가기 위해 쏟았던 기술적 노력보다 훨씬 중요했던 것은 불굴의 의지였다. 결국 우리가 후대에게 물려준 유산은 기술적 업적이 아니라 바로 이 굴하지 않는 정신력이다. 그 유산은 우주 공간을 걸어 다니고 달을 자신의 집으로 부를 수 있는 행운이 주어졌던 단 몇 사람에 의해 얻어진 것이 아니라, 세상 거의 모든 사람들이 달성하기 어려울 것으로 여겼던 목표를 향해 헌신했던 수많은 사람들이 함께 이루어낸 업적이다. 발사되기도 전에 우주선 내 화재로 세 명의 대원을 잃었던 1967년 아폴로1호 폭발사고의 아픔을 극복할 수 있었던 것도 불굴의 의지와 헌신의 정신이 있었기에 가능했다.

또 (1970년 달 착륙에 실패하고 지구귀환 가능성도 불투명했던) 아폴로13호 대원들에게 "우리에게 실패란 없다"라는 메시지를 전하고 생환시키겠다는 의지를 끝까지 버리지 않았던 것 역시 이런 불굴의 의지에서 비롯된 것이다. 사실 당시의 상황을 가까이서 지켜보았던 나는 그때 세 명의 대원을 끝도 없는 시공 속에서 잃어버리게 될 것이라고 단언했다. 실감했던 것보다도 더 위급한 상황에서 아폴로13호를 타고 달로 갔던 대원 세 명 모두가 무사히 지구로 돌아왔다는 사실은 우리 인간의 의지가 보여준 승리 그 자체였다.

이것은 모두 불가능을 가능으로 돌릴 수 있다고 믿었고 꿈꾸는 것을 두려워하지 않았으며, 현실적으로 닿을 수 없는 곳에 과감히 도전하면서 실패에 좌절하지 않고 시도하기를 망설이지 않았던 사람들이 엄청난 뚝심으로 일궈낸 승리였다. 달여행에 인류 최초로 성공할 수 있었던 것은 굴하지 않는 의지의 산물이었다. 불굴의 의지만 있다면 앞으로도 다시 달에 갈 수 있을 것이고, 또 불굴의 의지가 있는 한 달에 가는 것이 불가능할 이유도 없다. 이것이야말로 아폴로 달탐사 계획이 우리에게 남겨준 진정한 유산이다. 우리 삶에서 첨단기술이 차지하는 역할이 크긴 하지만, 과학과 기술은 가능성을 열어줄 뿐 실제로 해내는 주체는 결국 사람이라는 것을 마음에 새겨야 한다.

이제 시간을 조금 빨리 앞으로 돌려 아폴로17호 이야기로 넘어가보자. 달로 가는 마지막 우주선이었던 아폴로17호의 기장記章을 보면, 여러 가지 문양이 있는데, 별들과 행성들은 우주를 나타내는 것이고 오른쪽 옆에 높이 떠 있는 것은 주인공인 달을 가리킨다. 그리고 근대 미국의 상징 흰머리독수리가 그려져 있다. 흰머리독수리의 날개가 달을 스치는 것은 그동안 달여행으로 배운 것을 가슴에 새기고, 인류를 미래로 이끌겠다는 다짐을 뜻한다. 이 기장은 오늘날 우리의 위치를 가리키는 동시에, 앞으로의 도전은 국제적 차원에서 힘을 합쳐 이뤄져야 한다는 뜻으로 귀결된다.

아폴로17호 대원들 – 서난, 에반스, 슈미츠

아래에 보이는 사진은 밤하늘을 훤히 밝히는 아폴로17호의 발사 순간이다. 이를 보고 사람들은 아무것도 없던 우주에 불이 켜진 것 같다고 했다. 빛이 물을 가로질러 번지고, 미처 소리가 사람들에게 닿기도 전에 갑자기 물고기 한 마리가 물 위로 튀어 오르는 모습 같다고 하기도 한다.

다음에 보이는 사진은 지구가 커다랗게 찍힌 아주 흥미로운 모습이다. 우리가 달로 향하면서 가장 먼저 포착할 수 있었던 지구 근접사진이다. 지구 궤도에 진입하면, 시속 3만 킬로미터에 달하는 속도로 지구둘레를 90분에 한 바퀴씩 돌게 된다. 이렇게 지구 위를 한 바퀴씩 돌 때마다 해가 뜨고 지는 것을 16번씩 번갈아 볼 수 있다. 지구 표면

아폴로17호 야간 발사

지구 궤도 바깥에서 본 세계

에서 약 300에서 400킬로미터 상공에서 보는 일출과 일몰은 그야말로 장관이라는 말밖에는 달리 표현할 길이 없다. 하지만 시간이 지나 우리의 거대한 새턴5형 로켓의 제3단이 추진을 시작하면 달과의 랑데부를 위해 시속 4만 킬로미터의 속도로 솟구쳐 올라가게 된다. 이때부터는 사정이 달라진다. 달로 추진해가면서 지구를 뒤돌아보면, 지구 궤도를 돌 때 보았던 완만한 곡선이 점점 오그라들어 완전한 원을 만들면서 어느덧 위의 사진과 같은 광경이 눈앞에 펼쳐지기 시작한다. 이는 무척 신기하면서도 아주 친숙한 지구의 모습이다.

멀리서 보는 지구의 모습은 고작 일개 도시나 한 국가의 상공을 나는 수준이 아니라는 것을 여실히 느끼게 한다. 미국 전체를 15분 만에 가로지르자, 난생처음 지구 위의 땅과 바다가 모두 제 모습을 다 갖춘 채 한눈에 들어오기 시작한다. 비로소 우주를 여행하고 있다는 사실이 실감나면서도 여전히 믿기지 않아 내 살을 꼬집어보기도 했다. 그리고 그 순간 내가 어느 공간, 어느 시간, 그리고 어느 역사에 존재하는 것인지 자문해보았지만 제대로 감이 오지 않았다.

이제 지구는 믿겨지지 않을 만큼 새카만 3차원의 공간에 덩그러니 떠 있다. 끝도 없이 펼쳐진 우주 공간과 시간, 그 무한함의 실체를 지금 여러분에게 보여줄 수는 없다. 그리고 그것이 진정 의미하는 것이 무엇인지 안다고도 장담 못하겠다. 하지만 분명 말할 수 있는 것은 시간과 공간은 끝없이 존재한다는 것이다. 무한히 펼쳐진 우주 공간과 시간을 내 눈으로 직접 목격하였기 때문이다. 그리고 우리가 살고 있는 이 세계는 그 시공 안에서 우리 머리로는 이해할 수 없는 어떤 목적과 논리에 따라 3차원적으로 움직이고 있다.

수차에 걸친 우주여행, 특히 두 번의 달여행에서 가장 기억에 남는 것은 역시 뒤로 멀어져가는 지구의 모습이었다. 이제 더는 지구 위에서 일출과 일몰을 따라 비행하지 않고, 그야말로 바깥으로 물러나서 해가 지구 전역에서 동시에 뜨고 지는 광경을 한눈에 바라볼 수 있었다. 태양이 미국 동부해안에서는 지면서 동시에 호주 동해안에서는 떠오르는 모습이 고개를 돌릴 필요도 없이 그대로 다 보였다. 북극해에 떠 있는 빙산에서 황량하게 눈 덮인 남극대륙까지 한눈에 들어오고 서로 잇닿아 있는 해양과 해양, 평야와 평야를 가로질러 바람이 휘몰아치는 북남미의 산맥들이 한꺼번에 펼쳐졌다.

달을 향해 진로를 잡고 날아갈 때는 두 가지 일이 일어난다. 하나는 지구가 점점 작아지는 것인데, 처음에는 굉장히 빠른 속도로 작아지다가 달이 가까워지는 둘째 날과 셋째 날에는 작아지는 속도가 훨씬 느려진다. 그러다 결국 영화 〈아폴로13〉에서 짐 러벨 선장역을 맡은 톰 행크스가 했던 것처럼 엄지손가락 하나로 지구 행성 전체가 완전히 가려질 만큼 작아진다. 짐 러벨 선장은 그때까지 인류가 전부라고 믿었던 세상을 고작 손가락 하나로 완전히 덮어버린 것이다.

또 다른 하나는 달로 향하는 여행 첫 12시간에 걸쳐 일어난다. 처음에는 가운데 있던 남아메리카가 구석으로 비키더니 아시아가 전면에 나서고, 그 다음엔 아프리카, 그리고 유럽이 모습을 드러낸다. 지구는 보이지 않는 축을 중심으로 24시간마다 한 바퀴씩 돌기 때문에 12시간 후에는 세상 반대편을 보게 되는 것이다. 북아메리카를 보고 있는가 싶었는데 어느 순간 멕시코가 보이고, 그러다 남아메리카 밑단이 보인다. 그 광경이 불러일으키는 감동이 얼마나 압도적이고 경이로운지 정말 말로는 설명하기 어렵다.

그 후에는 달에 다가가는 내내 햇빛을 받으며 가다가 순간 거대한 그림자가 드리워진다. 아직 달의 모습이 보이지는 않지만 달에 근접했음이 느껴지는 순간이다. 이때 달의 그림자를 벗어나 우주선의 추진에너지를 조금 줄여 다시 햇빛 속으로 비켜난다. 그러면 마치 공상과학영화 속으로 들어선 것처럼 태양이 불쑥 튀어나온다. 이때 보이는 달의 모습을 두고 아폴로11호 우주비행사 버즈 올드린Buzz Aldrin은 "웅장한 황무지magnificent desolation"라고 표현했는데, 이 얼마나 멋진 표현인가. 아무런 색 없이 그저 회색의 그림자가 겹겹이 드리워진 땅이 끝없이 펼쳐져 있다.

햇빛을 받은 달

다음에 보이는 사진은 아폴로17호 달착륙선의 모습이다. 우주비행의 특징 중

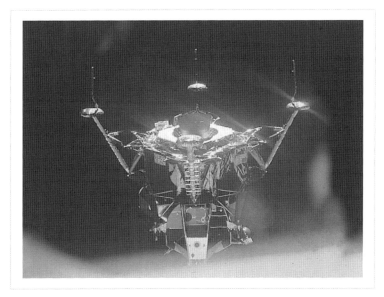

아폴로17호 달착륙선

하나는 우주선 안에서 어떤 때는 거꾸로 떠 있고, 또 어떤 때는 똑바로 떠 있다는 것이다. 그렇기 때문에 무중력 상태에서는 눈으로 보았을 때 위다 아래다 하는 것은 아무 의미가 없다.

착륙지점은 너비가 약 11킬로미터, 길이가 약 32킬로미터 되는 산간지대였는데 수많은 골짜기로 둘러싸여 있었다. 그 산들은 애리조나 주 그랜드캐니언 협곡의 봉우리들보다 더 높았다. 착륙을 위해 달 표면에 접근하면서 2,000에서 2,400미터 상공에 이르자 산꼭대기 아래에 위치하게 되었다. 다음 사진에 보이는 바위는 3층 건물 높이에 달한다. 바위 위에 찍힌 내 손자국은 3층 높이에 있는 셈이다. 나는 그 꼭대기까지 올라가 손도장을 찍었다.

지구에서 40만 킬로미터나 떨어진 곳에서 단 한 대밖에 없는 탐사 차량을 몰고 가던 도중 그만 차 펜더 부분이 떨어져 나가고 말았다. 결국 우리는 오래된 지도로 대충 펜더를 만들어 달 수밖에 없었다. 오른쪽 사진은 우리가 달을 떠나면서 찍은 사진인데 우주선 밑으로 보이는 달 표면에는 탐사차량이 돌아다니며 남긴 흐트러진 자국이 눈에 띈다. 그리고 그 옆 사진으로는 달에서 보면 지구가 얼마나 작게 보이는지 알 수 있다. 이 사진은 또 우주인과 그의 나라인 미국을 담고 있기도 하다. 사진 속 우주인이 쓴 바이저에 달의 모습이 비쳐 보인다. 우리의 진정한 고향을 잘 보여주는 의미 있는 사진이라 할 수 있다.

달 표면의 바위

달 표면과 인류의 진정한 고향

지금 순간에도 달에 첫발을 내디디던 그 순간을 잊을 수 없다. 하지만 달을 떠나던 마지막 발자국은 훨씬 기억에 사무치고 더 큰 향수를 불러일으킨다. 우주선 계단을 오르기 시작하면서 달에 찍힌 나의 마지막 발자국을 돌아보았을 때 이번이 내가 이곳에 오는 마지막이겠구나 하는 생각이 들었기 때문이다. 결국 그 발자국이 나의 마지막 걸음인 것이다. 지난 3일간의 시간이 과연 내 인생에서 무엇을 의미하는지, 그리고 미래를 살 사람들에게는 또 어떤 의미가 될지를 되새겨보며 떠나왔다.

시간이 그대로 멈춰버리기를 바랐다. 나에겐 아직도 완전히 피부에 와 닿지 않는 그 무엇인가를 온전히 깨달을 시간이 필요했다. 우주를 여행하는 3일 동안 고향 지구를 수도 없이 돌아다보았다. 과학과 기술이 현재 우리 모두에게 얼마나 중요한지, 그리고 그때 달에 갔던 우리 대원들 모두에게 얼마나 중요한 역할을 했는지 생각했다. 그리고 우주에서 바라본 지구의 모습이 너무나 아름다워 도저히 우연히 형성된 존재일 리가 없다는 믿음이 생겼다.

내가 그때 찾고 있던 답은 과학이나 기술 안에는 없었다. 지구에서 멀리 떨어진 외딴 우주에서 나에게 주어진 시간을 모두 보내고 다시 우주선으로 오르는 사다리 위에서 지구 행성을 뒤돌아보던 순간 경험했던 느낌은 과학이나 기술로는 설명될 수 없는 것이었다.

자, 여기서 우리의 상상력을 한번 시험해보자. 지금 당신이 우주 공간 어딘가에서 지구 행성을 바라본다고 상상해보라. 바다의 갖가지 푸른색과 눈과 구름이 만드는 흰색이 어우러진 지구를 마치 신이 하늘에서 굽어보듯 내려다본다고 상상해보라. 이것이 바로 그때 그 순간 느꼈던 감정이다. 방금 나는 '신이 하늘에서 굽어보듯'이라고 표현했는데, 당신의 신이 어떤 신이든 상관없다. 당신의 신이 어떤 이름으로 불리든 그것은 중요하지 않다. 다만, 달에 두 번 갔다 온 사람으로서 하고 싶은 말은 우주에서 바라본 지구의 모습이 너무나 아름다워서 그런 지구가 그저 우연히 생겨난 것이라고는 믿을 수 없으며, 우주를 지은 창조주가 반드시 존재한다는 것을 새삼 느끼게 됐다는 것이다.

시간은 내 바람대로 머물러 있지 않았다. 달착륙선에 타야 할 시간이 되었고, 달 표면의 먼지를 뒤집어쓴 채 석탄 캐던 광부 같은 몰골을 하고 그렇게 다시 우주선에 올랐다. 사실 몹시 피곤했지만 당시에는 피곤한 것도 몰랐다. 또 조금이라도 더 머물고 싶었지만 그 시점에서 선택의 여지가 없었다.

달에서 지구로 귀환

달착륙선은 달 표면을 떠날 때 두 부분으로 분리되는데 그중 발사대로 이용됐던 밑 부분은 떨어져 나가게 돼 있다. 우리는 상단 부분을 타고 모선인 사령선에 도킹해서 지구로의 귀환 길에 올랐고, 분리된 달착륙선 하부는 발사대로서의 제 기능을 다한 다음, 달 지진파실험의 일환으로 다시 달 위에 충격을 일으키며 떨어졌다. 지구에 도착한 우리들은 낙하산을 타고 우리를 데려갈 미 항공모함 USS 타이콘데로가USS Ticonderoga 호 가까이에 무사히 착륙했다.

나의 부모님은 라이트 형제가 처음으로 하늘을 날기 1년 전에 태어나셨으며 자신의 아들이 자라 달로 비행하는 것을 지켜보았다. 아폴로10호의 동료대원으로 함께 달에 갔었던 톰 스태포드Tom Stafford의 어머니는 어린 시절 서부개척자들의 포장마차를 타고 오클라호마 주의 대초원을 가로질렀던 분이다. 그 어머니도 자신의 아들이 성장해서 지구에서 40만 킬로미터 떨어진 우주 밖에서 지구별의 아름다움을 감상하는 모습을 지켜보았다.

앞으로 우리는 어디로 더 나아가야겠는가? 그곳이 어디든지 우리의 상상이 우리를 그곳으로 이끌 것이다. 그동안 나는 아폴로 달탐사 프로젝트가 왜 끝났는지, 왜 계속되지 않는지, 왜 다시 달에 가지 않는지에 대한 질문을 무수히 받았다. 처음 두 질문에 대답하는 것은 아무런 의미가 없다. 그리고 언제 다시 사람이 달에 갈 것인가라는 질문에 대답해야 한다면 짧은 시일 내에 이루어지기는 어렵다고 말할 수밖에 없다. 하지만 한 가지 약속할 수 있는 것은, 언젠가는 반드시 이루어질 일이며, 그때는 지구의 문명세계 전체가 힘을 합하는 국제적 프로젝트가 될 것이라는 점이다.

나는 이미 달에 다녀왔지만 우리가 저 너머라고 부르는 그곳에 무엇이 있는지는 아직도 잘 모르겠다. 하지만 나의 꿈은 지금도 계속되고 있다. 그것은 사람들이 우리 뒤를 이어 활약하는 것과 언젠가는 그들에게 저 너머를 발견할 기회가 오는 것을 내 눈으로 보는 것이다. 라이트 형제가 최초로 비행기를 만든 이후부터 우주와 항공은 떼려야 뗄 수 없는 관계가 되었다. 오늘날, 토요일이나 일요일 아침이면 전 세계 어느 공항을 가든지 어린아이들을 데리고 나온 젊은 아빠들을 쉽게 볼 수 있다. 아빠 어깨에 올라타 비행기가 뜨고 내리는 모습을 지켜보면서 즐거워하는 아이들을 생각해보라.

불가능한 것을 꿈꾸는 것, 그리고 그 꿈에 도전하여 이루어내는 것. 그것은 충분히 가능한 일이다. 그리고 그것은 우리가 이미 한 번 해낸 일이다. 나는 어딘가에 불굴의 용기를 가진 소년, 소녀가 있으며 그래서 언젠가는 그들이 우리를 우리의 집 우주로 다시 데려다 주리라는 것을 믿는다. 앞으로 100년이 지난 후에도 하늘을 날고 싶은 우리의 호기심을 만족시켜줄 해답이 나오지 않을 수도 있다. 하지만 만약 우리 아이들이 '하늘을 나는 기분이 어떨까' 또는 '달 위를 걷는 건 어떤 기분일까' '지구를 화성에서 한번 봤으면 좋겠어'라고 말하는 소리를 계속 듣게 된다면, 오빌과 윌버 라이트 형제가 남겨준 유산을 우리도 제대로 이어가고 있다는 뿌듯함을 느낄 수 있을 것이다.

오래전, 나도 위대한 선조의 무동을 타고 별나라에 가고 싶어하던 때가 있었다. 오늘날 우리의 임무는 현대의 어린 몽상가들도 우리처럼 아무도 가보지 않은 곳에 갈 수 있도록 그들을 이끌어줄 새로운 세대의 위대한 선조가 되는 것이다. 꿈꿀 기회가 주어진다면 우리 아이들도 그 꿈을 반드시 실현시킬 수 있다.

레오나르도 다빈치의 말로 끝맺음을 대신하고자 한다.

"하늘을 나는 기분을 한 번이라도 맛본 사람은 땅 위를 걸으면서도 두 눈은 영원히 하늘을 향하기 마련이다. 가지 않았다면 모를까, 일단 한번 가본 곳은 항상 다시 가고 싶기 때문이다."

유진 서난(달탐사 우주선 아폴로17호 선장, 달을 여행한 마지막 우주인)

제2의 디지털 시대, 또 다른 10년

30년 전 폴 앨런과 나는 갓 출시된 마이크로프로세서를 접하고 마이크로소프트를 세웠다. 당시 마이크로프로세서 하나의 가격은 360달러였고 성능은 그저 그런 수준이었다. 하지만 성능이 2년마다 두 배로 향상될 것이라는 전망을 듣고 나는 마이크로프로세서야말로 인류가 만들어낸 최고의 도구이며 컴퓨터 또한 당시의 예상과는 전혀 다른 방향으로 발전할 것이라고 기대하였다.

이때만 해도 컴퓨터는 정부나 대기업에 설치된 덩치 크고 값비싼 기계에 불과했다. 컴퓨터를 이용해 창의력을 발휘하거나 다른 사람과 더불어 일할 수 있는 여건이 아직 마련되지는 않았다. 그러다 마이크로프로세서가 출현하면서 대대적인 변화가 일어나기 시작했지만 아직 한 가지가 빠져 있었다. 바로 소프트웨어였다. 1975년 우리는 소프트웨어 플랫폼을 구축하는 회사를 세우고 다른 회사들까지 부추겨서 전체 소프트웨어 업계의 발전에 박차를 가하기로 결심했다.

이런 전망에서 개인용 컴퓨터^{PC}가 개발됐고 하드웨어와 소프트웨어 분야 모두에서 놀라울 정도로 획기적인 발전이 이루어지기 시작했다. 우선 공구상자 모양의 미니컴퓨터가 사라지고 디스크가 장착된 컴퓨터가 나왔고, 8비트에서 16비트로 늘어났으며, 문자 입력 방식에서 윈도우^{Windows}처럼 그래픽 사용자 인터페이스 방식으로 발전했다. 그리고 마침내 인터넷으로 모든 PC를 연결해서 온갖 유용한 콘텐츠와 웹사이트를 이용할 수 있게 되었다.

IT산업이 어느 정도 발전해왔는지 돌이켜보면 감탄을 금할 길이 없다. 하지만 지금까지의 발전 수준과 속도에 비하면 앞으로 다가올 미래는 훨씬 더 흥미로울 것이라고 장담한다. 하드웨어와 소프트웨어 기술의 발전을 토대로 앞으로는 컴퓨터를 활용하는 방식이 훨씬 다채로워질 것이다. 기업에서는 업무 효율성이 높아지고, 학교에서는 효과적인 교육 방식을 활용하며, 과학 분야에서는 체계적으로 새로운 사실을 발견하고, 집안에서 게임을 하거나 재밋거리를 즐기는 등 오락 분야도 더 발전할 것이다.

온갖 실험적인 일들이 이루어지는 한국이야말로 컴퓨터 기술의 미래를 내다보기에 가장 적합한 나라다. 한국에는 PC와 인터넷이 널리 보급되어 있기 때문에 소프트웨어 회사가 무수히 세워지고 PC나 휴대전화를 새롭고 혁신적인 방식으로 개발할 가능성이 충분히 열려 있다. PC 보급률이 높을 뿐 아니라 바람직한 방향으로 발전을 거듭하여

PC의 성능 또한 예전과 비교할 수 없을 정도로 향상되었다. 2000년까지만 해도 PC로 음악을 듣거나 사진을 올리는 일은 상상도 하지 못했으며 단순히 워드프로세서로 문서 작업만 할 수 있었다. 즉석으로 메시지를 보내거나 온라인으로 백과사전을 이용하는 시대가 오리라고는 꿈에도 생각하지 못했지만 지금은 PC의 기본 기능이 되었다. 또한 비디오 동영상은 용량이 크고 비용이 많이 드는 데이터 유형이라서 손댈 엄두도 내지 못했다. 그러나 겨우 8년 만에 동영상을 인터넷에 올리거나 각자의 PC에 내려 받는 작업을 아주 간단히 할 수 있게 되었다. 오락용 비디오든 업무 회의든 대학 강의든 뭐든지 가능해졌다.

한국이 앞서가는 또 하나의 영역으로 초고속 인터넷을 꼽을 수 있다. 과거의 전화 접속 방식으로는 인터넷을 충분히 활용할 수 없었다. 속도가 느려서 그림 파일 하나를 올리는 데도 해상도를 줄이느라 전전긍긍해야 했기 때문에 인터넷으로 동영상을 보는 것은 불가능하다고 생각했다. 그러나 광대역^{broadband}이 설치되면서 영화 상영시간표나 최신 뉴스, 스포츠 점수와 같은 단순한 정보를 확인하는 일부터 고객이나 경쟁사에 관한 중요한 정보를 캐내는 사업적 목적에 이르기까지 원하는 정보를 쉽게 얻을 수 있게 되었다. 이제 PC는 각각의 독립적인 장치가 아닌 서로 연관된 장치이기 때문에 그 영향력도 점점 더 커지고 있다. 아직도 세계 여러 나라는 광대역 보급률을 높이는 동시에 비용을 낮추는 문제를 안고 고심하는 처지인 것을 보면 한국이 광대역 분야의 선두에 서서 이끌어가는 모습은 대단히 놀랍다.

PC만 발전을 거듭해온 것이 아니라 사람들 주머니 속에 든 휴대전화도 획기적인 발전을 거듭하고 있다. 아직 휴대전화라고 부르기는 하지만 10년 전 휴대전화와는 차원이 다른 새로운 장치로 변신했다. 10년 전 휴대전화는 음성만 전달하는 장치였으며 화면이 있기는 했어도 아주 초보적인 수준이었다. 하지만 지금의 휴대전화 화면은 가히 혁신적이라 할 만하다. 휴대전화로 책을 읽고 심지어 동영상을 보고 텔레비전까지 볼 수 있다.

앞으로 휴대전화와 소형 이동 단말기 사이의 경계를 허무는 새로운 장치가 나와서 뛰어난 성능을 자랑하며 널리 보급될 것이다. 그때가 되면 이용자의 위치를 알려주는 매핑^{mapping} 기능이나 단말기로 물건 값을 지불하는 디지털 화폐 기능을 일상적으로 이용하게 될 것이다. 따라서 이제는 높은 속도를 보장하면서 소비자가 이용할 수 있는 기능을 엄격히 규제하는 데이터 플랜이 필요하다. 한국에서는 데이터 이용 수익이 증가하는 한편으로 데이터 플랜도 다양하게 보급되어 있다. 이제 사람들은 휴대전화에서 인터넷을 이용하는 기능을 매우 중요하게 생각한다.

한편 IT산업에서 눈부시게 발전한 분야는 온라인게임이다. 혼자하는 카드게임부터 내가 처음 개발한 컴퓨터 프로그램인 〈모노폴리^{Monopoly}〉라는 보드게임에 이르기까지 컴퓨터게임은 PC가 널리 보급되는 데 큰 역할을 해왔다. 사실 누구보다 먼저 온라인게임으로 옮겨간 주인공은 바로 한국이다. 나는 다가오는 10년이 '제2의 디지털 10년'이 될 것이라 생각한다. 인터넷이 처음 도입되고 정보를 디지털로 바꾸기 시작한 지 약 10년이 지난 시점으로 이제는 온라인으로 사람을 만나고 모임을 만드는 일이 훨씬 중요하게 받아들여지는 시대이기 때문이다. 이는 세계적으로도 큰 여파를 미칠 만한 대규모 사업이며 마이크로소프트에서도 기여하고 싶은 분야다.

그렇다면 미래는 어떻게 될까? 앞으로 우리 눈앞에 어떤 변화가 펼쳐질까? 어째서 우리는 향후 10년은 지금까지와는 비교할 수 없을 정도로 대단한 발전이 있을 거라고 기대하고 있는 걸까?

우선 현재의 발전을 이룬 원동력이 무엇이었는지를 파악해야 한다. IT 업계는 지금까지 "마이크로 칩의 트랜지스터 수가 2년마다 두 배로 증가한다"는 인텔의 무어G. Moore의 법칙에 따라 기하급수적인 발전을 이루었다. 이는 여타의 경제 분야에서는 상상도 할 수 없는 현상이다. 식량 생산성이나 자동차 연비 등 실질적으로 어떤 분야도 이런 발전을 이루어낸 적이 없다. 오늘날의 PC는 최초의 IBM PC보다 성능은 100만 배 이상 향상됐으면서도 가격은 10분의 1로 떨어졌다. 이 또한 다른 어느 분야에서도 찾아보기 어려운 예다. 덕분에 PC가 지구촌 수많은 사람들에게 널리 보급되었다. 특히 하드웨어와 소프트웨어가 함께 발전하면서 발전 속도가 나날이 빨라지고 있으며 조금도 늦춰질 기미가 보이지 않는다. 앞으로는 더욱 가속도가 붙을 것이다.

요즘은 젊은 사람들 사이에 소프트웨어 개발 기술을 배우는 사람이 과거 어느 때보다 많다. 윈도우 PC와 인터넷은 범세계적 현상이 되었다. 세계 경제가 성장하면서 세계 어디에서나 인터넷에 접속해 무료나 유료로 소프트웨어를 배포하거나 웹사이트를 개설해 인터넷의 확산에 기여하고 있다. 인터넷을 이용하는 사람이 늘어날수록 인터넷의 가치도 높아지고 있다. 소프트웨어 개발자는 다른 여러 개발자의 작업성과를 바탕으로 새로운 기술을 개발하기 때문에 앞으로는 소프트웨어의 기능이 더욱 빠르게 향상되고 다양해질 것이다.

한편 하드웨어 분야도 새롭게 발전할 것이다. 앞서 말한 것처럼 예전에는 비디오 동영상을 일상적으로 보게 되리라고는 생각하지 못했다. 하지만 지금은 3D 환경을 실생활에서도 쉽게 활용하고 있다. 가령 시뮬레이션으로 자동차를 운전하거나 실제로 건물을 짓지 않고 건물 디자인을 시연할 수 있다. 모두 그래픽 품질이 좋아진 덕에 가능해진 일이다.

또 하나의 획기적 발전을 이룩한 하드웨어 분야는 한국에서도 한창 관심을 끌고 있는 로봇 분야다. 아직은 로봇공학이 언제 폭발적으로 발전하여 넓은 시장을 형성할지 아무도 장담하지 못한다. 마이크로소프트는 전담부서를 꾸려서, 처음 PC를 개발하던 시절 못지않은 열정을 로봇 개발에 쏟고 있다. 여러 대의 로봇을 사용하고 다양한 소프트웨어 모듈을 쓰면서도 서로 충돌하지 않고 작동할 수 있게 해주는 '소프트웨어 개발 도구'를 개발하고 있다.

한편 제2의 디지털 시대에는 컴퓨터 인터랙션interaction 방식에 획기적인 변화가 일어날 것이다. 컴퓨터 분야에 눈부신 발전이 이루어졌지만 아직도 PC 사용자 대부분이 주로 키보드와 마우스로 조작하고 있다. 휴대전화의 작은 키보드든 데스크톱의 큰 키보드든 누구나 기기 앞에서 화면을 보고 소통할 수 있어야 한다.

글자를 입력할 때는 키보드가 매우 효율적인 장치다. 구입할 상품

제2의 디지털 시대에는
컴퓨터 인터랙션 방식에
획기적인 변화가 일어날 것이다.

을 입력하거나 학교 과제를 작성하거나 세금 환급 내역을 입력하는
데는 더 없이 좋은 수단이다. 따라서 키보드가 완전히 사라져야 한다
는 것이 아니라 키보드 이외에 다양한 인터랙션이 나와야 한다는 뜻
이다. 그리고 마침내 하드웨어와 소프트웨어의 발전에 힘입어 이른바
'자연스러운 인터랙션natural interaction'이 실용화되었다. 이는 오래전부터
논의된 방식이다. 자연스러운 인터랙션에는 컴퓨터에 대고 직접 말하
면 컴퓨터가 인식하는 방식도 있다. 이러한 음성인식 인터랙션 장치
를 개발하기까지 생각보다 훨씬 복잡한 과정을 거쳤으며 마이크로소
프트는 물론 여러 기업에서 수십억 달러를 투자했다. 메모리가 커지
고 처리 속도가 빨라짐과 함께, 우리의 연구가 진전되면 마이크의 성
능이 더 좋아지고 다양한 마이크를 채용할 수 있게 되어 '음성인식 방
식'이 주된 인터랙션 방식이 될 것이라고 장담한다. 이를테면 휴대전
화에 대고 통화하고 싶은 사람의 이름을 말하거나 관심 있는 주식 종
목을 말할 수 있다. 마찬가지로 PC를 쓰면서 키보드로 입력하기 귀찮

을 때는 원하는 내용을 말로 할 수도 있다.

음성인식 방식은 자연스러운 인터랙션 중 하나이며 또 다른 방법으로는 손으로 직접 글씨를 써서 입력하는 방식이 있다. 누구나 어릴 때부터 글씨 쓰는 법을 배우므로 간단한 메모를 할 수 있는 공책 모양의 컴퓨터가 나오리라고 예상할 수 있다. 회의 내용을 적거나 수업 중에 강의를 필기할 때 요란한 자판소리를 내지 않고 컴퓨터에 글씨를 쓰는 편이 효율적이다. 타블렛 컴퓨터^{tablet computer}는 마이크로소프트를 비롯하여 여러 제휴업체가 작고 저렴하고 가벼워진 소프트웨어를 더욱 효율적으로 활용할 수 있는 컴퓨터를 개발하려고 투자해온 분야이기도 하다.

이와 관련된 야심 찬 계획은 학교에서 교재 대신에 타블렛 컴퓨터를 이용할 수 있게끔 하는 것이다. 부피만 크고 불편한 종이 교재를 사지 않고 교과 내용을 타블렛 컴퓨터로 보자는 목적이다. 학생들이 모두 타블렛 컴퓨터에서 자기 생각을 개진하고 정보를 검색하고 서로 대화할 수 있다면 정말 엄청난 변화가 일어날 것이다. 이미 세계 곳곳의 학교에서 타블렛 컴퓨터를 시범적으로 활용하며 수업을 진행하고 있다.

현재 한국에서 타블렛 컴퓨터의 시범 운영을 실시하고 있는 이들은 2012년까지 이 컴퓨터를 일반에 보급하겠다는 대담한 목표를 세웠다. 나는 이 목표가 달성되리라고 굳게 믿으며 적극 지지할 것이다. 세계 각지에서 타블렛 컴퓨터를 활용하고 있는 교사들은 이 컴퓨터의 효율성을 인정하는 분위기다.

타블렛 컴퓨터는 제2의 디지털 시대에서 일어날 여러 가지 발전상의 일부에 지나지 않는다. 앞으로는 프로젝터 스크린 가격이 크게 떨어져서 손쉽게 구입할 수 있게 될 것이다. 마찬가지로 카메라 가격도 현저히 떨어질 것으로 예상된다. 사람의 움직임을 인식하는 카메라를 설치하여 텔레비전 앞에서 원하는 프로그램을 손으로 가리켜서 선택할 수 있다. 또 현관 앞에 와 있는 사람이 누구인지 화면을 보고 알 수 있다.

이에 따라 미래에는 화상 회의가 일반화될 것이다. 게다가 아이들은 이 기술을 다른 면으로도 쓸 수 있다. 방을 꾸미고 싶을 때는 포스터를 잔뜩 붙이지 않고도 벽에 디지털 디스플레이를 설치해서 기분 내키는 대로 장식을 바꿔주면 된다. 가령 부모님이 그 장식을 좋아하지 않을 것 같으면 부모님 발자국 소리가 들릴 때 단추 하나만 눌러서 다른 장식으로 바꿀 수도 있다. 이 모든 것이 디지털이라 가능한 일이다. 그러므로 모든 환경이 완전히 달라질 것이다.

마이크로소프트는 서피스Surface 라는 테이블 모양의 장치를 개발했다. 터치스크린 방식이라 손가락으로 항목을 직접 가리켜 사진을 이동시켜 정리하거나 원하는 항목을 선택할 수 있다. 이러한 마술같은 기술은 소프트웨어에 녹아들 것이기 때문에 별도의 비용이 들지 않을 것이며, 덕분에 다가오는 제2의 디지털 시대에는 누구나 자연스러운 인터랙션을 이용하게 될 것이다. 게다가 장치와 장치 사이에 경계가 허물어질 것이다. 가령 휴대전화를 들고 커다란 화면 앞에 가면 휴대전화에 담긴 정보를 큰 화면으로 볼 수 있다.

이상의 예는 모두 가정에서 경험하게 될 기술 혁신에 관한 것이다. 그러나 컴퓨터가 가장 중요한 역할을 수행하는 곳은 바로 기업이다. 이메일이나 인터넷에 올라온 문서, 비즈니스 응용프로그램 소프트웨어 덕분에 마케팅과 영업, 재무 관련 결정, 신제품 설계 등 서로 긴밀히 연락하고 복잡한 업무를 조직화하는 분야에서 일대 혁신이 일어났다. 기업의 생산성은 지난 10년보다 앞으로 10년 동안 더 크게 향상될 것이다. 여러 지역에 지사를 둔 기업에서 일하면서 직원들끼리 협력하여 공동으로 업무를 처리할 수 있게 되면서 앞으로 세계는 더욱 좁아질 전망이다.

한편 현재의 PBX 전화(Private Branch Exchange, 한 회사 안에서 사용되는 사설 전화 네트워크)는 인터넷으로 연결되는 전화로만 이용할 수 있지만 앞으로는 한 단계 더 발전할 것이다. 업무용 전화와 PC를 모두 구비하지 않고도 PC 하나만 있으면 PC에 설치된 소프트웨어가 누가 전화를 걸었는지 기억해줄 것이며 당신이 그 일을 처리하도록 도와줄 것이다. 예를 들어, 동료 직원이 전화를 걸어왔을 때 말 한마디 하지 않고도 함께 PC 화면을 보고 문서를 편집하고 동영상까지 볼 수 있다. 그뿐 아니라 인맥을 연결해주는 소셜 네트워킹social networking 기능을 이용하여 회사 안에 같은 문제를 해결하고 싶어하는 직원을 찾는 방식으로 업무와 관련된 지원 동력을 더욱 수월하게 끌어 모을 수 있다.

비즈니스 인텔리전스Business Intelligence 기능도 손쉽게 활용할 수 있다. 비즈니스 인텔리전스란 품질이나 영업을 비롯하여 다양한 업무 효율성 현황을 보여주는 기능이다. 이런 기능 덕에 모든 직원이 회사 전체의 공통 목표를 중심으로 각자의 업무를 구체적으로 파악할 수 있다. 경영자만을 위한 기능이 아니라 회사 내 모든 직원이 이용할 수 있는 기능이다. 가정에도 앞서 말한 서피스 장치를 설치하면 거실 테이블 앞에 앉아 터치스크린 방식으로 게임을 하거나 텔레비전 시청을 동시에 할 수 있다. 텔레비전 시청도 맞춤형으로 할 수 있는데 이를테면, 방송국에서 일방적으로 전파하는 프로그램이 아니라 자신이 흥미를 갖는 프로그램을 설정할 수 있다.

그러면 이런 획기적인 발전을 어떻게 이룰 수 있을까? 우선 장기간의 투자가 필요하다. 국가 차원으로 말하자면 우수한 대학을 선정해서 기간 설비를 마련해야 한다. 마이크로소프트와 같은 기업 차원으로 말하자면 회사 안에 전문 연구팀을 만들어야 한다. 실제로 마이크로소프트는 16년 전부터 이미 기업의 역량에 맞는 목표를 세우고, 최고의 연구자들로 연구진을 꾸려서 우수한 대학들과 손잡고 연구를 진행해왔다.

최강의 연구진이 있었기에 기술 혁신의 미래를 확신할 수 있었다. 그들 덕에 윈도우를 시작으로 오피스Office, 서피스, 라운드테이블RoundTable이라는 화상회의 도구에 이르기까지 마이크로소프트의 다양한 제품을 개발할 수 있었으며 마이크로소프트에서 추구하는 새로운 개념도 나왔다. 한국에서도 여러 훌륭한 대학들과 연계해왔고 지금은 '마이크로소프트 연구소'를 중심으로 50개가 넘는 프로젝트를 진행하고 있다.

일례로 마이크로소프트는 현재 한국과학기술원 이상엽 박사와 손잡고 시스템생물학 분야의 소프트웨어를 개발하고 있다. 모든 과학 분야에서 소프트웨어가 중요한 수단이라는 생각이 널리 받아들여지고 있는 것이다. 데이터를 분석하고 새로운 현상을 이해하려면 소프트웨어가 필요하다. 생물학이든 물리학이든 재료과학이든 어느 분야에서도 소프트웨어 기술이 중요한 역할을 할 것이다.

한국에서 유능한 인턴 스무 명이 마이크로소프트 연구소에 들어와 교육받은 뒤 다시 돌아가서 새로운 지식을 전파할 수 있었다. 마이크로소프트 연구소에서 진행하는 프로젝트 중에는 '월드와이드 텔레스코프WorldWide Telescope'라는 소프트웨어가 있다. 이는 소프트웨어를 이용해서 정보를 얼마나 다채롭게 볼 수 있는지 보여주는 좋은 예가 될 것이다. 월드와이드 텔레스코프를 개발한 이면에는 이러한 의문이 있었다. 천체를 보면서 하늘 위의 온갖 것들을 쉽고 재미있게 설명할 수 있는 방법은 없을까? 관련 책이야 무수히 나와 있지만 어린아이들도 쉽게 이해할 수 있는 방법이 없을까?

'월드와이드 텔레스코프'라는 그 이름처럼 이 소프트웨어를 실행하고 목성을 클릭하면 화면이 우주 공간을 가로질러 목성을 확대해 보여준다. 그런 다음 마우스로 화면을 축소하면 목성의 위성까지 볼 수 있다.

행성만이 아니라 별자리도 관측할 수 있다. 가령 백조자리를 클릭하면 화면이 목성을 빠져나와 우주를 가로질러 정확히 백조자리로 우리를 데려다준다. 백조자리에 도착하면 망원경 여러 대가 하늘을 향해 설치돼 있어서 그중 선택하여 여러 방식으로 별자리를 관측할 수 있다. 예를 들어 열지도^{heat map}로 보는 별자리와 X-선으로 보는 별자리는 다르다. 정보를 보는 방식도 다양해서 극초단파 뷰로 보기도 하고 X-선 뷰로도 볼 수 있다. 특히 초신성 폭발^{supernova explosion} 흔적은 X-선 뷰에 정확히 표시되므로 X-선 뷰에서 초신성을 확대하면 육안으로 확인할 수 있다.

크로스페이드^{cross-fade}라고 하는 이런 뷰에서는 가장자리의 먼지 잔해를 시각적 이미지로 만들어주기 때문이다. 하지만 실제로 별자리에 초신성이 있는지 확인하려면 크로스페이드 인^{cross-fade in}하여 X-선 자체를 확인해야 확실하게 알 수 있다.

밤하늘의 장관 중에는 성운이 있는데 성운 중에 으뜸은 게성운^{crab nebula}이다. 월드와이드 텔레스코프는 게성운이 있는 쪽으로 이동하여 화면을 확대하거나 축소하면서 적외선 뷰, 파장의 차이를 표시하는 뷰, 한가운데 난 커다란 블랙홀을 보여주는 X-선 뷰와 같은 다양한 이미지를 만들어 보여준다. 현재 이 소프트웨어는 누구나 이용할 수 있다. 망원경에 소프트웨어를 설치하고 먼저 소프트웨어로 탐사한 뒤 망원경에 관측할 대상을 조준하는 명령을 내리거나 반대로 망원경으로 조준한 대상을 소프트웨어에 알려줄 수 있다. 게다가 화면 아무데나 마우스를 대고 오른쪽 버튼을 클릭하면 곧바로 웹에서 정보를 검색할 수 있다.

월드와이드 텔레스코프의 기능 중에는 간단하게 가이드 여행을 설계하는 기능이 있는데 전문가든 아마추어든 누구나 다양한 여행 경로를 계획할 수 있다. 다음은 하버드대학 천문학자가 설계한 가이드 여행의 일부다.

> "은하수는 나선 은하spiral galaxy인데 육안으로 나선 모양을 확인
> 하기는 어렵습니다. 그리고 이것은 M81이라는 나선 은하로서
> 지구에서 그다지 멀지 않은 2,000만 킬로미터 거리에 있습니
> 다. 광학망원경으로 보면 수십억 개의 별이 나선형을 그리며
> 밝게 빛나는 모습을 확인할 수 있습니다. 반면에 M81에서 나
> 오는 열로 확인해보면 여기 보이듯이 적외선 사진과 같은 주황
> 색 이미지가 나타납니다. …"

천문학자는 '녹화' 단추를 누르고 여기저기 탐사하면서 설명하는
식으로 이 자료를 쉽게 만들 수 있다. 가이드 자료를 만드는 방법은 아
주 간단해서 여섯 살짜리 아이도 가이드 여행을 설계할 수 있다.

> "안녕, 내 이름은 벤자민이야. 나는 여섯 살이고 (화면을 가리키
> 며) 여기 살아. 내가 사는 곳은 토론토라는 큰 도시야. 맑은 날
> 밤에 하늘을 보면 하늘이 이렇게 보여. 내가 데려가려는 여행
> 지는 인터넷 무료 백과사전 위키피디아에 M57이라고 나오는
> 거문고좌의 고리성운ring nebula이야. 무슨 뜻인지는 모르겠지만
> 하늘의 보석처럼 보여. 이 성운은 거문고좌라는 별자리에 있
> 어. 거문고좌는 하늘에서 가장 밝은 별이 있는 곳인데 …"

위의 두 가지 사례만 보아도 복잡하고 함께 묶어야 하는 큰 단위의 데이터 세트라도 소프트웨어만 이용하면 전문가만이 아니라(물론 전문가에게 더욱 중요하다.) 취미로 즐기는 일반인까지 손쉽게 탐색할 수 있다는 사실을 알 수 있다.

마이크로소프트가 한국과 공동으로 진행하는 연구에 힘입어 제2의 디지털 시대는 빠른 속도로 앞당겨질 것이다. 현재 마이크로소프트는 한국에서 수많은 IT 업체와 제휴를 맺고 있다. 한국 IT산업의 50퍼센트 이상이 우리의 성과에 가치를 더해주고 있으며 제휴업체들은 13배에 해당하는 매출을 올리고 있다. 마이크로소프트는 에코시스템이라는 프로젝트를 진행하면서 소규모 소프트웨어 개발업체에 관심을 갖고 작은 회사들이 자국 내에서뿐만 아니라 세계적으로 성공을 거둘 수 있도록 지원해준다. 마이크로소프트는 특히 새롭고 획기적인 응용 프로그램을 기반으로 신제품을 개발하는 기업이기 때문에 에코시스템이야말로 우리에게 중요한 프로젝트다.

우리가 강조하는 또 하나의 영역은 바로 교육 분야다. 교육현장에 소프트웨어를 저렴하게 공급하거나 기증해서 IT 기술 교육을 정규 교과과정에 편입시키는 것이 목적이다. 지금까지 교육 분야의 제휴업체를 통해 15,000명의 교사에게 IT 교육을 제공해왔다. 마이크로소프트는 IT산업을 활성화시킬 방법을 계속해서 찾고 있다. 특히 이번의 새로운 투자 계획에 관해서는 이명박 대통령과도 의견을 나누었는데, 하나는 자동차 IT 혁신 센터에 투자해서 한국 자동차 IT 회사를 육성하여 자동차산업에 소프트웨어와 $3D^{visualization}$ 기술을 도입하려는 계획이다. 다른 하나는 글로벌 게임 센터에 투자해서 획기적인 기술을 개발한 소프트웨어 개발업체를 지원하는 계획이다. 우리는 이들 업체가 독특한 플랫폼과 현지화를 통해 획기적인 기술을 세계 시장에 내놓음으로써 최대의 이익을 끌어 모으도록 지원할 생각이다.

디지털 혁명에 그 어느 나라보다 적극 참여하고 있는 한국은 기회와 도전의 땅이며 교육과 기간 설비 투자로 확고한 기틀을 다진 나라다. 이처럼 놀라운 일들이 계속 일어나고 있기 때문에 마이크로소프트도 한국과 손잡고 세계인의 디지털 생활을 환상적으로 변화시켜나갈 수 있으리라 생각한다.

빌 게이츠(마이크로소프트 회장)

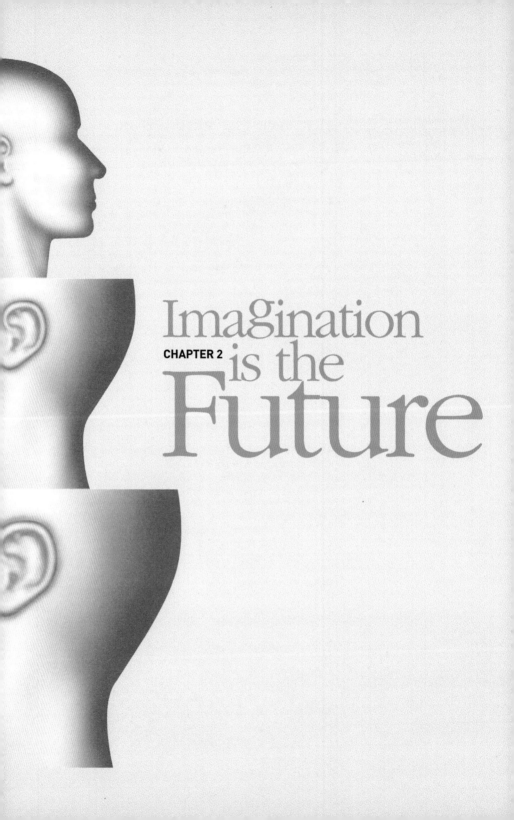

CHAPTER 2

Imagination is the Future

상상이 곧
미래다

TECHNOLOGY ABOVE AND BEYOND
테크놀로지, 그 이상을 넘어

우리가 살고 있는 통신 세계

깨어있는 시간의 반을 디지털음악과 관련된 일을 하며 보내는 나는 온라인 음악 서비스 업체인 'MP3 튠즈^{MP3 Tunes}'를 운영하고 있다. 온라인에 음악을 올리면 고객은 우리 사이트에 접속해서 듣거나 아니면 원하는 음원재생장치를 다운로드할 수 있다. 나머지 시간은 인터넷 커뮤니케이션 플랫폼인 기즈모5^{Gizmo5}에 할애하고 있다. 오늘 이야기하고자 하는 것은 바로 커뮤니케이션에 관한 것이다. 커뮤니케이션의 현주소가 어디인지 알아보자.

전 세계적으로 하루에 이메일이 몇 통이나 왔다 갔다 할까? 즉석교신 ^{instant message}은 또 어떨까? 휴대전화 문자메시지와 전화 통화는 또 몇 건이나 될까? 그럼 그중 통신 횟수가 가장 많은 것은 무엇일까? 전 세계에서 하루에 이루어지는 커뮤니케이션 양을 나타낸 다음의 그림을 보

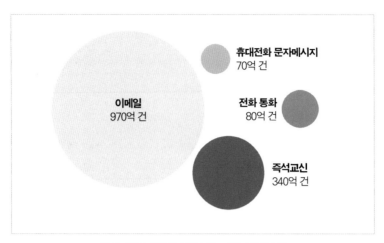

전 세계에서 하루에 이루어지는 커뮤니케이션 양

면 가장 큰 동그라미는 이메일로 970억 건에 달한다. 그 다음으로 큰 것이 즉석교신 동그라미인데 이메일의 3분의 1 크기로 340억 건에 이른다. 그 다음은 전화 통화가 80억 건, 휴대전화 문자메시지가 70억 건이다.

　만약 당신이 인터넷 사업에 뜻이 있다면 커뮤니케이션 서비스만한 것이 없다고 단언할 수 있다. 커뮤니케이션 서비스야말로 우리가 평생 그리고 날마다 이용하는 비길 데 없이 중요한 서비스라고 할 수 있다. 음악이나 사진, 지도 사이트는 매일 방문할 일이 없지만 메일 계정 등 커뮤니케이션 서비스 사이트에는 매일 들어가지 않는가? 그뿐이 아니다. 커뮤니케이션 서비스는 태생적으로 입소문 마케팅이라고도 하는 바이럴 마케팅viral marketing 에 유리하다. 인터넷 전화 회사인 스카이프나 핫메일은 이런 방법으로 성공했다.

이제 앞으로 2년, 3년 또는 5년 후에는 커뮤니케이션 규모가 현재의 열 배로 성장해 있을 것이다. 다시 그림을 살펴보면 가장 많은 것은 이메일과 즉석교신이지만 사실 이 둘은 전형적으로 PC 기반 통신이고 휴대전화를 통한 커뮤니케이션은 아니다. 이는 앞으로 휴대전화 커뮤니케이션 쪽에 큰 기회가 있다는 것을 의미하기도 한다. 세상에 10억 대의 PC가 있고 PC 1대당 하루에 128건의 커뮤니케이션이 이루어진다고 가정해보자. 그리고 전화는 20억 대가 있는데 전화 1대당 하루 통화량은 7.5회에 그친다고 해보자. 당연히 미래에는 전화를 이용한 모바일 커뮤니케이션 규모가 훨씬 커지지 않겠는가?

오늘날 휴대전화를 이용한 커뮤니케이션 환경은 컴퓨서브CompuServ, 프로디지Prodigy, AOL과 같은 온라인 정보제공 서비스 업체들이 처음 등장하던 초창기 PC 시대 수준이다. 당시 온라인 서비스들은 작은 커뮤니티 형태로, 운용자가 미리 준비한 콘텐츠를 이용자들에게 획일적으로 제공했다. 요즈음 휴대전화 시스템으로 제공되는 서비스가 바로 이런 형태다. (지금은 서비스가 이렇게 폐쇄적인 형태를 띠고 있지만) 머지않아 봇물 터지듯 확장될 것이다. 다만 아직 때가 오지 않은 것뿐이다. 하지만 일단 개방형 네트워크가 실현되면 봇물이 터지는 것은 시간문제다. 요즈음 (슬슬 그 기미가 보이고 있어서) 어느 정보통신 관련 컨퍼런스에 가든지 애플의 아이폰을 필두로 모바일 커뮤니케이션이 본격화되고 있다는 이야기가 빠지지 않는다. 거기다 구글은 모바일 단말기용 개방형 커뮤니케이션 플랫폼인 안드로이드Android를 개발 중이고, 노키아도 휴대전화에 모바일 정보 서비스 운영체제인 심비안Symbian을 탑재했다. 이제 사람들은 "잠깐, 여기에 커뮤니케이션 프로그램을 깔아서 나만 따로 사용할 수도 있잖아. 통신사업자가 던지는 콘텐츠만 받아 먹어야 할 이유가 어디 있어"라고 생각한다.

또 다른 변화의 물결로 정액요금제flat-fee pricing가 있다. 현재는 메시지 발송이나 전화 통화 건수대로, 어떤 곳에서는 메가바이트나 킬로바이트로 정보량을 계산해서 통신요금이 매겨진다. 이제 이런 요금제가 사라지고 정액요금을 지불하게 될 것이다. 예를 들면 한 달에 20달러를 내면 무제한으로 메시지를 보낼 수 있는 방식이다. 앞의 그림에서 모바일에 기반한 커뮤니케이션 쪽 동그라미들이 주류가 되면 요금도 정액제로 바뀔 것이다.

또 한 가지 열렬히 기대하는 것은 새로이 와이파이(WiFi, Wireless Fidelity, 근거리에 있는 무선랜 카드가 장착된 노트북이나 PDA를 이용하여 무선으로 인터넷을 사용할 수 있는 무선통신 기능) 기능을 갖춘 휴대전화다. 그중 노키아의 6300i 모델이 큰 성공을 거둬서 현재 유럽에서 판매 1위를 기록하고 있다. 노키아 6300i폰은 배터리 수명까지 기존 휴대전화와 비교가 안 된다. 와이파이 폰으로 전화할 때 '무선 인터넷이 가능한 곳에서는 항상 와이파이 기능을 이용하고, 그렇지 않으면 기존의 통신사업자가 제공하는 인터넷 서비스를 이용하게끔' 설정해놓을 수 있다. 노키아가 휴대전화에 와이파이 기능을 탑재하는 데 따른 비용은 3달러였다. 하지만 앞으로 1~2년 후 여기에 필요한 반도체 칩 생산이 대량화되면 비용이 40센트로, 25센트로, 또 그 이하로 계속 떨어질 것이다.

마지막으로 날이 다르게 발전하고 있는 유용성 측면을 살펴보면 전화 통화만 하는 휴대전화 수준에서 벗어나 실용성의 지평이 확대되고 있다. 애플 아이폰의 경우, 작은 화면상으로 한꺼번에 여러 사람과 대화를 나누는 기능 등을 갖추고 있다. 애플이 커뮤니케이션 발전에 큰 공을 세웠다고 할 수 있다.

그렇다면 미래의 커뮤니케이션 분야는 누가 이끌어나갈 것인가? 오늘날은 마이크로소프트, 야후, 구글 등이 이끌고 있지만 미래에는 상황이 달라질 것이다. 현재의 커뮤니케이션 관련 업체는 크게 두 가지 종류로 볼 수 있다. 하나는 휴대전화 제조회사들인데 현재 누구랄 것 없이 모두 엄청난 가격 압력을 겪고 있다. 중국에서 값싼 휴대전화가 쏟아져 나와 시장을 잠식하면서 휴대전화 평균 가격이 내려가고 있기 때문이다. 그것도 모자라 휴대전화를 구매할 고객도 동이 나고 있다. 지구 인구 3분의 1이 휴대전화를 소지하고 있다고는 해도 나머지 3분의 2는 휴대전화를 살 돈이 없는 사람들이다. 이런 이유로 휴대전화 제조회사들은 다른 수익원을 찾지 않으면 안 될 것이다.

이들 회사들이 새로운 수익기회로 노리고 있는 영역이 커뮤니케이션 서비스다. 현재는 우리가 휴대전화로 이메일을 보내거나 즉석교신을 하더라도, 구글이나 야후, 마이크로소프트 등 커뮤니케이션 서비스 회사에 접속하게 되는 것이지 휴대전화 회사와는 아무런 상관이 없다. 하지만 앞으로는 사정이 달라질 가능성이 높다. 몇몇 휴대전화 회사들이 자사 휴대전화를 쓰는 사람들에게 커뮤니케이션 서비스도 함께 제공할 생각을 하고 있기 때문이다.

또 다른 업체는 통신사업자들인데 이들도 가격 문제로 골치를 썩기는 마찬가지다. 좋든 싫든 정액요금제를 적용해야 하는 실정이기 때문이다. 게다가 이들 업체에게는 고객이 접속해서 돈을 내고 정보를 주고받는 통로로 이용할 자체 커뮤니케이션 서비스가 없다. 앞으로 커뮤니케이션 서비스를 제공하려면 먼저 자체 커뮤니케이션 플랫폼을 구축해야 할 것이다. 앞으로는 SK텔레콤이나 버라이즌^{Verizon}, 컴캐스트^{Comcast} 같은 통신사업자들이 커뮤니케이션 플랫폼을 구축해서 곧 자체 즉석교신이나 이메일 서비스를 제공할 것이다.

마이클 로버트슨(기즈모5 CEO, mp3닷컴 창립자)

이용자 자신이 기술 혁신의 주체다

다이얼패드Dialpad는 한국의 한 기업에서 떨어져 나와 신설된 인터넷 전화VoIP 회사이며 나는 다이얼패드의 CEO를 역임했다. 초창기 통신 기술 혁신의 물꼬를 터준 것은 모두 다이얼패드와 같은 인터넷 전화 개발자들이었다. 앞으로 5년 남짓의 시간 안에 획기적인 통신기술 혁신이 일어날 것이다. 통신기술의 발전을 가능하게 해줄 원동력이 무엇인지 간략히 살펴보자.

첫째, 인터넷 비즈니스에서는 새로운 통신 서비스 개발을 가로막는 진입 장벽이 서서히 무너지고 있다. 2000년 다이얼패드 시절에는 1.2 테라바이트 크기의 기억장치가 필요했다. 80만 달러 가격에 크기는 냉장고만 했고 가동시키는 데 들어가는 전기료만 해도 3,000달러 이상이나 되는 거대한 장치였다. 요즘은 PC에 연결하는 1테라바이트짜리 USB가 200달러도 안 되는 가격에 팔리고 있다.

둘째, 용이한 접근성이다. 세계적으로 2억 5천만이 넘는 가구가 광대역 서비스를 이용하고 있으며 앞으로 2년 후에는 광대역 이용 가구가 4억을 넘어설 것으로 예상된다. 이는 광대역 서비스를 이용하는 이용자만이 아니라 개발자도 늘어난다는 뜻이다. 개발자가 구글 앱스 Google Apps 엔진과 아마존 S3 Amazon S3 와 같은 새로운 서비스 환경에서 외부 자원을 활용할 수 있게 되면 앞으로는 따로 기반 설비나 공동 설비를 갖추기 위한 비용을 마련할 필요가 없어질 것이다. 더욱이 새로운 서비스에서는 바이트나 사용량에 따라 요금을 청구하기 때문에 접근 장벽이 훨씬 낮아질 것이다. 성능과 하드웨어 역시 향상될 것이다. 앞서 빌 게이츠가 언급한 무어의 법칙에 따라 서버의 성능 또한 하루

급속도로 발전하는 통신 장비

가 다르게 향상될 것이다.

셋째, 오픈소스^{open source} 방식의 도입이다. 나는 2006년 1월 인터넷 전화서비스 업체인 그랜드센트럴^{GrandCentral}을 세우고 여러 부문에서 오픈소스를 활용한 덕에 비용이 크게 줄어들어 남들보다 먼저 순조롭게 출발할 수 있었다.

마지막으로 모바일 시장의 규모를 거론하지 않고 통신 혁신을 이야기하는 것은 무의미하다. 오늘날에는 세계 인구의 3분의 1이 전화기를 보유하고 있다. 노키아에서 추산한 바에 따르면 2015년에는 세계 인구의 3분의 2가 휴대전화를 보유할 것이라고 한다. 다시 말해서 앞으로는 대기업들만 통신산업에 뛰어들어 흥미로운 제품을 생산하던 분위기가 바뀌게 될 것이다. 다이얼패드를 세울 때의 투자 규모는 총 6,800만 달러에 달했지만 그랜드센트럴은 고작 400만 달러만 가지고 시작했으며 1년 반이 지난 지금까지도 아직 투자자본이 남아 있다.

그러면 통신기술의 혁신은 어떻게 이룰 수 있을까? 연구개발 규모를 늘린다고 해서 가능할까? 전혀 그렇지 않다. 스티브 잡스의 말을 들어보면 애플에서 IBM 기술개발 예산의 100분의 1만 가지고도 매킨토시 컴퓨터를 내놓을 수 있었던 이유를 이해할 수 있다. 요컨대 예산을 얼마나 세우느냐가 중요한 것이 아니라 기술 혁신을 이루려는 분위기를 조성하고 위기를 감수하며 실패를 두려워하지 않는 의지가 더욱 중요하다.

신생 기업이라면 아주 간단하다. 신생 기업은 혁신기술이 없으면 아예 사업에 뛰어들지 않는다. 하지만 대기업들은 사정이 다르다. 그래서 구글에서는 몇 가지 흥미로운 정책을 시행하고 있는데, 가령 직원에게 업무 시간의 20퍼센트를 개인이 원하는 프로젝트에 쓰도록 하고 있다. 이렇게 하면 직원들이 관심 있는 프로젝트를 추진할 허락을 얻기 위해 쏟는 시간을 절약할 수 있다. 결과적으로 공들인 프로젝트가 빛을 보지 못하더라도 프로젝트를 진행하는 과정에서 배우는 점이 많기 때문에 나름의 의미가 있다. 구글에서는 이런 방식으로 지메일, 오카, 구글 뉴스와 같은 여러 프로젝트를 성사시켰다.

그렇다면 어느 분야에 중점을 두고 혁신을 도모해야 할까? 통신산업은 소비자에게 실용성과 새로운 기능을 동시에 제공해야 하는 어려운 문제를 안고 있다. 새로운 기능이 너무 많아도 기능의 과부화가 걸린다. 가령 회사에 거대한 전화 시스템이나 대형 PBX를 갖추고 있어도 기능이 많고 복잡해서 이용할 줄 아는 직원이 없다.

다이얼패드는 야후에 매각된 이후에 전화 시스템을 변경하고 새로운 PBX를 사용하는 방법이 담긴 소설책만큼 두꺼운 안내책자와 이틀간의 교육기간을 준비했다. 하지만 다양한 기능에도 불구하고 직원들 중에 전화를 걸거나 끊고 대기상태로 돌리는 간단한 기능 외에 다른 기능을 활용할 줄 아는 사람이 없었다. 사실 우리는 큰 회사에 전화를 걸어 다른 사람을 연결해달라고 부탁할 때 십중팔구는 기다리다 지쳐 그냥 전화를 끊게 된다.

무엇보다도 이용자가 무엇을 필요로 하는지에 초점을 맞춰야 한다. 아이폰의 경우에는 이용자가 포장을 뜯자마자 아이폰을 꺼내 곧바로 날씨나 주가지수, 이메일을 확인할 수 있는 반면에 다른 전화기는 50

쪽짜리 사용설명서가 따라온다.

통신산업은 현재 어디까지 발전해왔을까? 또 어디로 향하고 있을까? 소비자의 선택과 개방성이야말로 성공의 열쇠가 될 것이다. 이와 관련해서 인터넷은 두 가지 측면에서 성공을 거두었다. 하나는 교체 비용이 적게 든다는 점이고 다른 하나는 좋은 상품이 나오면 입소문을 타고 성공을 거둔다는 점이다. 반면에 통신은 교체하기가 쉽지 않으면서도 항상 변화하는 것처럼 보이기 때문에 인터넷과는 처지가 다르다. 구글은 오픈 핸드셋 얼라이언스Open Handset Alliance, OHA를 지원하며 개발자들에게 안드로이드 플랫폼Android platform을 공개해서 개방성을 실현했다. 아이폰도 소프트웨어 개발 도구를 공개했고, 버라이존과 AT&T도 앞으로 개방하겠다고 발표했다. 따라서 앞으로 혁신기술은 개방형 구조에서 나올 것이 분명하다.

이 모두가 의미하는 것은 무엇일까? 통신산업은 갈수록 빠르고 복잡하게 발전할 것이며 발전 속도가 늦춰지지는 않을 것이다. 내가 어디에 있든 누구의 연락도 쉽게 받을 수 있다. 여러 대의 전화, 스카이프 계정과 기즈모 계정, 휴대전화와 블랙베리BlackBerry, 업무용 전화와 집 전화까지 있다. 결국에는 서비스 제공업체로부터 공급받는 모든 서비스를 이용할 수 있는 텔코telco 모델이 앞으로 우리가 나아갈 방향이다.

처음 그랜드센트럴을 운영할 때는 '소비자들이 그들의 통신기술을 조절할 수 있도록 할 것인가?'가 핵심 과제였다. 하나의 기술이 모든 장비에 꼭 들어맞는 것은 아니다. 만일 누군가 나한테 연락하려 한다면 내가 어디 있는지 알 필요도 없이 전화 한 통화만 걸면 된다. 그리고 내가 아내와 판매사원을 대하는 태도를 달리하고 싶다면 다르게 대할 수 있어야 한다. 통신 자체가 최종 목적지가 아니며 앞으로는 이용자가 통신하는 방식을 직접 결정할 수 있는 날이 올 것이다.

크레이그 워커(구글 음성통신 수석 프로젝트 매니저, 그랜드센트럴 창업자)

바이러스처럼 확산되는 통신

통신산업은 급격히 변화해왔다. 우선 핫메일은 인류 역사상 가장 빠르게 성장하는 소비재$^{consumer\ product}$로 발돋움했다. 이후에 카자^{Kazaa}, 아이씨큐^{ICQ}, 스카이프처럼 핫메일보다 빠른 성장세를 보인 상품도 속속 출현했고 나중에 나온 잭스터^{Jackster}는 이보다 더 빠르게 성장했다. 통신기술은 꾸준히 발전하고 있고 앞으로 발전 속도가 더욱 빨라질 것이라는 주장이 나오는 것은 당연하다. 사람들은 핫메일을 통해 멀리 다른 나라로 소식을 전할 수 있었고 스카이프 덕분에 국경 너머로 소식을 전하는 데 그치지 않고 메일보다 훨씬 빠른 새로운 통신 방법으로 연락을 취할 수 있게 되었다.

국가 간에 지리적인 국경이 사라지고 사람들은 집안에 앉아서 많은 일을 처리하고 있다. 국경이 무의미해지고 그 어느 때보다 빠르게 이동할 수 있게 되면서 기업은 이제 전 세계에서 노동력을 얻기 위해 경쟁해야 한다. 정부도 마찬가지로 대기업, 자본, 세계 굴지의 기업을 유치하기 위해 경쟁해야 한다. 정부를 서비스 제공업체라고 가정하고 많은 정부 중에서 어디를 선정할 것인지 생각해보자. 나는 한국의 실용적인 리더십과 칠레의 민영화된 사회보장제도와 싱가포르의 비즈니스 환경과 미국의 종교의 자유와 러시아의 과학 교육과 중국과 인도의 무한한 기회를 택할 것이다.

세계 각지의 뛰어난 인재를 확보하려면 무엇이 필요할까? 각국은 자유 시장, 법규, 토지 사유 제도, 탄탄한 기간설비, 관대한 파산 보호 제도, 소득을 본국으로 송금하기 쉬운 제도(와 낮은 세금), 간단한 통관 수속 절차, 언론과 종교의 자유, 주식 거래 규제 완화, 국가 간 관세나 장벽 철폐 정책 등을 마련해야 한다.

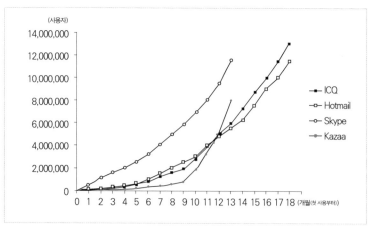

통신산업의 발전 속도

핫메일과 스카이프 덕에 세계의 문은 활짝 열렸다. 그러면 다음에는 어떻게 될까? 분명 새로운 비즈니스 모델이 나올 것이다. 소비자는 자신이 원하는 이메일 서비스를 선택해서 이메일을 여러 개의 주머니 pocket 에 담았다가 필요할 때 꺼내서 읽을 수 있다.

나는 언젠가 '준準생각 통신near-thought communications'이라는 말을 사용한 적이 있다. 이는 누구나 자기 생각을 쉽게 드러낼 수 있어서 창의적인 생각이 더욱 중요해지는 통신 방법이다. 요즘 들어 타깃 광고가 점차 중요해지고 있긴 하지만 인터넷에 난무하는 광고의 홍수 때문에 광고주가 원하는 소비자에게 접근하지 못하는 문제가 있다. 한편 통신은 시청시간 이동time shifting이 가능하다. 이메일을 받고 나중에 한가한 시간에 읽을 수 있다. 이메일만이 아니라 TiVo(디지털 비디오 녹화기)와 텔레비전도 시청시간 이동이 가능하다. 그 밖에도 시청시간 이동이 가능한 매체는 무수히 많다.

앞으로의 통신에는 우선 '일대다one-to-many' 통신이 있다. 이메일이나 영화를 한꺼번에 여러 사람에게 발송하면 모두가 같은 자료를 읽거나 볼 수 있다. 또 '다대일many-to-one' 통신도 있는데, 수많은 콘텐츠의 집중포화를 받으면서도 그 내용을 모두 이해하는 경우를 가리킨다. 하지만 이상적인 마케팅 방법은 특정한 개인을 대상으로 하는 '일대일one-to-one' 통신이다. 한편 혼란을 가중시키는 '다대다many-to-many' 통신도 있고 사람들이 서로에게 메시지를 보내다가 점차 일정한 그룹이 형성되는 '부분대부분some-to-some' 통신도 있다.

위에서 열거한 여러 통신 방식을 살펴보자. 카이트 텔레비전Kite TV

이라는 일대다 통신이 있다. 휴대전화를 비롯한 여러 가지 화면에 멀티플랫폼 방송을 전송하는 방식을 말한다. 잭스터와 스케일Scale 이라는 회사에서 제공하는 서비스를 통해 구미에 맞게 프로그램을 구성할 수 있다. 비거보트BiggerBoat를 이용하면 전송할 매체를 지정하고 특정 광고가 삽입된 영화를 보여줄 대상과 다른 광고가 삽입된 다른 영화를 보여줄 대상을 정할 수 있다.

다대다 통신으로는 위키Wiki가 있다. 위키의 소셜텍스트SocialText 는 프로젝트 중심이며 여러 사람이 자료를 추가하고 열람할 수 있다. 부분대부분 통신으로는 블로그를 이용해 광고 대상 소비자와 소통할 수 있는 글램Glam이 있다. 한국은 콜게이트Callgate와 미니게이트Minigate라는 회사를 세워 이런 중요한 통신 세계에 뛰어들었다.

한국에는 다른 어디에서도 기대하기 어려운 특별한 기회가 있다. 우리가 한국에 투자하는 이유도 바로 여기에 있다. 한국은 통신 분야의 선두 주자인데다 광대역 보급률이 높고 휴대전화 네트워크 수준이 세계 최고라서 새로운 통신기술을 시험하기에 최적의 조건을 갖추고 있다. 궁극적으로 우리 회사는 새로운 기술을 세계 시장에 내놓기 전에 한국에서 시범 운영하고 한국을 넘어 세계로 뻗어나갈 수 있는 기업을 길러내고자 한다.

한국 역시 서울이라는 좁은 시장에서 판매고를 올리는 데 안주하지 말고 또 언어의 장벽에 좌절하지 말고 한국을 넘어 전 세계로 뻗어나가야 한다. 비록 일부 통신 제품은 언어의 장벽에 가로막히긴 하지만 세계 시장을 목표로 삼아도 좋을 만한 기회가 분명 있다.

우리 회사도 비즈니스를 가로막던 모든 장벽이 제거된 상황에서 세계 도처로 뻗어나가 새로운 벤처 기업을 찾아야 한다는 점을 깨닫고 세계 서른여덟 개 도시로 사업을 확장했다. 한국은 세계 최고의 기술 선진국이다. 한국 사람들이 이 사실을 깨닫고 당당히 일어나서 세계 최고의 기술이 바로 이곳 한국에서 개발되고 있다는 사실을 전 세계에 일깨워주리라고 믿는다. 통신기술의 발달로 인해 비즈니스 환경이 바뀌고 있으므로 우리는 변화된 환경에 적응해야 한다.

팀 드레이퍼(DFJ 회장, 실리콘밸리의 대표적인 벤처투자자)

화면 인터랙션,
공간과 시간 모두를 고려하다

인터페이스란 본래 기계장치와의 소통을 의미한다. 우리는 어떻게 하면 기계장치와의 소통 방식을 인간과 인간 사이의 소통 방식에 가깝게 만드느냐에 목표를 두고 있다. 이를테면 인터페이스에 이것들을 어떻게 적용하느냐가 관건이다. 여기서 말하는 인터페이스는 화면screen을 의미한다. 우리는 작은 화면, 큰 화면을 비롯해 개인용 화면, 여럿이 보는 화면, 공공장소에 설치된 화면 들을 연구한다.

화면까지의 거리는 매우 중요한 요인이다. 이용자와 화면 사이의 거리는 이용자가 화면과 어떤 방식으로 소통하는지를 보여주기 때문이다. 일례로 우리와 거래하는 방송 '톡나우! TalkNow!'에는 '3미터' 방송을 담당하는 부서가 있다. 3미터란 리모컨을 들고 텔레비전과 떨어진 거리를 말한다. 참고로 인터넷과의 거리는 0.6미터이고 휴대전화와의 거리는 0.3미터다. 우리는 이 개념을 다양한 매체에 적용하려 한다. 바로 가까이 있기도 하고 멀리 떨어져 있기도 하며, 사용자가 굳이 소유할 필요가 없는 화면인 대중매체가 대표적인 예다.

'3미터'는 콘텐츠를 함께 소비하는 '가족이나 친구'에게 적용된다. 개인용 콘텐츠의 거리는 1미터 미만이다. 우리는 차 안에서 가족이나 친구와 함께 보는 화면을 설계하면서 1미터 미만에서 3미터까지의 화면을 생산한다. 자동차 화면은 개인용 화면 수준으로 거리가 가깝기는 하지만 소통 방식은 개인용 화면과 다르다.

우리 회사는 인터페이스를 미디어를 풍부하게 만들어주는 요체로 보고 있다. 3차원 영상으로 소비자가 직접 공간을 만들어낼 수 있는 기술을 개발하여 새로운 인터랙션 공간을 창조했다.

우리 회사는 인터페이스를 미디어를 풍부하게 만들어주는 요체로 보고 있다. 3차원 영상으로 소비자가 직접 공간을 만들어낼 수 있는 기술을 개발하여 새로운 인터랙션 공간을 창조했다. 현재 EA 스포츠 EA Sports와 손잡고 게임박스Gamebox를 연구하면서 '프리게임 체험pregame experience'이라는 기능을 개발하고 있다. 프리게임 환경을 설정하면 몇 가지 흥미로운 일들이 발생한다. 가상 환경에 게임을 로드하면 3D 공간에 게임의 요소가 뜬다. 예를 들어 화면 밑에 〈NBA Live 07〉이라는 게임 이름이 지나간다.

EA 스포츠와 ESPN 텔레비전 콘텐츠의 상업용과 홍보용 제품을 동시에 본다고 생각해보자. 결국에는 우리가 왼쪽과 오른쪽에서 의미를 갖는 공간을 만들어내고 있다는 사실을 눈치 챌 것이다. 공간이 펼쳐지면 EA 스포츠가 왼쪽에 나타나고 ESPN 텔레비전 콘텐츠가 오른쪽에 나타날 것이다. 한편 약 4년 전에 연구한 3D 인터페이스로는 XBox 360이 있다. 텔레비전용으로 제작한 XBox의 3차원 그래픽 엔진을 이용해서 만든 제품이다.

무엇보다도 중요한 결실은 이른바 '제스처^{gesture}'라는 기능을 중심으로 제작한 제품이다. 제스처 내비게이션이 지도상에 표시되는 이 기능은 닌텐도 위$^{Nintendo\ Wii}$, 아이폰, 마이크로소프트 서피스 등의 신제품 덕분에 소비자들에게 낯설지 않을 것이다. 나는 8년 전에 〈마이너리티 리포트$^{Minority\ Report}$〉라는 영화의 연구진으로 참여하면서 영화에 이를 실연하는 장면을 넣어보자는 아이디어를 냈다. 당시 우리는 이 기술이 60년 뒤에나 실현될 것이라고 예상했지만 놀랍게도 이미 실현되고 있다.

또 우리는 손으로 쓴 글씨와 비슷한 상징체계로 서명하는 방식과 같이 글자를 활용하는 통신 방식을 개발했다. 한편 우리는 텔레비전 내비게이션 장치를 개발했다. 손을 올렸다 내리는 동작만으로 원하는 영화를 클릭하거나 다른 영화 목록을 훑어볼 수 있다.

카메라가 이른바 '카우치 포테이토$^{couch\ potato}$' 혹은 텔레비전 모드라는 매우 민감한 동작까지 포착할 수 있기 때문에 반드시 가까이 두고 작동시켜야 하는 화상게임인 아이토이^{iToy}와는 다르며 내비게이션 조작도 매우 간단하다. 영화를 볼 때 음량을 조절하는 기능도 단순해서 위아래로 움직이기만 하면 된다. 보던 영화를 중지하고 싶으면 플레이어 제어기를 조절해 영화 위에 커서를 놓고 다른 항목을 선택하면 된다.

마지막으로 입력^{input} 방식에 관해 언급하고자 한다. 이는 새로운 종류의 내비게이션이다. 방금 설명한 인지적인 부분에서는 손짓을 분명히 해서 인지적으로 조작해야 한다. 그러나 새로운 인터페이스에서는 헤드셋을 통해 다른 무의식적 정보를 포착해 그 정보까지 덧붙이므로 훨씬 흥미진진해진다. 이런 헤드셋을 이모티브^{Emotiv}라고 하는데 이모티브는 실시간으로 얼굴 표정을 포착하여 아바타로 바꿔준다. 또 웃는 얼굴이든 찡그린 얼굴이든 얼굴에 나타나는 모든 정보를 변환하여 원격 전송해준다. 온라인게임을 하거나 다른 사람과 통신할 때 이 기능을 활용할 수 있다.

데일 헤릭스타드(스키메틱의 CCO, 인터페이스 디자인 부문 에미상 4회 수상)

한국의 통신 미래

전화, PC, TV의 공진화

앞으로 10년 동안 통신 기기는 어떻게 변모해갈지 간단히 살펴보자. 첫째 통신 기기 자체는 큰 의미가 없어지고 있다. 기기와 서비스는 함께 발전하기 때문에 기기와 서비스의 기본 설비를 동시에 생각해야 한다.

둘째 융합convergence이라는 개념이 있는데, 여기에는 여러 형태가 있다. 하나는 기기의 융합으로서 휴대전화와 카메라의 예를 들 수 있다. 두 번째는 네트워크의 융합으로 요즘은 무선과 유선의 구분이 없어졌다. 세 번째는 서비스의 융합으로 유선전화와 휴대전화가 동일한 서비스를 제공하면서 치열한 경쟁을 벌이고 있다. 마지막으로는 산업의 융합이 있으며 구글이 통신산업에 뛰어드는 것이 좋은 예다. 통신 기기의 발전을 논의할 때는 이러한 주제를 중심으로 생각해야 한다.

셋째 앞으로 부품이 어떻게 발전해나갈지 살펴봐야 한다. 가령 CPU 메모리의 향후 발전 과정을 지켜보면 앞으로 어떤 혁신적인 통신 기기가 나올지 구체적으로 예상할 수 있다.

넷째 응용프로그램의 발전을 통해 통신 기기의 발전을 가늠할 수 있다. 음성통신은 대역폭을 적게 차지하기 때문에 누군가가 먼저 무료 서비스를 제공할 것이며 앞으로는 모두가 무료로 전화 서비스를 이용할 수 있을 것이다. 그 밖에도 법적 규제나 문화적 차이와 같이 다양한 통신장비를 선택하게 만드는 요인도 고려할 수 있다.

휴대전화의 발전 과정은 대략 이와 같다. 하지만 휴대전화 외에 다음의 세 가지 기기도 앞으로 더욱 발전할 것이다. 우선 전화는 이동성이 높아질 것이고, PC는 막강한 성능을 보유하며 다양한 기능을 제공할 수 있어서 삼중의 경험을 제공할 것이다. 마지막으로 텔레비전은 현재의 기능을 훨씬 뛰어넘는 새로운 장치로 발전할 것이다.

권희민(삼성전자 기술총괄 디지털솔루션 센터장)

인터랙션의 장벽을 없애라

소비자들은 제품을 구입하기 전에 제품의 기능을 꼼꼼히 따져본다. 우리 회사 제품도 소비자에게 더 많은 기능을 넣어달라는 요구를 받지만 사실 기능이 많을수록 사용 방법이 복잡해질 수밖에 없다. 그럼에도 불구하고 기기가 제 역할을 충실히 하지 않으면 소비자들은 몹시 실망하면서 우리 제품을 싫어하게 될 것이다. 심지어 제품이 마음에 들지 않으면 인터넷에 '이 제품은 후졌으니까 사지 말라'라는 비방의 글도 서슴지 않고 올린다.

그렇다면 우리가 할 수 있는 일이란 무엇일까? 소비자가 제품을 쉽게 이용할 수 있도록 배려하는 것이 가장 우선으로 해야 할 일이다. 현재 당면한 문제는 가령 누워서 텔레비전이나 휴대전화를 이용하려 할 때에도 인터랙션에 전혀 구애를 받지 않아야 한다는 점이다. 지하철

- 기능 피로 현상: 요즘의 IT 제품에는 기능이 너무 많이 들어 있어서 소비자들이 당황한다.
- 사용자 장치와 환경의 인터랙션 기능이 제한되어 있다.
➡ **사용자 경험을 크게 개선할 필요가 있다.**

스마트 UI는 왜 필요한가?

에서도 쉽게 이용할 수 있어야 한다. 소비자가 월등히 향상된 기술을 체험할 수 있게 해주는 것이 제일 중요한 과제다.

어떤 제품이든 스타일, 기능, 편리함·편의성 사이에 완벽한 조화 혹은 균형이 이루어져야 한다. 소비자는 우선 스타일이 멋진 제품에 손이 가게 마련이다. 그러나 간혹 스타일에 치중하다 보면 통신 기능이 불편해질 수 있기 때문에 스타일과 편리함 사이에 균형을 맞추는 것이 핵심이다. 편리함을 추구하려면 사용자 인터페이스를 만들 때 직관성intuitive을 살려야 한다. 사용자 본인조차도 휴대전화에 얼마나 많은 기능이 들어 있는지 모르는 경우가 많기 때문에 소비자가 쉽게 이해할 수 있도록 만드는 것이 중요하다.

요즘 소비자들은 특히 통신 기기에 애착을 갖기 때문에 재미있으면

친구의 사진을 손으로 건드려서 친구에게 인사를 건네다
헬로우 UI(User Interface)의 기본 UI 개념

• 사진 아이콘을 건드려서 끌어오는 인터랙션 방식
 : 원 터치 콜 / 친구에게 메시지 보내기

감성과 재미

서 유용한 제품을 만들어야 한다. 더불어 소비자마다 요구가 다르기 때문에 각자의 취향에 맞게 조작할 수 있는 제품을 개발해야 한다. 휴대전화만 해도 평소의 용도와 휴가 때의 용도가 다를 수 있으므로 개인화 기능personalization을 향상시키는 제품을 개발하는 것이 무엇보다 중요하다.

유인경(LG전자 기술원장)

IDENTITY:
BIO-REVOLUTION AND HUMAN EVOLUTION
아이덴티티—바이오 혁명과 인간의 진화

시스템생물학에서
시스템유전학으로

생명공학은 지금 이 순간에도 끊임없이 변화하고 있다. 그리고 이 변화와 맞물려 있는 것이 의학과 생물학 분야다. 이들 분야에 부는 변화의 바람 근저에 무엇이 있는지 살펴보자. 생물학, 그리고 더 나아가 의학은 사실 정보과학이라 해도 과언이 아니다. DNA 유전정보로 만들어지는 전령RNA^{mRNA}라는 것이 있는데 전령RNA가 전달하는 DNA 정보에 따라 단백질이 합성된다. 이들이 우리 몸의 모든 (생물학적) 반응을 이끌어내는 기본 요소다. 그리고 이들이 보이는 반응에 따라 우리 몸에서 갖가지 변화가 일어나게 된다.

　최근 우리는 이런 기본 요소들이 어떻게 상호작용하는지 밝히기 위해서 전과는 전혀 다른 방식의 연구가 필요하다는 것을 깨달았다. 이들은 사실상 시스템을 이루고 있어서 정말 과장이 아니라 마치 컴퓨터 장치처럼 복잡하게 움직이고 있다. 이런 맥락에서 비롯된 시스템 생물학은 생물학적 변화와 변화의 요인들을 (각기 따로 떨어져 있는 것이 아닌) 복잡한 신경회로망과 (생체기능) 시스템 속의 부분들로 바라보는 학문이다. 마침 근래 들어 눈부시게 발전한 컴퓨터 기술이 우리 연구에 접목되면서 이런 복잡한 시스템들이 어떻게 움직이는지 알아내는 데 중요한 역할을 하고 있다. 특히 나노기술은 앞으로 의학과 생물학 분야에 큰 영향을 미칠 것이다. 연구나 분석을 돕는 차원을 넘어서서 결국에는 진단과 치료에서도 큰 몫을 할 것이다. 복잡성이 생물학의 핵심으로 대두됨에 따라 생물학은 본질적으로 정보과학의 성격을 띠게 되었다.

이론적 접근 방법은 생물학 분야에서 항상 큰 역할을 해왔지만 오늘날은 그중에서도 특히 정량적 접근이 점점 더 중요해지고 있다. 그 결과 현상 이해와 미래 예측 능력 모두 눈에 띄게 향상되고 있다. 최근 미국 과학한림원National Academy of Sciences에서 〈21세기 생물학 발전에 기여하는 이론의 역할The Role of Theory in Advancing 21st Century Biology〉이라는 보고서가 나왔는데, 그 보고서에 따르면 이론적 접근은 오랫동안 생물학과 떼려야 뗄 수 없는 관계에 있었을 뿐 아니라 앞으로는 컴퓨팅 기술, 수학과 연계되어 생물학의 개념 자체를 궁극적으로 바꿔놓을 수도 있다고 한다.

다음에 보이는 작은 신경회로망은 세포핵 유전자들을 나타낸다. 이들 핵심 유전자들은 신경회로망 모델에 속한 다른 모든 유전자들의 조절작용(생물이 나타내는 다양한 적합작용의 총칭 - 옮긴이)을 결정하는 역할을 한다. 그림에 제시된 신경회로망 모델은 맥주나 빵을 만들 때 이용되는 효모균의 경우다. 보다시피 작은 부분들이 서로 얽혀 상호작용하면서 하나의 시스템을 이루고 있다는 것을 느낄 수 있을 것이다. 마치 복잡한 기계나 컴퓨터와 같지 않은가.

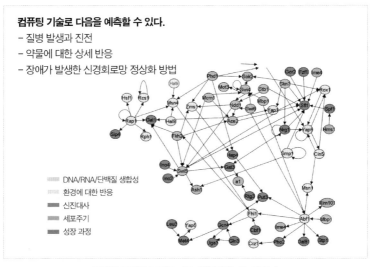

정량적 신경망 모델로 예측 생물학이 가능해진다

앞으로 이 분야에서 일어날 일을 살펴보기 전에 최근에 어떤 성과가 있었는지부터 알아보자. 최근 우리 시스템생물학 연구소Institute for Systems Biology 연구팀이 사상 최초로 유기체에 대한 예측 모델을 개발했다. 대상이 된 유기체는 호염성 세균으로 유전자 수가 2,400개에 불과하다. 사람의 유전자 수가 24,000개인 것을 생각하면 10분의 1 수준이다. 이것은 일종의 컴퓨터 조작 모델로 (생체기능) 시스템에 혼란을

야기할 수 있는 갖가지 상황들을 반영해서 하나의 신경회로망으로 조합해놓은 것을 말한다. 이런 (신경회로망) 모델은 컴퓨터를 활용해서 실험해보지 않아 잘 모르는 상황에서 어떤 유전자 반응이 일어날지 예측하는 데 쓰이며 약 80퍼센트의 적중률을 보인다. 최근 성과를 살펴보면 미래 생명공학 분야가 어떤 방향으로 발전할지 가늠해볼 수 있다.

여기 또 다른 성과가 있다. 성게 배아가 단세포 단계에서 다세포 단계를 거쳐 성게 개체로 성장하는 과정을 결정짓는 신경회로망이 그것이다. 캘텍CalTech의 에릭 데이비슨Eric Davidson 박사가 개발한 이 신경회로망은 현재까지 파악된 유전자 조절 시스템 가운데 가장 정교하다고 알려져 있으며 생물학 실험에 아주 유용하게 쓰이고 있다. 현재 이 신경망은 워낙 잘 파악되어 있어서 망을 형성하고 있는 유전자들을 인위적으로 조작해서 성게 배아의 성장 과정을 원래의 것과 다르게 변화시킬 수 있을 정도다. 이런 방법으로 특수 상황에서 어떤 변화가 일어나는지 예측할 수 있다.

현재 진행되는 일을 하나 더 소개하겠다. 다음의 그림은 세포의 성장상태를 결정짓는 신경회로망을 단순화한 것이다. 보이는 것은 아주 단순한 모형에 불과하며 완성되려면 아직 멀었다. 하지만 컴퓨터 기술을 이용해서 신경회로망에서 어떤 일이 일어나는지 분석할 수 있다. 왼쪽 그림을 보면 스크린 위에 작은 점들이 사방으로 분포하고 있는데 이 점들 하나하나가 세포가 취할 수 있는 각각의 상태를 나타낸다. 이들 중 일부는 암세포 상태고, 다른 것들은 암이 아닌 상태다. 이 복잡한 신경회로망이 어떻게 움직일지 그러다 종국에는 암세포를 형성하게 될지 어떨지 컴퓨터의 힘으로 예측할 수 있다면 앞으로 어떤 혜택이 주어질지 짐작이 가지 않는가. 아직은 의학적으로 유효한 예측을 할 수 있을 정도는 아니지만 머지않아 그런 시스템이 구축되는 날이 올 것이다.

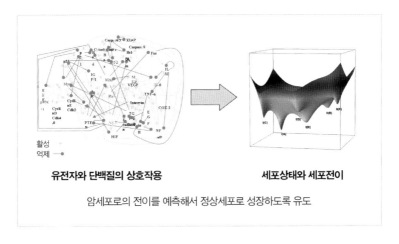

유전자와 단백질의 상호작용　　　**세포상태와 세포전이**

암세포로의 전이를 예측해서 정상세포로 성장하도록 유도

생물학 모델: 표현형에 이르는 복잡한 과정

　잠시 기술에 관하여 살펴보면 위의 그림에 보이는 옅고 복잡한 선은 무어의 법칙Moore's Law으로 널리 알려진 기술 예측이 여기도 적용되고 있음을 보여준다. 무어의 법칙이란 컴퓨터 칩에 내장되는 트랜지스터의 집적도가 18개월마다 두 배로 늘어난다는 예측을 말한다. 한편 뒤에 나오는 그래프는 과학으로 밝혀낸 DNA 배열 수를 연도별로 누적해놓은 것인데, 수년간 무어의 법칙을 정확히 따르고 있다.

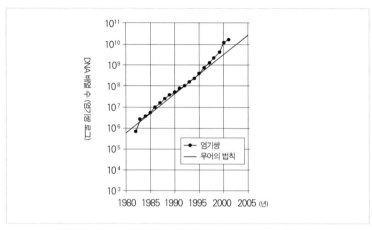

1980년부터 약 10^8 증가

이런 기하급수적 변화란 것이 얼마나 빠른 변화인지 실감할 수 있을 것이다. 무어의 법칙에 따라 계속 발전한다면 5년 후에는 현재 능력의 열 배에 해당하는 능력을 갖게 된다는 뜻이다. 만약 DNA 배열 수처럼 무어의 법칙을 웃도는 속도로 진보할 경우 상황은 또 달라질 테고, 그렇게 되면 오늘날 우리의 능력은 5년 후에 갖게 될 능력에 비하면 조족지혈에 불과할 것이다.

다시 화제를 바꾸어 나노기술에 대해 살펴보자. 나노기술은 1959년 물리학자인 리처드 파인만 박사에 의해 처음 만들어진 개념이다. 그가 (1959년 캘텍에서) 행한 〈극소공학 분야에 무한한 가능성이 있다There's Plenty of Room at the Bottom〉라는 제목의 연설에서 비롯되었다. 나노기술은 생물학 분야에서 아주 중요한 위치에 있다. 신경회로망을 온전히 밝혀내 의학 분야에서 요긴하게 쓰기 위해서는 집적도 높은 정보가 필요하고, 이런 정보를 확보하기 위해서는 미세측정이 엄청나게 다각도로 이루어져야 하기 때문이다.

그뿐만 아니라 나노기술 관련 장치와 대상은 대부분 생물학적 미세화합물과 생체조직을 조작하고 측정하는 데 필요한 수준과 딱 맞아떨어진다. 따라서 나노기술도 생물학과 함께 진화해나갈 것이 틀림없다. 우리 연구소와 캘리포니아 공과대학 짐 히스 교수의 공동연구로 단백질과 DNA와 RNA를 수없이 다양한 측면에서 측정할 수 있는 장치가 개발 중이다. 그 장치는 크기가 1페니 동전 정도밖에 되지 않는다.

마지막으로, 게놈 구조를 밝히는 것도 중요하지만 미래 의학 발전의 관건은 사실상 게놈이 주변 환경과 어떻게 상호작용하는지 알아내는 데 있다는 점을 강조하고 싶다. 이런 상호작용은 복잡한 신경회로망의 작용으로 결정되고, 의학 발전의 관건이 되는 것은 세포가 앞으로 어떤 방향으로 상호작용할 것인가에 달려 있으므로 신경회로망 연구는 의학과 불가분의 관계에 있다고 할 수 있다. 앞으로 신경회로망 연구를 통해 여러 가지 새로운 차원의 질병 진단과 치료가 가능해질 것이다.

여기 덧붙여 새로운 사고의 전환이 이루어지고 있다는 것도 언급하고자 한다. 기존의 '시스템생물학'에 대비해서 '시스템유전학'으로 불리는 새로운 흐름이 생긴 것이다. 복잡한 신경회로망 연구 중심의 시스템생물학 분야에 유전학 영역이 더해져 만들어진 개념이다. 의학과 생물학 분야에서 앞으로 어떤 다양한 변화가 기대되는지 가늠하는 것도 이 '시스템유전학'이란 새로운 토대 위에서 이루어질 것이다.

결론적으로 말해 미래가, 굳이 먼 훗날이 아니라 당장 10년 후만 되어도 지금과는 몰라보게 달라질 것으로 믿는다. 그리고 그 변화의 뒤에는 컴퓨팅과 나노기술, 시스템생물학, 그리고 시스템유전학이 한데 어우러져 만들어낸 놀라운 성과가 있을 것이다.

데이비드 갈라스(바텔 메모리얼 연구소 생명과학분야 연구담당 최고책임자)

디지털 의료 시대가 온다

데이비드 갈라스 박사가 앞에서 말한 내용에서 좀더 나아가 사후대응적인 현재의 의학은 향후 10년에서 20년 이내에 예측가능하고 맞춤화되고 예방가능하며 참여적인 의학으로 대체될 것이라고 본다. 정확히 어떻게 이런 변화가 일어날지 살펴보자.

현재 정황에 비추어볼 때, 19세기의 학문이 화학이었고 20세기의 학문이 물리학이었다면 21세기의 학문은 바로 생물학이 될 것이다. 모든 과학과 공학이 맞닥뜨린 근본적인 난제가 바로 복잡성인데, 생물학은 이 복잡성을 해결할 유례없이 강력한 도구를 갖고 있기 때문이다.

특히 생물학과 의학에 대한 시스템 접근법, 여러 가지 신기술, 새롭고도 강력한 전산 도구, 생물학을 정보과학으로 여기는 매우 독창적인 생각 등을 꼽을 수 있다.

복잡성에 대처하는 이런 능력 덕분에 생물학은 두 가지 일을 할 수 있게 될 것이다. 첫째, 인류가 직면한 가장 일반적인 문제들, 말하자면 의료, 농업, 영양, 바이오에너지 관련 문제를 해결할 수 있게 될 것이다. 훨씬 흥미로운 점은 생물학이 여타 대다수 학문에 근본적인 해결책을 제시해줄 것이라는 점이다. 30억 년 동안 분자가 진화한 덕분에 놀라운 첨단 전산 솔루션, 분자 계측 솔루션, 새로운 유형의 화학과 원료 등이 생겼기 때문이다.

예를 들어 라디오가 어떤 방식으로 전파를 음파로 바꾸는지 알려면 어떻게 해야 할까? 라디오를 해체해 분석하면 된다. 이것이야말로 생물학이 지난 40여 년간 해온 일이다. 부품 하나하나를 살펴보고 적어도 그 부품 중 일부가 무슨 역할을 하는지 알아내는 것이다. 그 후에는 이 부품들을 조립해서 라디오 회로를 만들고 회로가 개별적으로나 집단적으로 어떤 일을 하는지 파악한다면 가능하다. 유기체에도 정확히 똑같은 과정이 적용된다.

우리의 몸을 환경에 대응하게 만드는 정보는 모두 생체회로를 통해 전달되는데 시스템생물학은 본질적으로 이런 생체회로가 생물학의 여러 분야에서 어떻게 기능하는지를 파악하는 것이다. 이런 시스템 접근법으로 생물학의 모든 분야에 실질적 변화가 일어날 것이다. 특히 의료 분야를 중점적으로 살펴보자.

다음의 그림은 쥐의 뇌에 프리온 감염을 확산시키는 활발한 회로의 모습을 세 구획으로 보여준다. 옅은 동그라미는 뇌 속에 동일한 수치

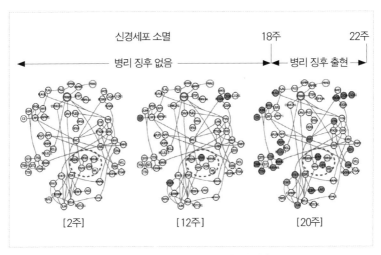

신경세포 소멸　　　　　　　18주　　　　　　22주
병리 징후 없음　　　　　　　→　병리 징후 출현 →

[2주]　　　　　　[12주]　　　　　　[20주]

프리온으로 동요된 연결망의 활발한 변화

의 RNA 분자를 지니고 있는 정상 대조군 동물들을 가리킨다. 반면 좀 더 진한 색의 동그라미는 수치가 높아진 병든 동물들을 가리킨다. 이 슬라이드는 2주, 12주, 20주가 경과하면서 뇌가 어떻게 변하는지 보여준다. 가장 먼저 주목할 점은 이 표본들과 다른 표본들에서 관찰되는 연결망의 활발한 변화가 사실상 이 질병에 관해 알려진 모든 병리적 측면을 설명해준다는 것이다. 우리는 사상 처음으로 고등 유기체의 질병 진행 과정을 연결망의 상태라는 관점으로 파악하는 것이다.

　두 번째로 중요한 점은 6주나 8주나 10주가 경과해 약간의 변화가 일어난 다음에야 병의 징후가 나타난다는 것인데, 이때 혈액에 분비된 분자를 RNA가 암호화하는 경우도 있다는 얘기다. 그렇다면 결국 그런 분자와 그 분자의 혈액 속 농도 변화를 추적해서 이 질병을 조기 진단할 수 있게 될 것이다.

이 연결망에 관해 마지막으로 주목할 점은 이제 완전히 새로운 접근법으로 약물표적을 설정할 수 있게 되었다는 사실이다. 말하자면 이 연결망을 보고 연결망이 훨씬 정상적인 방식으로 작동하려면 어떤 종류의 약물을 사용하는 것이 좋을지 질문해볼 수 있다.

이제 이 새로운 형태의 진단법으로 무엇을 할 수 있느냐는 문제로 넘어가보자. 우리는 비단 프리온 병에 걸린 쥐의 경우뿐만이 아니라, 조기 진단을 훨씬 능가하는 진척을 이룰 수 있음을 이미 증명했다. 게놈 기술을 이용하면 인간의 장기 50개와 그 장기 속에 각각 고유한 형태로 합성된 전사물, 즉 전사된 유전정보를 해석할 수 있다. 해당 장기만이 갖고 있는 전사된 유전정보는 단백질로 변형되고 그 단백질 일부는 혈액으로 분비되며, 이 때문에 모든 장기는 저마다 고유한 혈액 분자 단백질 지문을 갖게 된다.

그런 지문 각각에 포함된 단백질 수치는 해당 장기의 연결망 작동상태를 알려준다. 그러면 정상적인 장기의 단백질 비율, 장기가 질병1에 걸렸을 때 나타나는 비율, 장기가 질병2에 걸렸을 때 나타나는 비율, 이렇게 총 세 가지 비율을 한 묶음으로 얻을 수 있다. 그러면 50개의 인체 장기 각각에서 단백질 수치 50가지를 측정할 수 있다. 소량의 피 한 방울에서 2,500가지의 단백질 수치를 측정하게 되는 것이다.

이것을 어떻게 활용할 수 있을까? 이번에도 변형된 나노기술 덕분에 다음과 같은 일이 가능하다. 대용량 DNA 서열 분석기기는 값싸고도 빠르게 각 사람의 유전체genome 배열을 분석할 수 있다. 이 나노기술 장치로 피 한 방울을 채취하고 단백질 2,500가지를 측량한 뒤 그 정보를 무선으로 서버에 보내면 서버에서 정보를 처리해준다. 그렇게 분석된 정보는 환자와 담당의사에게 되돌아온다.

　이렇게 우리는 혈액에서 단일 세포들을 추출해서 개인의 몸속에서 특정 장기가 그동안 어떤 감염성 질병에 걸렸는지, 그리고 사실상 현재 어떤 감염성 질병을 앓고 있는지 판독해낼 수 있다. 결국 세포와 개인의 몸 전체를 설명하는 능력에 혁명이 일어날 것이다. 질병에 대한 시스템 접근법, 측정 관련 신기술, 새로운 컴퓨터 도구가 이렇게 통합되어 이른바 '4P^{Predictive, Personalized, Preventive, Participatory} 의료'라는 것으로 우리를 이끌 것이다.

10년 안에 여러분은 저마다 자신의 유전체를 알게 될 것이고, 우리는 여러분의 건강이 앞으로 어떻게 변화될지 믿을 만한 예측을 할 수도 있을 것이다.

　10년 안에 여러분은 저마다 자신의 유전체를 알게 될 것이고, 우리는 여러분의 건강이 앞으로 어떻게 변화될지 믿을 만한 예측을 할 수도 있을 것이다. 또한 엄지손가락을 찔러 이 2,500가지 단백질을 측정하는 초소형 나노기술 장치가 생길 것이다. 그러면 개개인의 몸속에 있는 장기 50개의 건강상태를 점검할 수 있다.

질병 관리는 개인별로 맞춤화될 것이다. 이는 사람마다 유전체가 다르기 때문이다. 사람마다 취약한 질병도 다르다. 지금까지 언급한 도구들, 즉 개인의 유전체와 나노기술을 이용한 혈액측정기를 활용하면, 유전체와 환경을 기준으로 개개인을 정확히 평가할 수 있다.

어떤 의미에서 보면 환자가 스스로의 건강을 관리할 수 있다는 의미다. 매우 강력하고도 새로운 예방도구가 생기며 새로운 치료약이 개발될 것이다. 효능도 훨씬 좋고 현재 필요한 소량의 자원만으로도 제조할 수 있는 치료약뿐 아니라 병을 예방해주는 약까지도 만들 수 있을 것이다. 60세에 난소암에 걸릴 확률이 80퍼센트인 사람이 36세부터 알약을 복용하기 시작한다면 암 발병률은 2퍼센트로 감소한다.

의료계에도 '참여'라는 단어는 큰 혁명을 가져오리라 예측할 수 있다. 사람들은 교육을 어느 정도 받으면 스스로의 의료에 책임을 질 수 있다. 따라서 이 새로운 '4P의료'는 환자들을, 또 두말할 것도 없이 의사들을 어떻게 교육시키느냐가 관건이 될 것이다.

우리는 정보통신기술을 디지털화한 것과 마찬가지로 의료를 디지털화할 것이다. 개별 분자나 개별 세포나 개인에게서 얻은 정보를 분석해서 그 정보를 효과적으로 활용해 맞춤화된 의료를 실행하게 될 것이다. 그럴 경우 무엇보다 획기적인 결과는 바로 미래의 어느 시점에는 의료비용이 엄청나게 절감될 것이라는 사실이다.

그 시점이 얼마나 빨리 올지는 두 가지에 달려 있다. 우선 핵심 기술, 다시 말해 컴퓨팅, 측정, 영상 등의 발전 속도다. 그리고 훨씬 중요

예측가능(Predictive)
- 건강 이력 예측 - DNA 배열
- 2년마다 멀티 파라미터로 혈액 내 단백질 측정
- 체내 분자영상

맞춤화(Personalized)
- 개인의 고유한 유전변이에 따라 개개인의 치료 실시
- 환자가 스스로를 관리
- 환자에게 직접적으로 제공

예방가능(Preventive)
- 시스템 접근법을 통해 치료약과 예방약 계획
- 건강 중심
- 목표 백신이 감염성 질병에 결정적인 예방책으로

참여적(Participatory)
- 환자가 해당 의료를 이해하고 의료 선택 과정에 참여

4P의료 - 예측가능하고 맞춤화되며 예방가능하고 참여적인 의료

한 요소는 4P의료를 실행하는 데 실제로 드는 비용이다. 내가 생각하는 최상의 시나리오는 15년에서 20년 정도 이내에 변화를 맞이하게 되리라는 것이지만, 그 전에 비용이 상당히 절감될 것이다.

또한 의료 시스템을 이루고 있는 각 요소들이 사업계획을 재설정하는 상황이 벌어질 것이다. 예를 들어, 제약회사는 우리가 우려하는 것처럼 막대한 비용을 들이지 않고 약을 효율적으로 생산하는 것이며 맞춤화된 의료로 각 의약품의 시장 점유율이 낮아질 것이다. 또 의과대학에서 의대생들을 가르치는 방법과 의료실행 방법에 대변혁이 일어나리라는 점도 짐작할 수 있다. 의과대학은 보수적인 성향이 강한

조직이기 때문에 이 혁명이 과연 실제로 일어날 것인가 하는 의문은 존재한다.

마지막으로 강조하고 싶은 것은 의료 문제 전반이 실제로는 시스템의 문제라는 사실이다. 과거에는 그 문제를 의사와 환자의 입장에서 생각했지만 이제는 의료 시스템 전체를 다각도에서 보게 되었다. 현재 많은 사람들이 생각하는 것처럼 의료기록을 비교적 직접적으로 디지털화한 정도의 수준에 그치지 않고, 그것을 훨씬 능가하는 IT로 인해 의료에 혁명이 일어날 것이다. 그러면 의사와 환자도 원활한 의사소통을 하게 될 것이다.

그러기 위해서는 코어 시스템으로 집약되는 근본적인 통합이 의학에 일어나야 한다. 10년 안에 개개인에 관한 자료를 어떻게 모을 것이냐 하는 문제를 해결해야 한다. 물론 어떻게 자료의 부피를 줄여 건강과 질병에 관한 가설을 세울 것이냐는 의문도 있다. 결국 의료에 혁명을 일으킬 IT의 열쇠를 쥐고 있는 것은 교육이다. 다름 아닌 IT를 통해서 우리는 환자나 의사에게 다가가게 될 것이며, 세계 의료에 변화를 일으키게 될 것이다.

르로이 후드(시스템생물학 연구소 설립자, 소장)

재생의학:
21세기 생명공학의 새로운 기반

의학과 생명공학의 미래에 중요한 영향을 미칠 또 다른 분야에 대해 살펴보자. 배아줄기세포에 대해 들어본 적이 있을 것이다. 배아줄기 세포연구에 대한 기본적인 설명을 통해 왜 배아줄기세포에 큰 기대를 거는지, 그리고 배아줄기세포연구가 생명공학이라는 주제와 어떻게 부합되는지 살펴보자. 다음에 보이는 사진 속에는 어린 소녀와 소녀 의 어머니, 그리고 그 어머니의 어머니, 그 어머니의 어머니의 어머니 가 함께 있다. 생명주기의 기적을 보여주는 사진이라고 할 수 있다. 생 명주기란 참으로 경이로운 것이라 하지 않을 수 없다.

이 생명주기의 중심에 지금 주제로 들고나온 생물학 연구가 있다. 수세기 전 한 동물학자가 인간의 생명주기에 대해 아주 마음에 와 닿 는 표현을 했다. "유기체로서의 몸은 썩어 없어지지만, 생명은 불멸성

불멸의 생명성

을 가지고 계속 이어지는 것이라서 동종의 개체들을 통해 끊임없이 계승된다. 사라져버리는 것은 각각의 개체일 뿐이다"라고 말이다.

먼 옛날 생명이 세포에서 기원했다고 밝혀진 이래 세포는 꾸준히 연구 대상이 되어왔고. 이제 우리는 세포를 매개로 생명이 영원히 이어진다는 사실에 이르렀다. 이런 세포들을 생식세포라고 한다. 우리를 구성하는 세포들 중에는 대대로 이어지는, 즉 계보 있는 세포들이 있는데, 이런 맥락에서 보면 우리 선조들은 절대 죽지 않고 계속 우리 몸속에 살아있는 셈이다. 지구상에 생명이 처음 발생했을 때부터 지금까지 이 세포들은 영원히 끊이지 않는 계보를 타고 불멸의 존재로 살아왔다. 우리는 이것을 재생불멸성 또는 세포불멸성이라 부른다.

이와 반대로, 대를 거칠 때마다 생식세포에서 분화하는 세포들이 있다. 이 세포들 덕분에 우리들이 각각의 개체로 지금 여기에 모여 있는 것이다. 생식세포에서 분화된 세포들은 체세포라고 하는데 체세포들은 개체와 함께 죽는다. 체세포 관점에서 보면 우리 선조들은 죽은 사람들이다.

대단한 것은 채 10년도 되지 않은 최근에 마침내 역사상 처음으로 인간 생식세포, 즉 불멸의 세포를 분리해서 실험용 접시에서 키우는 데 성공했다는 사실이다. 인간 생식세포는 의학의 앞날을 영원히 뒤바꿔놓을 중요하고 근본적인 두 가지 특성을 가지고 있다. 하나는 토털 파워total power 즉 분화전능分化全能이다. 생명이 처음 시작된 이래 이들 생식세포로부터 모든 사람들을 구성하는 갖가지 세포 계보가 분화되어왔다.

두 번째로 생식세포에는 생명 최초의 세포에서부터 이어지는 재생 불멸성이 있다는 점이다. 현재 이런 생식세포의 재생력과 관련해 깊이 있는 연구가 이뤄지고 있다. 다시 말해 죽어야 할 운명을 가진 세포와 영원히 지속될 세포의 차이를 가르는 실질적 분자구조장치에 대한 연구라 할 수 있다.

우선 토털 파워에 대해 살펴보면 배아줄기세포의 엄청난 잠재력을 두고 많은 논의가 있다는 것을 알고 있을 것이다. 배아줄기세포를 통해 병을 고치는 데 필요한 것들을 얻을 수 있기 때문이다. 예를 들어 당뇨병을 치료하기 위해서는 인슐린을 만드는 세포가 필요하다. 파킨슨 병 치료에는 병 때문에 잃은 세포들을 복구해야 한다. 다음의 그림은 배아줄기세포 이미지의 몇 가지 예를 보여준다. 이들 세포들은 인

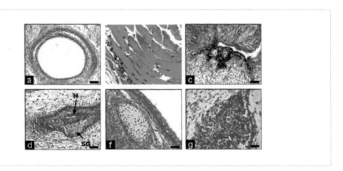

배아줄기세포의 분화전능

체의 모든 세포를 만들어낼 뿐 아니라 스스로를 조직하고 엮어서 신체 조직을 형성한다.

또한 인간 중추신경계와 뇌 같은 복잡한 기관을 구성하는 뉴런 같은 중요한 세포도 만들어낸다. 그리고 생명주기의 또 다른 면, 즉 노화를 극복할 수도 있다. 예를 들어 망막색소상피세포 retinal pigment epithelium cells를 만들면 노인들에게서 가장 흔히 일어나는 시력장애 중 하나인 황반변성macular degeneration을 치료할 수 있다. 이미 몇몇 바이오테크놀로지 기업에서 사람을 대상으로 한 임상실험용 배아줄기세포가 생산되고 있다. 연구가 가장 깊이 진행된 적용분야 중 하나로 혈액과 혈관 관련 질병을 들 수 있다.

다음의 그림은 혈액모세포hemangioblast라고 불리는 세포다. 배아줄기세포로 혈액뿐 아니라 혈관계血管系까지 재생해서, 노인성 질병 중 가장 많은 부분을 차지하고 있는 혈관 관련 질병을 가진 사람들의 혈관계에 이른바 배관공사를 새로 하거나 고장 난 부분을 수리하는 효과를 가져

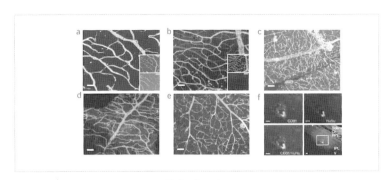

혈액모세포 치료

올 수 있다.

또 한 가지, 생식세포는 끝없는 증식력을 가진다고 하였다. 이 측면 역시 믿을 수 없을 만큼 중요하다. 만약 세포들이 무한정 증식한다면, 우리는 마치 무슨 문서작성 프로그램에서처럼 필요한 것을 찾아다 바꿔 넣기만 하면 되기 때문이다. 다시 말해 생식세포의 DNA 배열을 우리가 원하는 목적에 맞게 바꿔서 무엇이나 원하는 것을 얻을 수 있다. 예를 들어 생식세포 유전자를 재편성해서 아예 유전적으로 특정 바이러스에 대해 내성을 가지도록 면역시스템을 설계할 수도 있다. 이렇게 시스템생물학과 컴퓨터 기술력을 한데 합치면, 지금이라도 인간 생식세포를 재설계하는 것은 불가능한 일이 아니다. 그렇게 된다고 해서 몇몇 사람들이 터무니없이 상상하듯이 유전자조작인간이 탄생하는 것은 아니다. 다만 원하는 세포를 유전자적으로 원하는 대로 설계할 수 있게 되는 것이다. 생식세포 설계는 곧 진화의 메커니즘으로 연결되는 것이며, 이와 관련하여 현재 우리는 실험 가능한 연구력을 갖추고 있다.

과거 몇 년 동안 우리는 마이크로어레이(microarray, 수천, 수만 종의 DNA를 슬라이드 글라스에 미세 배열하여 부착시키고 이들 DNA와 잡종번식하는 유전자를 초고속으로 분석하는 장치-옮긴이)기술을 이용해서 인간 유전자를 포함해 아주 원초적인 형태로나마 수백 가지 다양한 세포를 합성해내는 데 최초로 성공했다. 다음 단계로 유전자와 세포들이 어떻게 발현되는지에 대한 연구가 모두 이뤄지면, 사상 최초로 연구실에서 세포

21세기 생명공학 플랫폼

를 합성할 수 있게 될 것이고 합성될 세포 종류와 형태도 그야말로 무궁무진해질 것이다. 심장세포, 뇌세포, 중추신경계세포, 췌장세포 등, 어떤 것이 됐든 필요한 부분에서 필요한 세포의 전구체前驅體 모두를 의학 역사상 처음으로 합성할 수 있게 된다.

사실 이 연구는 엄청난 복잡성과의 싸움이다. 인체를 구성하는 세포들은 너무나 복잡해 사람의 머리로는 도저히 소화할 수 없다. 그래서 학계에서 부상하고 있는 것이 시스템생물학이다. 생물학 연구에 있어 복잡한 정보처리 과정을 모두 컴퓨터 시스템으로 처리하는 기술을 말한다. 관련 자료를 컴퓨터에 구축해서 인체 발달 과정의 복잡한 양상들을 지도처럼 그려나가는 것이다. 그리고 이 신기술을 우리가 큰 기대를 걸고 있는 바로 이 생식세포 연구에도 접목하는 것이다. 분

화전능이 있어서 인체의 그 어떤 세포도 될 수 있고, 또 재생불멸성이라는 아주 독특한 특징이 있어서 우리가 원하는 대로 얼마든지 새롭게 재설계될 수 있는 이 생식세포 연구야말로 시스템생물학이 필요로 하는 분야다.

요컨대 우리가 현재 눈앞에 두고 있는 것은 미세세포생물학과 분자유전학, 그리고 정보기술과학을 한데 아우른 연구를 통해 우리 자신과 우리 아이들에게 밝은 미래를 선사하겠다는 희망의 실현이라고 할 수 있다.

마이클 웨스트(바이오타임 CEO, UC버클리 생물공학 교수)

생물자원으로서의 복제 개: 스너피에서 토피까지

복제란 무엇인가? 우선 정상적인 수정과 발생을 체세포 복제의 경우와 비교해보자. 정상적인 수정에서, 정자와 난모세포가 수정된 후 생겨난 배아는 배반포로 발생되고 어머니의 자궁 속에 착상해 태아로 성장한 다음에 자손으로 태어난다. 자손은 양쪽 부모 모두에게서 유전적 특질을 물려받는다. 체세포 복제란 핵을 제거한 난모세포에 체세포를 주입하고, 복제된 배아를 대리모의 난관이나 자궁에 이식함으로써 체세포 기증 동물과 유전학적으로 동일한 자손을 만들어내는 것이다.

최초의 복제 동물인 양 돌리가 태어난 이래 쥐, 소, 염소, 토끼, 고양이 그리고 최근에는 흰족제비까지 성공적으로 복제되었고, 한국에서는 2005년에 개와 늑대를 복제해냈다. 복제는 엄청난 경제적 가치를

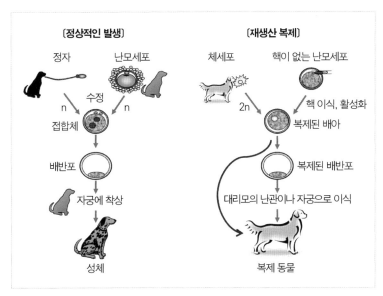

복제란 무엇인가?

지니고 있다. 우량 동물, 예를 들어 고품질의 우유를 생산하는 암소를 만드는 데 응용할 수 있다. 복제 기술로 유전자도입 동물을 만들어낼 수도 있다. 이종장기 이식을 비롯한 생체임상의학의 많은 분야에도 응용될 수 있으며 생물반응장치 제작, 질병모델동물 복제, 세포치료도 가능해질 것이다.

스너피의 탄생 과정을 소개하겠다. 우리는 '타이'라는 이름의 세 살 된 수컷 아프간하운드에서 세포를 추출하고 이 세포를 시험관에서 배양하며 세포주기 동기화에 착수했다. 그런 다음 동일한 개에게서 건강한 난모세포를 추출해 DNA를 제거했다.

세포주기는 체세포에 동조화시켰고 그 세포주기를 DNA를 제거한 난모세포에 이입했다. 그 후 전기 자극으로 체세포와 난모세포를 융합해 활성화를 유도했다. 이식 후 60일 만에 제왕절개를 통해 최초의 복제 개인 스너피가 태어났다. 스너피는 세포를 공여한 개와 똑같은 유전적 표현형을 지녔고 난모세포를 제공한 개와 동일한 미토콘드리아 DNA를 지녔다. 사진을 보고 어느 쪽이 스너피인지 구별할 수 있겠는가? 겉모습만으로 스너피와 타이를 구별하기는 어렵다. 둘은 매우 비슷하며 쌍둥이에 가깝다. 나 역시 목걸이를 보고서야 스너피를 구별할 수 있었다.

〈타임〉은 2005년의 가장 놀라운 발명으로 스너피를 뽑았다. 스너피의 이름은 서울대학교^{SNU}의 강아지^{puppy}라는 의미로 2005년 4월 24일에 태어났고 우리는 연이어 늑대의 체세포로 한국 토종 늑대 암컷 두

스너피(SNUPPY)
– 서울대학교(SNU)의 강아지(puppy)
– 세계 최초의 복제 개
– 출생 시 몸무게 530g
– 출생일 2005년 4월 24일

세계 최초의 복제 개

마리를 복제했다. 늑대의 체세포는 늑대 난모세포가 아니라 DNA를 제거한 개의 난모세포에 주입되었다. 복제된 배아 역시 늑대가 아니라 개를 대리모로 삼아 이식되었다.

2006년 우리는 암컷 아프간하운드 세 마리도 복제했다. 스너피의 여자친구들이다. 그중 두 마리는 지금 새끼를 밴 상태인데 스너피의 정자로 인공 수정되었다.

2006년 우리는 살아있는 늑대가 아니라 죽은 늑대의 체세포를 이용해 세 마리의 수컷 복제 늑대를 만들었다. 같은 해에 14세 된 개에게서 체세포를 추출해 토이푸들을 만들었는데, 14세의 개는 인간으로 따지면 거의 50세에 가깝다. 2006년 말에는 태아섬유아세포를 이

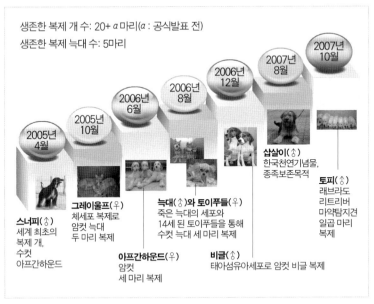

생존한 복제 개 수: 20+ α마리(α : 공식발표 전)
생존한 복제 늑대 수: 5마리

2005년 4월
스너피(♂)
세계 최초의 복제 개,
수컷 아프간하운드

2005년 10월
그레이울프(우)
체세포 복제로 암컷 늑대 두 마리 복제

2006년 6월
아프간하운드(우)
암컷 세 마리 복제

2006년 8월
늑대(♂)와 토이푸들(우)
죽은 늑대의 세포와 14세 된 토이푸들을 통해 수컷 늑대 세 마리 복제

2006년 12월
비글(♂)
태아섬유아세포로 암컷 비글 복제

2007년 8월
삽살이(♂)
한국천연기념물, 종족보존목적

2007년 10월
토피(♂)
래브라도 리트리버 마약탐지견 일곱 마리 복제

스너피에서 토피까지

용해 암컷 비글을 한 마리 복제했다. 치아섬유아세포^{odontal fibroblast}보다 태아섬유아세포가 유전자 조작이 더 용이하기 때문이다. 2007년에는 종족보존 차원에서 한국천연기념물인 삽살개를 복제했다. 최근에 미래^{tommorrow}의 강아지^{puppy}라는 뜻에서 토피^{Toppy}라고 이름 지은 복제 개 일곱 마리가 마약탐지견으로 훈련을 시작했다.

스너피가 태어났을 무렵에는 유병률^{有病率}이 매우 높았는데 최근에 20퍼센트 정도로 개선되었다. 개는 인간과 질병 양상이 매우 비슷하다. 게다가 생물의학 연구 측면에서 보면 개는 다루기 쉽고 인간과 의사소통이 잘 되기 때문에 중요한 바이오 자원이다. 개 복제는 다른 분야는 물론이고 동일 질병 모델 개를 활용해 질병의 발달 양상을 파악하고 치료약을 발견하는 데 응용되기도 한다. 또한 멸종위기에 처한 종, 특히 갯과를 보존하는 데 활용될 수도 있다. 마지막으로 개 복제는 맹인견과 같은 반려동물에 적용될 수 있으며 질환 모델 개를 연구하는 데 유용하게 쓰인다.

우리는 고관절 이상의 유전병을 앓는 개의 세포를 추출했다. 그런 다음 세포 공여 개와 동일한 유전적 표현형을 나타내는 개를 복제했는데 그 개 역시 고관절 이형성^{異形性}을 보인다는 사실을 발견했다. 이는 질병 연구에 있어 매우 중요한 모델을 제시하기 때문에, 유전자도입 개와 질병 모델 개를 복제하는 데 연구를 집중한다면 그런 복제 개는 훌륭한 생물자원이 될 수 있을 것이다.

이병천(서울대 수의과대학 교수)

노화 퇴치:
자동차처럼 부속품을 바꾸는 시대

누구나 지금 말하려는 이 질병에 걸리기 때문에 관심이 없는 사람은 아마 없을 것이다. 나 역시 그 병에 걸려 있다. 그것은 바로 노화다. 나는 건강과 질병, 특히 노화라는 문제를 지금까지 이야기해온 것보다 훨씬 더 획기적으로 통제할 수 있는 방법에 대하여 설명하려 한다.

노화는 복잡한 현상이며 노화 연구자들 사이에서 그 정의를 두고도 의견이 분분하다. 하지만 지금 내가 다루려고 하는 것은 논쟁적인 내용이 아니라, 노화란 우리가 인체라고 부르는 기계의 정상적인 기능이 낳은 부작용이라는 사실이다. 인체의 정상적인 기능, 즉 신진대사는 지속적으로 부작용을 낳는데 그 부작용은 일생에 걸쳐 서서히 누적된다. 그런 부작용은 오랫동안 큰 문제를 일으키지는 않는다. 상당히 운 좋게도 신진대사가 그런 부작용을 그럭저럭 극복할 수 있기 때문이다. 그러나 결국 인간의 몸은 쓰레기가 잔뜩 쌓여 이상이 발생하는 시점에 이른다.

이런 사실에 근거하여 상당히 그럴 듯하게 노화를 두 가지 방법으로 설명해볼 수 있다. 바로 노인병학적 접근법과 노년학적 접근법이다. 노인병학자들의 주된 관심은 각종 손상이 병으로 이어지는 속도를 감소시키는 것이다. 이는 상당히 직접적인 접근법으로 노화의 실상을 검토하는 방법이다. 하지만 동시에 무척 단기적인 접근법이기도 한데, 병으로 발전할 수 있는 요소가 계속 누적되기 때문이다.

한편 노년학자들은 이 점을 알고서 치료보다 예방이 낫다고 말하며 신진대사를 원활하게 하는 데 집중한다. 손상이 급속히 누적되는 것을 막기 위해서다. 그러나 여기에도 역시 문제가 있다. 신진대사는 극도로 복잡한 것이기 때문이다. 앞에서 이야기한 것처럼 우리 인간은 신진대사에 대해 점점 더 많은 것을 발견해내고 있으며 발견 속도역시 빨라지고 있다. 하지만 누구라도 동의하는 문제가 있다. 우리는 인간이 만든 단순한 기계의 작동방식은 잘 알지만, 인체의 작동방식을 그만큼 구체적으로 파악하려면 상당한 시간이 걸릴 것이라는 점이다.

이것이야말로 노년학적 접근법, 다시 말해 노화 연기라고 부르는 방법의 진짜 문제점이다. 모두 알다시피 노년학에서 주장하는 노화 연기에도 문제점이 있다. 바로 나이가 들면 불쾌한 증상을 몹시도 많이 겪어야 한다는 사실이다. 나의 동료들 중에는 노화에 대해서 어떤 대응도 할 수 없다고 생각하고 그런 증상에 대해 신경 쓰지 않기로 마음먹은 이들도 있다.

인간이 만든 기계에 관해 다시 이야기해보자면, 나는 인체와 비견하기 좋은 대상으로 다름 아닌 자동차를 꼽고 싶다. '오래가도록 튼튼하게 만들어진built to last' 자동차는 손상이 누적되지 않도록 수많은 부식방지 금속과 여타 많은 방법이 사용된다. 하지만 그것만이 자동차를 오래가게 만드는 방법, 말하자면 50년가량 지속시키는 유일한 방법은 아니다. 오래가도록 튼튼하게 만들어지지 않은 폭스바겐도 유지보수를 해주면 오래갈 수 있다. 다시 말해서, 손상이 누적되는 속도를 늦추려고 애쓸 것이 아니라 이미 누적된 손상을 제거하자는 것이다.

이 접근법의 또 다른 장점은 손상이 더 단순하다는 것이다. 아래 표는 손상으로 간주되는 모든 것, 다시 말해 신진대사가 병으로 가기 전 거치는 중간 단계를 설명해준다. 여러 가지 이유에서 이것은 우리에게 무척 익숙한 내용인데, 그 이유 중 하나는 25년 동안 변하지 않은 목록이기 때문이다. 더군다나 우리에게는 이 손상을 회복시키는 상당히 좋은 방법을 갖고 있다. 그것은 '공학적 접근법'으로 특히 노화를 퇴치하는 데 무척 강력한 방식이다.

이것은 결국 내가 '수명탈출속도longevity escape velocity'라고 불러온 개념으로 귀착된다. 글로 쓰면 복잡하게 느껴지

1. 노폐물 – 세포 내부
2. 노폐물 – 세포 외부

3. 세포 – 너무 적다
4. 세포 – 너무 많다

5. 돌연변이 – 염색체
6. 돌연변이 – 미토콘드리아

7. 단백질 교차결합

손상을 가져오는 치명적인 원인

'공학적 접근법'이야말로
특히 노화를 퇴치하는 데
강력한 방식이다.

지만 사실은 무척 간단한 개념이다.

손상을 정상으로 회복하고 문제보다 한발 앞서가려면, 내가 여기서 언급한 치료법을 일정한 속도로는 개선시킬 수 있어야 한다. 물론 첫 술에 배부를 수는 없다. 처음 치료법들은 완벽하지 않고 노화를 아주 조금 늦추는 수준일 것이다. 그러나 이런 종류의 재생 치료법들, 즉 노화라는 손상을 다시 정상으로 회복해주는 치료법들로 사람들의 수명을 일단 30년가량 연장해줄 수 있는 시점에 이르면 어려운 부분은 넘어선 것이다.

비행기를 살펴보면 기술의 발전 방식을 쉽게 이해할 수 있다. 1903년에 인류 역사상 처음 하늘을 날았던 라이트 형제는 겨우 24년 후에 찰스 린드버그가 대서양을 날아서 횡단하리라고 짐작하지는 못했을 것이다. 마찬가지로 린드버그는 고작 22년 후에 최초의 상업용 제트 여객기가 출현하리라고는 생각하지 못했을 것이다. 그러나 그것이 통상적인 발전 속도다. 앞에서 또 다른 실례로 무어의 법칙이 몇 번 언급되었다. 바이오테크놀로지뿐만 아니라 기술 분야 전반에 이런 일이 일어나고 있으며, 이는 우리가 다음과 같은 결과를 기대해도 좋다는 뜻이다.

작년에 발표한 나의 논문에서 우리는 컴퓨터 모의실험을 통해 다음과 같은 경우 어떤 일이 벌어질지를 주의 깊게 살펴보았다. 미래 어느 시점에 우리가 노화를 30년 늦출 수 있다는 걸 증명했다고 가정해 보자. 다시 말해 이미 일어난 손상을 재생해주는 치료법이 있어서 중년의 나이부터 다시 시작할 수 있게 되었고 그 후에는 상당히 적절한 속도, 말하자면 40여 년에 한 번씩 효능이 배가 되는 정도로 치료법을 향상시킨다면 무슨 일이 벌어질까?

다음은 우리가 얼마나 오래 살 수 있는가를 나타낸 수명 곡선이다. 오늘날의 사망연령 분포를 보여주는 맨 아래 점선에 분포하고 있는

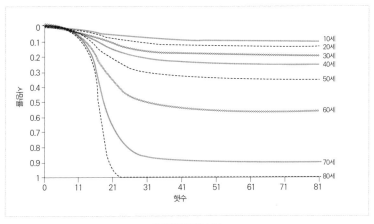

수명탈출속도 실험

선과는 다른 양상을 볼 수 있다. 앞에서 언급한 치료법이 확보된 때가 몇 살이냐에 따라 달라지는데, 치료법이 확보되었을 때 70세인 사람이 200세까지 살 가능성은 10퍼센트 정도다. 60세라면 거의 50퍼센트 정도이고 50세라면 70퍼센트 가까이 되는 것이다.

그리고 이 모의실험과 지금까지 우리가 한 여타 많은 연구에 따르면, 일단 200세가 된 후에는 나이 들어 죽는 확률이 기본적으로 0퍼센트가 된다. 치료법이 빠르게 발달해서 인체에 누적되는 손상이 해를 끼칠 정도의 수준에 이르지 못할 것이기 때문이다. 우리는 이미 자동차에서 그것을 이루어냈다. 100년 된 자동차는 200년이 되어도 완벽하게 제 기능을 할 것이며, 이는 틀림없는 사실이다. 아주 오래된 자동차는 폐차될 가능성이 거의 없다.

그렇다면 사실상 다음과 같은 결론이 도출된다. 최대 수명이 오늘날보다 30년 연장된 150세가 되는 것이 어렵지, 그 문제가 해결되면 이후 상황은 수월해질 것이다. 이는 사상 최초로 1,000세까지 산 사람과 사상 최초로 150세까지 산 사람을 신체 나이로 비교했을 때 20년 차이도 나지 않을 것이라는 뜻이다. 상당히 놀라운 결과지만 향후 수십 년 이내에 일어날 수 있는 내용을 상식적으로 추론해 얻은 논리적인 결론이다.

지금 이 책을 읽고 있는 사람 중 젊든 늙든 150세까지 살 확률은 수명을 30년 연장하는 기술을 얼마나 빨리 확보하느냐에 달려 있다. 얼마나 오래 걸릴지는 정확히 예측할 수 없다. 앞으로 25년에서 30년 안에 성공할 확률은 50퍼센트 정도로 예상하는데, 운이 나쁘면 더 오래

걸릴 수도 있다. 100년 동안 성공하지 못할 것이라는 확률은 적어도 10퍼센트다. 몇 십 년 안에 성공할 가능성이 분명 더 크다.

오브레이 드 그레이(케임브리지대 노화연구소 박사)

MEDIA:
DIGITAL CONCEPTION OF ANALOG CONTENTS
미디어 – 디지털, 아날로그의 콘텐츠를 품다

변화의 상수:
결국 콘텐츠다

나는 미디어산업에 커다란 열정을 품고 있는데, 세계 각지로 여행을 다닐 때면 그 열정이 더욱 샘솟는다. 특히 한국처럼 창의력이 풍부한 나라의 미디어산업 리더, 기술개발자, 정부 각료들과의 만남에서 적잖은 활력과 통찰을 얻기도 한다. 하지만 가장 유익한 피드백은 바이어컴과 CBS가 진출해 있는 160개국의 소비자들로부터 얻는다. 소비자야말로 미디어산업의 성공여부를 결정짓는 가장 중요한 주체다. 이것은 내가 항상 잊지 않으려 하는 진리다.

나의 이야기를 듣고는 미래지향적인 사람은 눈살을 찌푸릴지도 모른다. 하지만 이는 소비자를 염두에 두고 하는 말임을 잊어서는 안 된다. 우리는 과거를 돌아보면서 미래를 계획해야 한다. 변화에 적응하기 위해 맹렬하게 돌진하더라도 한편으로는 미디어산업과 사회의 변

미디어 제국 바이어컴

하지 않는 부분에 주의를 기울여야 한다.

변화의 속도를 조절하는 권한이 소비자에게 있음을 잊어서는 안 된다. 기술이 소비자를 이끄는 것이 아니라 소비자가 새로운 기술을 받아들이는 것이다. 그리고 소비자가 결정하는 변화 속도는 비유적으로 표현해서 혁명보다는 진화에 가깝다.

우리는 50년 전까지만 해도 기술이 인간의 생활과 일하고 즐기는 방식을 몰라보게 바꿔놓을 것으로 예측했다. 쇼핑몰과 책의 미래는 어둡게 점쳐졌다. 인터넷 소비자층이 새로 부상하는 현실을 감안하면 쇼핑몰과 책은 시대착오적인 존재로 느껴지기도 했다. 하지만 닷컴시대가 시작된 지 10년이 넘은 지금 미국의 시장도 한국의 시장도 이러한 예측과는 거리가 먼 모습이다.

한국에서는 사람들이 여전히 책을 읽고, '진짜' 매장에서 물건을 사고, 영화를 보러 극장에 간다. 사실 한국의 영화산업 시장규모는 세계 최고 수준이다. 우리가 사는 세상에 실로 많은 변화가 있었고 미디어와 통신 분야에서도 마찬가지였으나 한편으로는 변하지 않은 것도 너무나 많다. 미래는 마치 불가사의한 맹수 같다. 바로 등 뒤에서 맹수의 숨결이 느껴지는가 싶어 고개를 돌려보면 여전히 멀리 떨어진 곳에 있다. 그러다 우리가 전혀 예상하지 못하는 순간에 우리를 덮치고 만다.

미디어산업에 몸담고 있으면서 몇 가지 획기적인 미디어 모델을 개척하는 데 한몫을 한 사람으로서 나는 오랜 경험을 통해 미디어산업에서 변하지 않는 유일한 것은 변화한다는 사실이라고 단언할 수 있다. 그러나 변화 속에서도 변하지 않는 세 가지가 있는데 다음과 같은 것들이다.

첫째, 과거에도 미래에도 최고의 가치는 콘텐츠에 있다. 다양한 플랫폼이 양산되고 경쟁자의 수가 늘어나는 상황에서 자명한 진리는 한 가지뿐이다. "콘텐츠가 모든 것을 지배한다!" 디지털 세계에서 콘텐츠에 대한 수요는 더욱 증가하고 있으며, 우수한 콘텐츠는 언제나 최고의 대접을 받을 것이다.

둘째, 지구촌은 계속 확장한다. 지구촌은 참신하고 멋진 방식으로 세계의 소비자들을 통합시켜나갈 것이다. 40여 년 전 마샬 맥루한이 예견했던 전자 중추신경계가 앞으로도 계속해서 세계 각국의 다양한 문화를 하나로 연결할 것이다.

셋째, 정부의 규제(또는 탈규제)가 언제나 중추적인 역할을 한다. 규제는 정부가 가진 양날의 칼이다. 규제를 잘만 활용하면 선택과 편의를 보장하고 소비자가 요구하는 통제를 시행하면서도 콘텐츠 제작자의 권리를 보호할 수 있다.

요약하면 콘텐츠, 세계화, 규제는 과거와 현재, 미래를 막론하고 국제 미디어산업의 틀을 결정하는 변하지 않는 요소다. 지금부터 이 세 가지 요소를 구체적으로 살펴보자.

과거에도 미래에도 콘텐츠가
최고일 수밖에 없다.
일찍이 셰익스피어도 《햄릿》에서
"연극이 바로 그것이다"라는
현명한 말을 남겼듯이.

첫째, 과거에도 미래에도 콘텐츠가 최고일 수밖에 없다. 미디어산업에 종사하는 동안 나는 단 한 가지 목표에 의거해 행동을 취하고 여러 회사를 인수했다. 가장 질 좋은 콘텐츠를 찾아 언제나 우수한 이야기와 노래, 프로그램과 게임, 영화와 파일을 찾아다녔다. 그것이 미디어산업의 본질이다. 디지털 기술의 발달로 유통 시스템이 확산될수록 콘텐츠의 중요성과 가치는 높아져간다. 매혹적이고 브랜드 가치가 있으며, 꼭 갖고 싶은 마음이 드는 콘텐츠라면 두말할 필요도 없다. 일찍이 셰익스피어도 《햄릿》에서 "연극이 바로 그것이다The play's the thing"라는 현명한 말을 남겼듯이 말이다.

오늘날 미디어산업의 주체들은 소비자에게 접근하기 위해 매력적인 콘텐츠가 필요하다는 사실을 인식하고 있다. 유통에 크게 좌우되거나 기술 의존도가 높은 부문도 예외가 아니다. 일부는 자체적으로 콘텐츠를 개발하려 하고, 일부는 대중이 원하는 것을 제공하기 위해 프로그램 특허를 취득하거나 기존의 콘텐츠 제작사와 손을 잡으려 한다. 한국의 경우 정보고속도로에서 도시의 각 가정으로 빠져나가는 차선이 잘 갖추어진 만큼 콘텐츠를 향한 갈망이 굉장히 강한 편이다. 더 새롭고 성능 좋은 디지털 미디어 플랫폼이 보급될수록 콘텐츠를 향한 갈망은 더욱 강렬해질 것이다.

우리 바이어컴은 이러한 전망이 실현되면 한국 시장에서 프로그램을 제작할 기회가 늘어나리라 보고 크게 기대하고 있다. 한국은 아시아에서 세 번째로 큰 케이블TV와 위성TV 시장이다. 현재 MTV와 어린이 채널 니컬로디언Nickelodeon이 한국에 진출해 있지만 아직은 우리가 원하는 것만큼 활동 범위가 넓지는 않다. 한국의 젊은 소비자들 역시 외국 기업의 미디어 진출이 더욱 활발해지기를 바라고 있을 것이다. 지난 2007년에는 니컬로디언이 한국 내 외국 케이블TV 채널 가운데 1위를 차지한 바 있다.

현재 바이어컴은 게임, 디지털 분야에서 넥슨이나 다음과 같은 한국 유수의 미디어기업들과 제휴를 추진하는 중이다. 그러나 세계에서 가장 의욕적인 얼리 어답터가 넘쳐나는 한국 온라인 시장의 발달을 감안할 때 지금 우리가 하고 있는 일은 수박 겉핥기에 불과하다. 앞으로는 한국에서 콘텐츠를 제작하고 배포할 기회가 더 많이 늘어날 것이다.

한편 널리 알려진 바대로 한국은 콘텐츠 제작 분야에서 역동적인 시장을 형성하고 있다. 한국이 아시아의 공장이라 해도 과언이 아니다. 한국의 대중음악, 영화와 드라마, 게임은 일본과 중국, 동남아 차트를 석권하고 있으며 서방으로도 발길을 넓히고 있다. 대성공을 거둔 게

한국에서 제작한 캐릭터 '스폰지밥'

임 〈월드 오브 워크래프트World of Warcraft〉는 남지희(MTV 디지털 인터내셔널)가 한국에서 제작한 것이며, 애니메이션 분야에서도 한국에서 만들어진 바이어컴의 '스폰지밥'은 세계에서 가장 매력적인 캐릭터로 손꼽힌다.

바이어컴은 세계적인 애니메이션을 만들기 위해 한국 애니메이션 산업에 1억 달러 이상을 투자했다. 우리는 한국 애니메이션산업의 성장을 고대하고 있다. 한국의 미술가와 작가, 가수와 영화 제작자는 세계적으로 유리한 위치에 있다. 여기서 유리한 위치란 콘텐츠가 풍부하고 새로운 플랫폼과 채널과 유통망이 급증하는 환경을 가리킨다. 앞서 말했듯 나는 콘텐츠를 특별히 중시하는 사람이므로 바이어컴과

CBS는 대부분의 경우 순전히 콘텐츠만으로 승부한다.

바이어컴은 MTV, 니컬로디언, 코미디 센트럴Comedy Central, BET(흑인 음악 전문 방송) 등으로 이루어진 케이블 네트워크를 보유하고 있으며 해마다 시청률 1위를 놓치지 않고 있다. 바이어컴의 영화산업 부문인 파라마운트 픽처스는 할리우드 최고의 영화사다. 지난해 파라마운트 픽처스가 제작한 영화로는 한국에서 개봉된 외화 가운데 최고의 흥행을 기록한 〈트랜스포머Transformers〉와 〈인디아나 존스: 크리스탈 해골의 왕국Indiana Jones and the Kingdom of the Crystal Skull〉이 있다. 바이어컴 산하의 CBS TV는 〈CSI〉와 리얼리티 쇼 〈서바이버Survivor〉를 비롯한 인기 프로그램의 독점 방영권을 가진 미국 제일의 콘텐츠 공급자다. 바이어컴은 가상현실 부문에서도 열한 개 이상의 사이트를 보유하고 선두를 달리고 있다. 게임 부문에서는 〈기타 히어로Guitar Hero〉에 이어 〈락 밴드Rock Band〉를 출시하며 기염을 토하고 있다. MTV 게임은 액션 어드벤처 게임의 거장 제리 브룩하이머와 독점계약을 체결하기도 했다. 우리는 총 325개의 웹사이트를 운영하고 있으며 트래픽 양을 모두 합치면 세계 15위 안에 드는 웹 소유주다. 모바일 비디오 콘텐츠 부문에서도 1위를 차지하고 있다.

따라서 NHN과 넥슨이 우리의 콘텐츠에 이끌려 세계적 수준의 미디어기업들로 이루어진 우리의 제휴업체 명단에 이름을 올린 것은 자연스러운 일이다. 우리는 마이크로소프트, 야후, AOL, 컴캐스트, 티모바일T-Mobile 등 수많은 회사와 협력하며 신디케이션 제휴, 광고와 구독료 제휴를 통해 모든 콘텐츠를 현금화한다. 물론 콘텐츠를 쉴 새 없이 편집하고 분리하고 저장하고 변형해야 하는 미디어 시장에서 사업을 하다 보면 어려움이 있다.

신기술은 새로운 수익 흐름을 가능케 하지만 한편으로는 현재의 수익 흐름을 잠식한다. 이제 소비자가 돈을 주고 콘텐츠를 구입하기보다 도용하기가 더 쉬워졌다. 나는 늘 소비자를 염두에 두고 콘텐츠에 대해 이야기한다. 소비자는 이제 콘텐츠 제작 과정에도 활발히 참여하고 있기 때문이다. 손수 제작한 동영상을 판도라TV 또는 유튜브에 업로드하고, 싸이월드에 미니홈피를 만들어 많은 독자를 거느리는가 하면, TV 프로그램의 줄거리에 영향을 미치기도 한다. 소비자는 사용자 역할은 물론 큐레이터와 프로그래머가 하는 역할의 일부까지 수행하고 있다.

디지털 기술의 발전에 힘입어 소비자는 막강한 권한을 가지게 되었다. 소비자는 다양한 플랫폼을 활용한 개인별 콘텐츠 제작에 긴밀하게 관여한다. 또한 그들은 DVR(디지털 비디오 레코더)을 가지고 시간을 넘나드는 것은 물론 모바일 장비를 가지고 공간을 자유롭게 넘나드는 경지에 이르렀다. 아이팟과 고성능 휴대전화를 활용하면 시간에 구애받지 않고 황금시간대의 프로그램을 시청하는 일도 가능하다.

바이어컴과 CBS는 세계적인 유통망을 가진 콘텐츠 기업으로 변신하는 데 성공했다. 그리하여 공중파 방송, 온라인과 모바일, 스크린과 HD, 3D와 가상현실을 통해 소비자에게 우리의 브랜드를 알리고 있다. 단기적으로 보든 장기적으로 보든 간에 이 모든 활동의 목표는 과거와 달라질 것이 없다. 바로 소비자의 욕구를 채우는 것이다.

거듭 강조하건대 변하지 않는 유일한 것은 변화한다는 사실이지만 변화 속에서도 변하지 않는 것이 있다. 변하지 않는 두 번째 요소는 미디어의 불가항력적인 세계화 현상이다. 지구촌은 계속 확장되고 영향력을 넓히며 세계 각지의 소비자에게 도달할 것이다. 그러므로 국제시장은 미디어산업의 미래다. 규제의 벽이 무너지고 통신비용이 급속히 하락한 덕분에 우리는 유례없는 전자 통신망을 구축할 수 있었다. 지금 우리는 선택 가능한 정보와 오락 사이에서 물에 뜬 공처럼 헤엄치며 돌아다니고 있다. 무수히 많은 정보와 오락이 우리의 삶을 바꾸어놓고 있다.

지금 국제사회는 빛과 실리콘, 최근에는 하프늄(인텔에서 개발한 실리콘을 대체하는 칩 소재)으로 상징되는 강력한 신기술에 의해 움직이고 있다. 신기술의 대부분은 이곳 아시아에서 개발된다. 신기술은 국경과 문화장벽을 눈 깜짝할 사이에 넘어서며, 멀리 떨어진 곳에서도 적은 비용으로 빠르고 강렬하게 기업과 소비자를 사로잡고 있다. 심지어 혼자 길을 건너지도 못하는 어린아이가 기술의 힘을 빌려 지구 반대편에 닿기도 한다.

한편 비용을 지불하는 사람은 주로 젊은이다. 오락물에 열광하는 한국, 중국, 브라질, 영국 같은 나라의 젊은이들은 그들이 좋아하는 브랜드와 캐릭터를 체험하려는 욕구가 강하다. 그들은 자신이 소비하는 미디어에서 정체성을 발견한다. 미디어는 그들의 정체성과 목표의식의 일부다. 그들은 25세 이하의 소비자로 자기가 좋아하는 콘텐츠를 위해 선뜻 돈을 지불할 수 있는 첫 세대일 것이다. 젊은이들은 자기 나라의 문화를 담고 있으며 감각적인 오락을 좋아한다.

과거에는 콘텐츠 소비가 엘리트 계층의 전유물이었으나 지금은 대부분의 나라에서 다수를 차지하는 중산층이 일상적으로 오락물을 구입한다. 이런 현상은 조만간 35세 이하가 인구의 3분의 2를 차지할 것으로 관측되는 아시아에서 두드러지게 나타날 것이다. 앞으로 아시아 젊은이들은 역사상 어떤 세대보다도 뛰어난 국제 감각을 자랑하며 경제적으로 풍족하고 최첨단 유통기술에 쉽게 접근할 수 있을 것이다. 미국인들이 힘겨운 노력 끝에 케이블TV를 개발한 데 이어 광섬유, 위성중계, 무선통신을 차례로 개척하는 동안 신흥 미디어 경제는 이 모든 기술적 진보를 뛰어넘어 빠르게 성장할 것이다.

미국에서 20년, 영국에서 10년이 걸린 발전이 중남미와 아시아에서는 채 5년도 걸리지 않아 이루어지고 있다. 오늘날 한국의 경우 미국 광대역 인터넷의 평균 속도보다 몇 배나 빠르게 인터넷에 접속할 수 있으며, 초고속 인터넷망을 설치한 가구 수는 미국의 두 배에 달한다.

아시아를 비롯한 세계 각지에서 발견되는 무궁무진한 기회를 향한 우리의 접근법은 언제나 한결같다. 장기적인 시각을 가지고 신중하게 투자하면서 상호존중하며 협력사나 공무원과 신뢰관계를 쌓아나가는 것이다. 우리는 세계화를 추구하는 동시에 각 지역의 특색을 살리려고 한다. 예컨대 해외에 진출한 MTV 방송국은 미국 프로그램을 번역만 해서 내보내고 할 일을 다 했다고 여기지 않는다. 어느 지역에나 공통적인 수요를 충족하는 데서 멈추지도 않는다. 우리는 각 나라마다 완전히 새롭게 접근해 가급적이면 24시간 방영하는 현지화한 채널을 만들려고 노력한다. 진출하는 시장마다 현지인 관리자를 채용하고 현지 연예인을 출연시키며 현지인의 취향과 관심사에 맞게 프로그램을 편성한다.

실제로 MTV는 세계 각지로 시장을 옮길 때마다 극적인 변화를 거듭하는 상품이다. 가령 인도에서는 이른바 '몰래카메라' 개념을 차용한 〈MTV 바크라〉를 선보여 성공을 거두었다. MTV 한국지사는 〈스쿨어택〉이라는 프로그램을 개발해 한국 청소년에게 열광적인 호응을 얻었다. 또한 일본 애니메이션을 토대로 제작한 가상 VJ '릴리'가 아시아 전역의 시청자에게 즐거움을 선사하고 있다. 이러한 사례에서 알수 있듯 결국 엔터테인먼트산업에서는 미디어를 어떻게 유통시키고 비즈니스 모델을 어떻게 설정하느냐보다 소비자와 어떻게 소통하느냐가 중요하다.

지난 세월이 서막에 불과했다면 이제부터 10년은 기회와 장애물로 가득 찬 시간이 될 것이다. 아시아를 비롯한 세계 각지에서 광활한 신흥 시장이 속속 떠오르는 과정에서 기회가 생겨날 것이다. 우리는 신기술과 새로운 플랫폼을 이용해 각국 젊은이들과 더욱 풍부한 연계를 맺어나가야 하며, 우리의 콘텐츠를 계속해서 현지화해야 한다. 현지화는 전통을 존중하는 가운데 시야를 넓히는 광범위하고 세계적인 문화 교류의 일환이다.

하지만 극복해야 할 장애물이 있다. 아직도 정부 규제와 유통 독점이 남아 있는 나라가 많다. 이는 소비자의 요구에 부합하지 않으며 새로운 오락물이 쏟아져 나오는 현실과도 맞지 않다. 또한 유통이 정체되는 문제가 허다하며 앞으로도 같은 문제가 얼마든지 발생할 수 있다. 아직까지 저작권 보호가 허술하고 해적판이 횡행하는 시장도 많다. 이쯤에서 변하지 않는 세 번째 요소인 규제 이야기로 넘어가보자. 세계화된 미디어산업에서 필수불가결한 역할을 수행하는 것이 규제다.

다시 한 번 강조하지만 변하지 않는 유일한 것은 변화한다는 사실이며, 변화 속에서도 변하지 않는 것이 있다. 규제 또는 탈규제는 언제나 중추적인 역할을 수행해왔다. 마침 한국은 미디어기업이 활동하기 좋은 여건이 갖춰져 있다.

지금까지 한국 정부는 한국이 미디어 시장으로서 급성장하는 데 반드시 필요한 귀중한 업적을 남겼다. 모든 가정으로 연결되는 정보고속도로를 건설한 일이 그것이다. 하지만 바로 그 성공으로 말미암아 한국 정부 역시 세계 각국 정부가 부딪치는 난제를 피해갈 수 없게 되었다. 새로운 기술은 새로운 책임을 낳는 법이다. 한국을 포함한 세계 각국에서 작가와 작곡가, 영화 제작자와 미술가의 저작권을 보호하는 것은 매우 중요한 일이다.

저 먼 영국에서부터 이곳 서울에 이르기까지 세계 각지에서 저작권에 대한 위협은 나날이 커지고 있는 심각한 문제다. 노래와 영화의 일부가 아닌 전부를 불법적으로 다운로드할 수 있는 사이트, 해적판 DVD, 저작권이 있는 콘텐츠를 허가받지 않고 배포하는 유튜브와 같은 사이트가 문제다. 회사와 콘텐츠 제작자의 입장에서는 미디어산업에서 돈을 벌기가 점점 어려워지는 상황이다. 예전부터 나는 디지털 시대에는 저작권이 더욱 존중받아야 한다는 점을 누차 지적해왔다. 저작권 보호는 지적 노동의 대가이기 때문이다. 아이디어는 무료지만 아이디어를 표현하는 과정에는 지적 노동이 투입되게 마련이며, 지적 노동의 결과물은 고유한 가치를 인정받고 보호받는 것이 당연하다.

한 푼도 내지 않고 고화질 영화 전편을 즉석에서 손쉽게 다운로드하면서도 아무런 제재를 받지 않는다면 소비자는 돈을 내고 영화를 볼 이유가 없다. 미국에서 영화 한 편을 제작하려면 평균 제작비만 6,600만 달러가 들어가며 광고와 마케팅에 3,500만 달러가 추가로 필요하다. 1억 달러를 웃도는 돈이 투자되는 셈이다. 미국영화협회MPAA에 따르면 2006년의 영화 제작비용은 6,580만 달러로 2005년의 6,360만 달러보다 3.4퍼센트 증가했다. 그러나 2006년의 평균 마케팅 비용은 2005년의 3,610만 달러에 비해 4.4퍼센트 감소한 3,450만 달러로 나타났다. 만일 당신이 새로 만든 블록버스터 영화가 개봉도 하기 전에 거리를 휩쓸고 다닌다는 사실을 발견하면 얼마나 가슴이 아플지 한번 상상해보라. 영화 불법유통은 미국 경제에 매년 200억 달러 이상의 손해를 입힌다. 2006년 9월 29일 미국영화협회는 공화당 하원의원 딕 아메이가 이끄는 싱크탱크인 정책혁신연구소의 조사결과를 인용한 보도자료를 배포했다. 이 보도자료에 따르면 해적판으로 입는 손해는 연간 205억 달러에 달한다. 매출액이 60억 달러 줄어들 뿐 아니라 일자리가 감소하고 근로자의 수입과 조세수입이 줄어들기 때문이다. 없어지는 일자리는 연간 14만 개, 조세수입 감소액은 8억 달러에 달한다고 한다. 만약 이런 종류의 도둑질이 아무런 제재를 받지 않는다면 누구도 프로그램을 제작할 의욕을 갖지 못할 것이다.

저작권은 창의적인 노력을 촉진하고 새로운 것을 개발할 의욕을 불러일으킨다. 그러므로 저작권 보호를 제한하는 것은 새로운 아이디어의 표현을 억제하는 것과 같다. 그나마 다행스러운 점은 해적판이 횡행하는 나라에서도 사람들의 생각이 점점 바뀌어가고 있다는 사실이다. 중국 정부와 인도 정부는 저작권을 법으로 보장하는 데 적극적인 관심을 나타내기 시작했다. 설령 자국 콘텐츠를 보호하기 위한 의도가 전부라 해도 이는 긍정적인 현상이다. 인도 볼리우드는 저작권 보호를 강화해 달라고 정부에 로비를 벌이고 있으며, 중국은 베이징 올림픽을 앞두고 자국이 제작할 고품질 콘텐츠의 저작권을 보호하려는 움직임을 보였다. 물론 한국도 같은 행보를 취할 것으로 생각한다. 양적으로 풍부하고 질적으로도 우수한 한국 콘텐츠가 위험에 처해 있기 때문이다.

미디어기업들은 창작 콘텐츠를 거래하는 데 적합한 시장 환경을 조성할 의무가 있다. 적합한 시장이란 콘텐츠 제작자에게 충분한 보상을 하는 동시에 소비자를 만족시키는 곳으로, 여기에서 양자가 수긍할 만한 합리적인 가격이 형성되어야 한다. 분명히 말하건대 공짜는 결코 합리적이지 않다. 예술가 본인은 물론 투자를 통해 그 예술가의 작품이 주목받게 만든 미디어기업으로서도 공짜 거래는 용납할 수 없는 일이다. 그렇다고 모든 컴퓨터를 일일이 감시하거나 모든 사용자의 어깨너머를 살피며 콘텐츠를 이용할 권한이 있는지 확인하는 것은 당연히 불가능하다.

해결책은 애그리게이터(aggregator, 통합관리자), 인터넷 서비스 제공자, 장비 제조업체, 호스팅 서비스업체, 사이트 관리자가 모두 이러한 노력에 동참하는 것이다. 완벽한 해결책을 바랄 수는 없지만 적어도 자기가 속한 영역에서 저작권 침해 행위가 이루어지고 있다는 사실을 아는 기업은 조치를 취하는 것이 필요하다. 또 규제 권한을 가진 당국은 저작권을 존중하는 환경을 조성하며 예술가의 작품을 도용하는 행위에 제재를 가해야 한다.

한편 미디어기업은 소비자가 합법적인 방법으로 콘텐츠를 취득하는 과정을 간소화할 필요가 있다. 저작권 침해를 방지하는 완벽한 도구가 없다는 이유로 새로운 시도를 게을리해서는 안 된다. 우수하고 참신하며 창조적인 콘텐츠를 소비자가 원하는 형식의 매체로 언제 어디서든 즐길 수 있도록 공급해야 한다.

나는 1954년에 아버지가 경영하던 작은 드라이브인^{drive-in} 영화관 사업을 물려받았다. 그 이후로 줄곧 미디어산업에 종사하면서 일반 케이블 프로그램, 프리미엄 케이블 프로그램, 영화와 출판, 텔레비전과 라디오 방송, 옥외광고와 게임 등의 분야에 투자해왔다. 그 경험에 의해 나는 이 산업의 진화라는 호^弧는 날이 갈수록 하나의 원^圓을 닮아가는 것이라 말할 수 있다. 첨단 미디어 기술은 오래된 기술의 자리를 빼앗지 않는다. 사람들은 여전히 책을 읽는다. 손으로 편지를 쓰는 사람도 아직까지 있다. 그리고 휴대용 기기를 이용하든, 컴퓨터 화면으로 보든, 텔레비전으로 보든 간에 사람들이 연속극 형식으로 이루어진 영상물을 즐긴다는 점은 달라지지 않았다.

마지막으로 다시 한 번 강조하지만 변하지 않는 유일한 것은 변화한다는 사실이지만 변화 속에서도 변하지 않는 것은 과거에도 미래에도 콘텐츠가 최고이며, 지구촌은 계속 확장된다는 사실이다. 그렇기 때문에 공정한 규제의 역할은 더욱 중요하다. 하지만 무엇보다 소비자에게 우리의 상품을 알리고 소비자를 즐겁게 할 의무는 우리가 항상 기억해야 할 가장 중요한 의무다. 이러한 의무는 앞으로도 변하지 않을 것이다.

섬너 레드스톤(CBS 방송그룹, 파라마운트 영화사, MTV, 바이어컴 회장)

인터넷이 TV의 전통을 말살하는가?

내가 속한 비방디 그룹은 미디어, 통신 분야에서 다수의 우량기업을 경영하고 있다. 일반적으로 미디어기업은 세계의 콘텐츠를 현지의 유통업자들에게 공급하는 역할을 하는데, 비방디의 경우 전화 회사에 콘텐츠를 공급한다. 우리는 전 세계 음악산업 지분의 33퍼센트를 보유하고 있다. 한국에서는 수십만 명이 즐기는 다중접속 온라인게임 〈월드 오브 워크래프트〉로 잘 알려져 있다. 게임산업 분야에서 우리는 〈기타 히어로〉와 〈콜 오브 듀티Call of Duty〉로 유명한 액티비전 사와 합병을 추진하는 중이다. 합병이 성사되면 우리는 게임 분야에서 당당히 세계 최고의 자리에 오를 것이다.

우리는 콘텐츠 유통을 위해 프랑스에서 두 번째로 규모가 큰 이동통신사 SFR을 소유하고 있다. 최근 SFR은 역시 두 번째로 규모가 큰

동시성
· 스포츠
· 정치
· 유명 연속극

고화질
· 영화
· 스포츠

TV

주문제작 DVD

인터넷, 모바일

쌍방향성
· 토크쇼
· 게임, 퀴즈

디지털 커뮤니케이션

인터넷 사업자 뇌프 세게텔^{Neuf Cegetel}의 경영권을 취득했다. 모로코에
서 운영 중인 회사의 경영권도 확보하고 있다. 그리고 프랑스 최대의
유료TV 회사인 카날 플뤼스^{CANAL+}를 소유하고 콘텐츠 유통 사업을 하
고 있다. 카날 플뤼스는 소비자의 수요가 높은 고급 콘텐츠를 보유하

고 있다는 점에서 매우 유리한 입장에 있다. 특히 축구, 미식축구와 같은 스포츠 콘텐츠와 영화 콘텐츠가 뛰어나다. 우리는 사업영역을 TV에 국한하지 않고 다른 매체로도 진출하기로 결정했다. 새로운 시대에 행동하지 않고 가만히 있는 것은 결코 잘 한 선택이라 할 수 없다.

모든 방송국이 변화에 저항하는 것은 아니다. 방송국 입장에서는 소비자에게 TV를 계속 시청할 동기를 부여해야 하며, 여기에 하나의 대안이 될 수 있는 것이 쌍방향TV다. 카날 플뤼스는 TV 방송과 인터넷 공간에서 사용자의 주문에 따라 동영상을 제공하는 서비스를 개발하는 중이다. 같은 이유로 우리는 웹사이트도 제작하는 중이며, 소비자의 새로운 요구, 가령 수용능력에 따라 다중 채널에 접근할 수 있는 서비스를 제공해달라는 등의 요구에 응답하고 있다. 같은 이유에서 모바일TV 서비스도 준비하고 있다.

모바일, 디지털 기술이 점점 발달하고 모든 것이 인터넷으로 연결되는 시대다. 이러한 흐름으로 말미암아 새로운 소비자 행태가 나타나고 그 결과 과거의 사업모델을 바꾸고 있다. 혹자는 콘텐츠가 중요한가, 커뮤니티가 중요한가를 놓고 논쟁을 벌인다. 앞으로는 콘텐츠가 중요하지 않으며 커뮤니티가 핵심이 될 것이라고 주장하는 사람도 있다.

사람은 홀로 살아갈 수 없는 존재다. 뛰어난 재능을 가진 사람은 드물고, 군중 속에서 재능 있는 사람을 가려내기 위해서는 기술이 필요하다. 유튜브와 마이스페이스 등의 커뮤니티에서 재능이 발견되는 경우도 극히 드물다. 따라서 커뮤니티 웹사이트에 몰려드는 수많은 대중을 관리하는 것보다는 숨은 재능을 발굴하는 능력이 있는 사람들로 이루어진 팀을 관리하는 편이 훨씬 효율적이다. 설령 어떤 재능 있는 사람이 대중의 힘으로 유명해진다 하더라도, 그 사람이 유명세를 이용해 돈벌이를 하려면 대개는 전통적인 미디어에 의존하게 되어 있다. 지금까지는 인터넷이 예술가에게 충분한 보상을 해주지 못했기 때문이다.

우리의 역할은 재능 있는 예술가들을 발굴해 그들의 콘텐츠를 적극적으로 유통시키는 것이다. PC와 모바일, TV 등 가능한 한 모든 방법으로 사람들에게 콘텐츠를 보여주어야 한다. 텔레비전 방송국이 인터넷과 경쟁하는 데 유리한 점이 한 가지 있다면 바로 '브랜드'다. 예컨대 카날 플뤼스는 콘텐츠 제작과 콘텐츠에 접근할 권한을 부여하는 일에 경험이 많은 유명한 브랜드이며, TV 방송국은 당연히 자기 브랜드를 이용할 권리가 있다.

콘텐츠를 보유한 사람 입장에서 자기 콘텐츠를 내보내기에 가장 좋은 통로가 무엇인가는 소비자에게 어떤 경험을 주고 싶은가에 따라 달라진다. TV는 방송에 가장 적합한 매체이며 스포츠와 같은 분야는 TV의 힘을 필요로 한다. 인기 있는 TV 시리즈도 많은 사람들이 볼 수 있어야 효과가 있는 것이다. TV 방송국들이 계속해서 소비자의 마음을 사로잡고 싶다면 시청률이 높은 프로그램을 편성표에 넣어야 한다.

당분간은 인터넷이 고화질 콘텐츠를 시청하기에 최적의 매체가 되기는 어려울 듯하다. 고화질을 구현하려면 방송 채널이 필요하며, TV

또는 DVD를 이용하거나 인터넷으로 영상을 다운로드해야 한다. 하지만 이 경우에는 시간차가 발생한다. 인터넷의 가장 큰 장점은 실시간으로 의사소통을 하고 피드백을 주고받을 수 있다는 것이다. 이러한 장점은 특히 TV 뉴스 방송국과 비교할 때 두드러진다. 어디에서나 접근 가능한 무료 온라인 뉴스와 인터넷상의 개인화된 뉴스가 TV 뉴스 방송을 위협하고 있다. 쌍방향성이라는 면에서 전통적인 TV는 인터넷 뉴스와 경쟁이 되지 않는다.

사람들이 인터넷으로 뉴스를 보는 이유는 신문과 유사하기 때문이 아니다. 신선한 소식이나 독특한 소식이 여과되지 않은 채 올라오기 때문이다. 이는 마치 살균처리가 되지 않았지만 품질이 좋은 프랑스 치즈를 먹는 것과도 같다. 전통적인 방식과 새로운 방식에는 각기 다른 장점이 있으므로 두 가지 방식이 공존하는 것은 좋은 일이다.

많은 사람이 TV가 쇠퇴하고 있다고 주장하지만 그것은 틀린 말이다. 만약 인터넷 때문에 TV가 몰락할 운명이라면, TV 방송국은 그저 자기 콘텐츠를 인터넷에 올리고 그것으로 수익을 내면 그만이다. 전통적인 미디어는 인터넷으로 진출할 수 있지만 그 역은 성립하지 않는다. 물론 인터넷기업이 기묘한 형식의 전통적인 미디어로 전환할 수는 있겠지만 인터넷 방송 때문에 전통적인 TV가 몰락할 가능성은 거의 없어 보인다. 현재 나타나는 모습을 보면 인터넷 방송은 품질과 콘텐츠와 소비자 등에서 전통적인 TV와 크게 다르기 때문이다.

전통적인 미디어는 앞으로도 계속해서 자사의 인기 있는 콘텐츠를 방송으로 내보내고 지금까지와 같은 광고를 통해 비용을 충당할 수

인기 있는 콘텐츠에 의존하는 경우
– 여러 개의 채널을 통해 다양한 시청자에게 접근한다
– 시청자의 취향에 맞게 프로그램을 미리 선별해 선택의 수고
  를 덜어준다
– 유명한 브랜드를 이용한다
⇒ 시청자는 광고가 나가는 동안에도 화면 앞을 떠나지 않을
  것이다.

1.0 시대의 방식으로 방송하는 경우
– 광고로 수익을 올린다
– 실시간 TV 중계
– 시청자가 잘 받아들이도록 독창성이 돋보이는 광고
⇒ TV 1.0은 다수의 소비자를 확보하고 있으며 앞으로도 열
  성적인 소비자를 잃지 않을 것이다.

2.0 시대의 방식으로 방송하는 경우
– 흡입력은 덜해도 대상이 분명한 광고(형식은 일정하지 않
  음)
– 광고 없이 구독이나 유료화를 통해 운영한다
– 자유시간시청 방식 또는 주문에 따르는 방식
– 공론장을 만들어 서로 의견을 나눈다
⇒ 저작권자가 직접 콘텐츠를 인터넷에 올려 수익을 거둬들
  인다.

새로운 환경에 적응하는 전통 미디어

있다. 또 일부 콘텐츠를 인터넷에 올려놓고 시청자들을 초대해서 토
론의 장을 열거나 인터넷 광고로 수입을 얻을 수도 있다. 예컨대 미국
의 간판 방송사 중 하나인 NBC유니버설이 만든 훌루닷컴hulu.com은 대
성공을 거두었다. 카날 플뤼스 역시 자체 웹사이트를 개설했는데, 사
람들이 카날 플뤼스의 독점 콘텐츠를 시청하기 위해 사이트를 방문한

덕택에 시청자가 두 배로 늘어나는 효과를 거두었다.

2007년과 2008년에 세계적으로 인터넷TV가 위세를 떨치고 있으며 오락산업 분야에서는 이전부터 인터넷이 꾸준한 성장세를 나타냈음에도 불구하고, 전통적인 형식의 텔레비전은 지금까지 그러했듯 앞으로도 계속해서 소비자를 끌어당길 가능성이 높다.

디지털 시대의 새로운 소비자는 시간과 장소에 구애받지 않고 디지털 기기를 이용해 자기가 원하는 프로그램을 자유롭게 시청하기를 원한다. 그들은 편의와 집중을 원한다. 이러한 사실을 고려할 때 과연 소셜 네트워킹이 진짜 비즈니스로 발전할 수 있을까? 나는 페이스북이나 마이스페이스가 독립적인 애플리케이션이라고 생각지 않는다. 오히려 전통적인 형식의 미디어가 수익을 보전하리라 생각한다. 기술은 사업모델에 궁극적인 변화를 일으키고 있다. 새로운 형식에 맨 처음 발맞춘 분야는 음악산업이었고 두 번째는 텔레비전이 될 것이 틀림없다. 현재 미디어산업에서는 부가가치 생성 과정을 의미하는 가치사슬value chain이 파괴되고 있는 중이며, 그래서 새로운 수익원을 검증하는 것과 새로운 사업모델을 활용하는 것 사이에 딜레마가 생기기도 한다.

지금까지 논의한 내용을 종합해보면 결론은 단순하다. '구독'subscription이 훌륭한 차세대 사업모델이 되는 것이다. 이는 한 달에 40유로 또는 40달러를 내고 모든 프로그램을 자유롭게 관람하도록 하는 방법이다. 음악을 판매할 경우 한 달에 일정 금액을 내고 PC나 휴대전화에서 모든 음악을 들을 수 있도록 하면 된다. 소비자는 가격에 민감하기 때문에 소비자를 안심시키기 위해서라도 구독 모델은 최선의 방법이다. 하나의 문제가 있다면 그것을 가능케 하는 기술이 아직 개발되지 않았다는 점이다. 콘텐츠의 품질과 사용자 인터페이스, 저작권과 관련된 문제도 생길 수 있다. 하지만 이는 모두 시간을 들이면 해결될 만한 문제다.

결론은 디지털 시대의 소비자를 포섭하기 위한 단일한 전략은 존재하지 않는다는 것이다. 최근 루퍼트 머독은 디지털화에 관해 중요한 사실을 다음과 같이 지적했는데 나 역시 그의 말에 전적으로 동의한다.

"우리가 진짜 디지털족으로 거듭나는 것은 불가능할지도 모릅니다. 우리는 나이가 너무 많으니까요. 하지만 디지털족의 문화와 사고방식을 모방할 수는 있으며 그렇게 해야 합니다. 이것은 한 세대에 한 번 있을까 말까 한 기념비적인 기회이며 가슴 설레는 기회입니다. 만약 우리가 성공을 거둔다면 미디어산업은 이전보다 더 건강한 체질로 새로 태어날 희망이 있다는 뜻이기 때문입니다."

레지 튀리니(비방디 수석부사장 겸 최고전략담당자)

MEDIA

콘텐츠,
미디어 굴레를 벗어나
소비자를 찾아 떠나다

'콘텐츠, 미디어의 굴레를 벗다 unleashing content'라는 주제에 부제를 붙인다면 "콘텐츠로 어떻게 수익을 낼 것인가?"라고 할 수 있다. 이는 우리의 가장 큰 관심사이기도 하다. 첫째 콘텐츠 생산 비용을 누가 지불할 것인가? 즉 콘텐츠를 제작하고 유통하고 마지막으로 콘텐츠를 퍼뜨리는 비용을 누가 부담할 것인가? 둘째 저작권 관리비용을 누가 부담할 것인가?

우리 회사는 콘텐츠 가치 극대화를 전략으로 삼고 있다. 다시 말해 '언제, 어디서나 시청 가능한' NTV를 실현하는 다중접속 전략이다. 소비자가 전통적인 TV를 버리고 떠나는 시대라면 이제 우리가 소비자를 찾아다니면 된다.

이러한 전략을 실현하기 위해 우리는 크로스미디어 프로그램과

153

소비자가 전통적인 TV를
버리고 떠나는 시대라면
이제 우리가 소비자를
찾아다니면 된다.

광고를 제작하는 중이다. 온라인에서는 지난 2006년 9월 'NTV2'라는 이름으로 인터넷 주문형 동영상 ^{VOD} 서비스를 시작해 일본 최초로 VOD 서비스를 시행한 TV 방송국이 되었다. 나아가 우리는 모바일 TV 분야에서 일본의 DMB 표준인 '원세그 서비스 $^{\text{one-segment service}}$'를 개발했다. 일본 내각이 디지털TV 방송국의 독립적, 독점적인 프로그램 제작을 허용한 이래 우리의 서비스는 일본 모바일TV의 원형으로 자리 잡았다.

뉴스는 저작권을 관리하기가 매우 쉬운 프로그램이다. 일본에는 드라마, 버라이어티쇼, 음악 프로그램 등을 인터넷에서 다시 활용하려면 작가 또는 출연자의 승인을 받아야 한다는 법이 있다. 우리는 일단 우리 회사 프로그램을 인터넷에 올리기 시작했다. 초기에는 우리가 소유권을 확실히 보유하고 있는 뉴스 콘텐츠를 올렸다. 현재 우리는 케이블TV와 위성방송에서도 24시간 뉴스채널을 운영하면서 다양한 플랫폼으로 뉴스 콘텐츠를 제공하고 있다.

소비자의 반응은 긍정적인 편이었고, 우리의 모델은 회사의 수익뿐 아니라 회사 가치와 명성을 높이는 데 기여했다. 우리는 디지털화라는 기술 혁신에 힘입어 콘텐츠가 미디어의 굴레를 벗어나는 새로운 시대를 환영한다. 이제 일방향 방송은 상호작용이 가능한 쌍방향 방송으로, 수동적인 매체는 능동적인 매체로, 다수를 위한 폐쇄적이고 규제가 많은 방송broadcasting은 소수를 위한 자유롭고 열린 방송narrowcasting으로 바뀔 것이다. 하지만 자유로운 선택을 보장하는 새로운 미디어의 시대에 콘텐츠 제작비용과 유통비용, 저작권 관리비용을 누가 부담하느냐를 먼저 고민해야 할 것이다.

구보 신타로(일본 NTV 사장)

게임의 과거, 현재 그리고 미래:
문맥이 중요하다

비디오게임의 역사를 간략히 살펴본 후 비디오게임이 지금 얼마나 널리 보급돼 있는가를 알아보자. 1958년 윌리 히겐보섬Willy Higenbotham 은 〈핑퐁Pingpong〉이라는 2인용 게임을 만들었다. 핑퐁은 오실로스코프를 기반으로 하여 축전지, 저항기, 계전기가 있어야 즐길 수 있는 게임이었다. 다음에는 비디오 화면이 있는 'PDP 1'이라는 기기가 나왔다. 이 기기에 기반한 최초의 비디오게임은 스티브 러셀랜드Steve Russelland 의 주도로 MIT 학생들이 개발한 〈스페이스 워Space War〉였다. 다음으로 등장한 게임이 내가 몸담고 있던 시지지Syzygy 사에서 1970년에 시장에 내놓은 〈컴퓨터 스페이스Computer Space〉였다. 그리고 얼마 후 〈퐁Pong〉이 출시되었다. 〈컴퓨터 스페이스〉가 난이도가 높은 게임이었던 반면 〈퐁〉은 쉽게 즐길 수 있어 큰 성공을 거두었다.

1970 시지지(지금의 아타리) 창립
1972 동전을 넣고 즐기는 〈퐁〉 게임기 출시

시장에 출시된 〈퐁〉

지금은 〈월드 오브 워크래프트〉와 닌텐도의 차세대 게임기 '위Wii'
가 비디오게임 시장을 점유하고 있다. 요즘에 나오는 컨트롤러에는
빨강, 녹색, 노랑, 파랑 버튼과 x, y, z 버튼은 물론이고 폭발 버튼과 발
사 버튼이 있으며 x축과 y축으로 움직임을 조절하는 장치까지 있다.
게임에 익숙하지 않은 사람은 어리둥절해질 수밖에 없는 복잡한 구조
다. 그런데 복잡성은 광범위한 시장을 창출하는 데 실질적인 장애물
로 작용한다. 1980년대 초반에 지금보다 훨씬 많은 사람들이 비디오
게임을 즐긴 이유는 조작법이 쉽고 간편한 데다 어디서든 할 수 있었
기 때문이다.

지금도 비디오게임으로 돈을 벌려는 사람이 많지만 성공하기란 하
늘의 별 따기처럼 어렵다. 캐주얼게임 시장의 여러 가지 문제 때문이
다. 무엇보다 〈월드 오브 워크래프트〉가 기형적으로 시장을 독점하고

있다. 지난해 〈월드 오브 워크래프트〉가 거둬들인 수입은 다른 모든 게임 회사의 수입을 합친 것보다 많다. 물론 한국에는 〈메이플 스토리〉와 같은 훌륭한 게임이 있고 중국에도 훌륭한 다중접속 온라인게임이 있지만 현재의 주류는 분명 〈월드 오브 워크래프트〉다. 그 밖에는 '위'가 활약하고 있으며, 인터넷에서 즐기는 간단한 게임들도 거대한 시장을 형성해나가고 있다. 원래 온라인게임은 처음 30분간은 무료로 즐기되 30분이 지나면 돈을 내고 다운로드하는 방식이었으나, 실제로 돈을 내고 게임을 하는 사람은 100명 가운데 1명꼴이었다. 지금은 광고수입으로 유지되는 게임이 점점 늘어나는 추세다.

오늘날의 비디오게임 시장을 살펴보자. 미국인이 비디오게임을 하는 시간은 일주일에 평균 7시간, 텔레비전을 시청하는 시간은 26시간이다. 텔레비전 방송은 광고의 힘에 좌우되며 광고로 수익을 거둬들인다. 텔레비전 광고시장 규모만 해도 600억 달러에 달한다. 비디오게임에서도 같은 비율로 수익을 거둘 수 있다고 가정하면 비디오게임 광고시장 규모는 150억 달러를 넘어선다. 150억 달러는 구글의 수입보다 많은 액수다.

최근에는 제스처, 퍼니처furniture, 촉감기술haptics 등이 주목받고 있는데 게임을 하는 사람이 촉각을 포함한 모든 감각을 현실에서처럼 생생하게 느끼도록 하는 요소다. 제스처와 퍼니처, 촉감기술이 발달하면 비디오게임의 환경에는 괄목할 만한 변화가 일어날 것이다. 우선 제스처를 살펴보자. 영화 〈마이너리티 리포트〉에서 톰 크루즈가 손짓으로 이미지를 조작하는 장면을 기억할 것이다. 이 기술은 이미 상용화

신개념 사용자 인터페이스 - 퍼니처

되어 있으며 톰 크루즈처럼 전자장갑을 낄 필요도 없다. 나는 앞으로 10년 내에 제스처 기술이 게임 업계를 주도하는 힘이 되리라 생각한다. 언젠가는 집집마다 거실에 탁자 대신 커다란 액티브 스크린을 놓게 될지도 모른다.

현재 시장에서의 매출액만 보면 비디오게임이 압도적으로 높지만 실제로 게임을 하는 시간을 비교하면 아직도 보드게임이 놀랄 만큼 큰 비중을 차지한다. 그 이유는 무엇일까? 보드게임의 매출은 가족을 위해 어머니가 구매하는 경우가 93퍼센트를 차지한다. 모든 어머니는 가족들이 거실에 단란하게 둘러앉아 서로 얼굴을 마주보며 재미있게 놀고 대화를 나누면서 다 같이 즐거운 시간을 보내기를 바라기 때문이다. 앞으로 기술이 더 발전하면 어떻게 되겠는가? 가족이 모이는 시간을 가질 필요성이야 변함없겠지만 소파에 나란히 앉아 비디오게임 화면을 바라보는 것이 아니라 탁자에 둘러앉아 게임을 할지도 모른다. 사람을 좀비로 만드는 게임이 아니라 서로 대화를 유도하고 친밀감을 더해주는 게임을 하는 장면을 상상해보라.

이토록 강력한 기술을 활용해 세상을 더 나은 곳으로 만들 수는 없는가? 그러기 위해서는 상상력을 발휘해야 한다. 학교에서 비디오게임을 이용해 교과 내용을 설명하는 장면을 상상해보라. 아이들이 포켓몬에 대해 아는 만큼 유명한 생물학자들에 대해서도 잘 알게 된다면, 평범한 9세 아이도 고등학교 생물 시험을 통과할 수 있다는 사실을 알고 있는가? 왜 아이들이 종種에 관해서는 잘 알지 못하면서 포켓몬에는 정통할까? 포켓몬은 재미있는 게임이기 때문이다. 그렇다면 지식과 재미 그리고 게임을 결합해 대단히 강력한 무언가를 만들지 못할 이유가 없다. 문맥이 있는 비디오게임을 만들면 아이들은 게임을 통해 실생활의 문제를 해결하는 법을 배울 수 있다. 우리가 노력만 하면 게임을 활용하는 흥미롭고 효과적인 교육법을 통해 이 세상을 한결 나은 곳으로 만들 수 있다. 상상력을 발휘하라! 그것이 바로 우리가 해야 할 일이다.

놀런 부쉬넬(아타리 설립자, uWink CEO, 비디오게임의 아버지)

카트라이더,
세계 최대 자동차 판매고를 올리다

놀런 부쉬넬은 게임을 하나의 장르로 만든 사람이다. 게임산업은 약 30년의 역사를 가지고 있으며 넥슨은 얼마 전부터 주목받기 시작한 행운의 기업이다. 네트워크 게임은 그전에도 있었지만, 발달한 네트워크 기술과 그래픽 기술을 토대로 네트워크에서 그래픽을 즐기면서 하는 게임을 내놓은 것이 넥슨의 업적이라 할 수 있다.

  1994년에 창업한 넥슨은 1996년 〈바람의 나라〉를 출시했다. 〈바람의 나라〉는 AOL을 통해 10명에서 20명이 함께 즐길 수 있는 게임이다. 당시만 해도 100명 내지 1,000명의 사람들이 하는 게임을 만들면 성공이라고 여겨졌지만, 지금은 10만 명이 즐기는 게임을 만들어야 성공작이라 할 수 있다. 우리가 개발한 〈메이플 스토리〉는 한국에서만 접속자가 20만 명이 넘고 모바일 이용자도 확보하고 있으며 대만과 중국 시장에도 진출했다.

이제 게임업계는 온라인게임이 주도하고 있다. 경제 부문의 통계에 의하면 한국에서 온라인게임을 즐기는 연령층은 주로 초등학교와 중학교 학생이다. 초등학생의 90퍼센트가 넥슨을 알고 있으며, 학생들에게 나중에 입사하고 싶은 회사를 물으면 삼성전자를 제치고 넥슨이 1위를 차지한다. 수많은 초등학생들이 넥슨을 방문한다. 심지어는 학교를 결석하고 찾아오는 경우도 있다.

하지만 실제로는 모든 오락산업이 그렇듯 게임산업 시장도 매우 한정되어 있다. 게임을 즐길 수 있는 시간이 한정돼 있기 때문이다. 한국의 10대 청소년에게 여가시간에 무엇을 하느냐고 물어보면 70퍼센트는 게임을 한다고 대답할 것이며 그 다음으로 TV를 보며 시간을 보낸다는 대답이 많이 나올 것이다.

요즘에는 대회에 출전하기 위해 해외여행을 다니는 프로게이머들까지 등장했다. 온라인게임을 중계하는 전문 방송국이 세 개, 전문 게임채널이 여섯 개나 된다. 우리는 〈카트라이더^{Kart Rider}〉라는 게임으로 세계 최대의 자동차 판매고를 올린다고 자부한다. 한국의 연간 미니쿠퍼 판매량은 1,000대 미만이지만 우리의 〈카트라이더〉 안에서는 그 1,000배가 넘는 판매량을 기록하고 있다. 또한 우리는 각종 브랜드와 협력하고 있다. 코카콜라도 그중 하나다. 코카콜라는 역사가 오래된 기업이지만 게임과 같은 뉴미디어에 민첩하게 진출했으며 물론 TV 광고에도 조예가 깊다.

게임에서 가장 중요한 것은 재미다. 게임은 무엇보다 재미있고 새

'디지털'은 말 그대로 도구일 뿐이다.
우리는 디지털이라는 도구를 활용해
삶에 재미와 행복을 더하는 것을
목표로 삼아야 한다.

로워야 한다. 하지만 온라인 공간에는 게임 외에도 소비자가 선택할
수 있는 수많은 흥밋거리가 있다. 우리는 게임을 만들 때 사람들의 관
심을 스토리에서 그래픽으로, 그래픽에서 다시 쌍방향 교류로 돌리려
고 노력한다.

'디지털'은 말 그대로 도구일 뿐이다. 우리는 디지털이라는 도구를
활용해 삶에 재미와 행복을 더하는 것을 목표로 삼아야 한다. 디지털
기기는 어디까지나 목표를 달성하기 위한 수단이지 그 자체가 목적일
수는 없다.

21세기의 키워드로 소통을 꼽을 수 있다. 우리는 사람들과 소통해
야 하며 디지털 기기는 소통을 위한 도구로서 활용되어야 한다. 차세
대 게임의 역할 역시 소통을 위한 도구를 제공하는 데 있다.

김정주(넥슨홀딩스 대표)

ENVIRONMENT:
FROM EARTH TO SPACE
환경 - 지구에서 우주로

Limiting Resources

인류의 생존을 위협하는 자원들

IT 다음은 생태학이다

과거의 지구는 건강하고 살기 좋은 곳이었다. 그러나 최근 들어 지구의 건강을 지키는 일이 점점 힘들어지고 있다. 그 주범은 인구 증가와 그에 따른 환경 파괴다. 지구의 건강을 지키는 일은 순전히 우리가 지구를 어떻게 사용하느냐에 달려 있다. 이런 모든 문제를 유발한 것은 결국 우리 자신이다. 그러므로 후세에게 깨끗하고 살기 좋은 지구를 넘겨줄 방법을 찾는 것도 전적으로 우리의 책임이다.

진화생물학자로서 나는 우리 인류가 이루어놓은 것들과 지금까지 거쳐온 발자취를 돌아보곤 한다. 우주의 나이를 1년으로 환산해보자. 대폭발, 즉 빅뱅이 일어나면서 모든 것이 시작되었다. 그러니까 그때가 정월 초하루 새벽 0시인 셈이다. 그리고 5월 1일이 되자 은하계가 생겨났다. 지구가 만들어진 것이 9월 1일이었고, 10월 1일이 되어서야 비로소 지구에 생명체가 나타나기 시작했다. 그리고 엄청나게 다양한 생명체들이 탄생했던 캄브리아기를 거쳐 그 거대하고 아름다운 동물들, 즉 공룡들이 이 지구를 호령하던 때가 바로 크리스마스 날이다. 인류의 조상쯤 되는 동물이 처음 등장한 것은 섣달 그믐날 저녁 8시경이었다. 우리가 이곳에 태어난 거의 제일 막둥이라는 것이다. 인간은 농업혁명을 통해 지구상에서 가장 강력한 존재가 되었다. 대략 20초 전의 일이다. 4초 전에 예수님이 이 땅에 오셔서 우리를 구원하셨고, 르네상스가 일어난 것이 1초 전이다. 그런 인간이라는 동물이 지금 전례 없는 환경 재앙을 일으키고 있다.

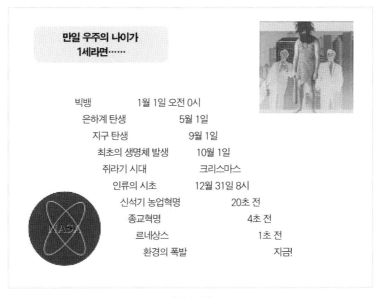

생명의 역사

진화생물학자인 나는 과거를 탐색하는 일을 하지만 동시에 미래에 대한 전망도 늘 함께 한다. 우리가 겪고 있는 여러 변화들을 보면, 지금이야말로 역사상 그 어느 때보다 가장 뛰어난 창의력과 혁신적인 아이디어가 필요한 때다. 나는 이런 문제들을 해결하기 위한 전략으로 '통섭consilience'을 제안한다. 통섭이란 합리적인 해결책을 도출하기 위해 다양한 학문이 한데 모여 서로 소통하는 것이다. 인문학 따로 자연과학 따로 동떨어진 노력으로는 도저히 현재 우리가 처한 복잡다단한 문제들을 해결할 수 없다. 21세기를 맞이하며 우리가 당면한 문제들은 대개 구조적으로 복잡한 것들이어서 통섭의 노력이 절실하게 필요하다.

우리 인간이 지구온난화를 야기한 주범이란 것은 부인할 수 없는 사실이다. 기후변화의 문제를 어떻게 해결하는가에 우리의 미래가 달렸다.

우리 인간이 지구온난화를 야기한 주범이란 것은 부인할 수 없는 사실이다. 이 같은 무책임한 우리의 행태를 고치지 않는다면 머지않아 우리 손으로 우리의 안식처를 파괴하는 일이 벌어지고 말 것이다. 기후변화는 적어도 이 책을 읽고 있는 사람의 생애 동안에는 절대로 사라지지 않을 우리 시대의 중대한 화두다. 기후변화의 문제를 어떻게 해결하는가에 우리의 미래가 달렸다고 해도 과언이 아니다. 멀게는 우리의 생존이 걸려 있는 문제이며 가깝게는 우리 경제의 성패를 좌우할 관건이다. NGO활동 차원에서 나는 세계 최초로 만들어진 기후변화센터^{Climate Change Center}의 공동 대표직을 수락했다. 기후변화에 관한 모든 정보를 한곳에 모아 의견을 수렴할 수 있는 기구가 지금까지는 사실상 없었기 때문에 나는 이 센터가 건립된 것에 무척 고무되어 있다. 기후변화로 야기되는 탄소경제 체제에서는 누가 기준을 쥐고 있느냐가 대단히 중요한 열쇠다. 나는 비록 후발주자이지만 우리나라가 기후변화센터를 설립하여 기후변화와 탄소경제에 관한 국제적 연구와 논의에서 중심적인 역할을 하게 되길 진심으로 기대해본다.

미래학자 앨빈 토플러와 그의 아내 하이디 토플러가 2007년 한국에 왔을 때, 서강대 손병두 총장과 대담을 나눈 적이 있다. 다음날 조선일보(2007년 6월 5일 기사)에는 'IT 다음은 생태학'이라는 제목의 기사가 실렸다. 세계적인 미래학자들은 한결같이 IT산업의 수명을 15년 남짓으로 본다. IT가 지구에서 사라진다는 뜻은 결코 아니지만 IT만으로는 돈을 벌기 어려운 시대가 오고 있다는 말이다. IT는 이제 다른 기술과 콘텐츠와 손을 잡고 변신을 꾀하지 않으면 홀로 살아남기 어려운 처지에 놓였다. 미래학자들은 또한 향후 20~30년간 세계 시장을 인도할 산업으로 에너지산업과 환경산업을 꼽는다. 이미 엄청난 양의 재원이 이 두 산업으로 흘러들어간 지 오래다. 우리 정부도 이제야 이를 인식하고 급기야 '저탄소 녹색성장'을 국가 미래비전으로 내

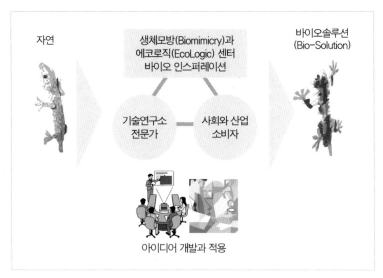

자연을 디자인하다

걸게 된 것이다. 이런 점에서 볼 때 생태학이 미래시대의 주요 화두가
될 것은 너무도 당연하다.

생태학은 이제 더 이상 생물학의 울타리 안에 안주하는 분과학문이
아니다. 수학, 물리학, 화학, 지구과학 등의 자연과학 분야는 물론 다양
한 인문사회과학 분야들과 폭넓게 소통하는 전형적인 통섭학문이다.
그래서 나는 우리나라 최초로 이화여자대학교에 에코과학부를 신설
하고 생태학을 통섭적으로 연구하고 교육하는 작업을 시작했다. 이명
박 정부가 2008년 8월 15일을 기하여 '저탄소 녹색성장'을 국가비전
으로 발표할 것을 정확하게 예측한 것은 아니었지만 언젠가는 우리나
라도 이 같은 세계적인 흐름에 동참하게 될 것이라는 정도는 충분히

예견하고 있었다. 저탄소 녹색성장을 도모하려면 우선 무엇보다도 그를 담당할 인재가 필요하다. 에코과학부는 바로 녹색 인재들을 길러 내는 기관이다.

에코과학부에 몸담은 나는 최근 자연과의 더 적극적인 통섭을 꾀하고 있다. 자연을 표절하는 학문, 즉 의생학(擬生學, The study of Biomimicry and Ecologic)이라는 새로운 학문을 구상하고 있다. 몇 년 전부터 세계 곳곳에서 자연의 생명체를 모방하는 '생체모방 biomimetics'이라는 연구 분야가 등장했다. 의생학은 단순히 생체를 모방하는 수준에 그치는 것이 아니라 자연에서 발견되는 형태와 기능을 흉내 내고 자연의 섭리를 터득하여 우리 삶에 적용하는 것을 목표로 하는 학문이다. 내가 설립한 의생학연구센터 Center for Biomimicry and EcoLogic 에서는 지금 공학연구소와 손을 잡고 기업과 마주 앉아 흥미로운 브레인스토밍을 하고 있다. 언젠가는 자연의 아이디어가 우리 삶에 적용될 수 있는 바이오솔루션 bio-solution 으로 탈바꿈하리라 기대한다.

최재천(이화여자대학교 에코과학부 석좌교수, 한국 생태학회 회장)

최후의 날을 대비한 식량 저장

최근 유엔 회원국의 지도자들 대부분이 참석한 회의가 유럽에서 열려 현재 서서히 진행되고 있는 식량위기에 대해 열띤 토론이 벌어졌다. 이 회의는 전 세계 곳곳에서 계속되는 항의시위와 폭동에 뒤이어 열렸다. 현재 심각한 시민 소요가 일어날 가능성이 매우 높은 나라가 세계적으로 33개국이나 된다. 시민들이 이렇게 분개하는 이유는 식량 가격의 상승 때문이다. 쌀만 해도 작년 한 해 동안 가격이 두 배로 뛰어올랐다. 물가는 원래 주기적으로 오르고 내리기를 반복하는 것이니 이제 곧 식량 가격이 떨어지기 시작하면 시민 소요의 위험도 누그러들지 모르겠다. 그러나 현재 농업부문은 지금까지 전혀 경험하지 못한 복합적인 문제들에 시달리고 있기 때문에 장기적으로 보면 식량 가격은 앞으로도 계속 오를 수밖에 없다.

우리는 '최악의 폭풍 perfect storm'시대에 살고 있다. 단순한 고통 차원이 아닌 총체적 난국에 빠트려버리는 문제들이 하나가 아니고 대량으로 발생하는 시대와 맞닥뜨린 것이다. 농업은 전 세계 식수량의 70퍼센트를 소비한다. 그러므로 농업부문의 문제를 해결하지 못하면 세계적인 '물 부족 위기'를 해소하는 것도 불가능하다. 한정된 자원, 부족한 에너지, 증가하는 인구, 거기다 개발 압력 등은 우리가 곡물보다 고기를 더 많이 먹고 있기 때문에 앞으로 더 많은 식량을 생산해야 한다는 뜻이기도 하다. 식량 비축량도 낮다. 최근 7년 중 6년 동안 생산량 이상을 소비하면서 현재 곡물 비축량은 1970년 초반 이후로 가장 낮은 실정이다.

농업부문의 연구 투자는 오래전부터 만성적 부족에 시달렸다. 미래의 농업은 과거 우리가 경험한 것과는 전혀 다른 모습이 될 것이다. 이제 우리 자신에게 물어봐야 한다. 미래의 농업에 대해 얼마나 준비하고 있는가? 현재 곡물들은 미래에 대한 준비가 되어 있는가? 물론 대답은 간단하다. '전혀 그렇지 않다'이다.

그럼 우리는 어떤 준비를 해야 할까? 지구상의 생명체는 이제까지 환경에 적응하면서 다양성을 갖춰왔다. 세계적으로 콩의 종류는 3만 가지가 넘고 밀은 20만 가지나 된다. 쌀의 종류도 20~40만 개나 된다. 동물로 넘어가 보자. 세계적으로 개의 종류만 해도 400종이 넘는다. 그러나 이러한 다양성이 점점 사라지고 있다. 미래에 작물이 가졌던 이러한 특성과 고유형질들이 완전히 소멸되면 육종개발이나 일반 농법에 전혀 활용할 수 없게 될 것이다.

가까운 미래에 닥칠 기후변화에 적응하는 데 필요한 유전자와 형질을 갖지 않은 작물들만 멸종되기를 바랄 뿐이다. 그러나 누가 장담할 수 있겠는가? 게다가 멸종된 작물로 인한 피해가 간단하지 않다는 점이 문제다. 기후변화 때문에 2030년 남아프리카의 옥수수 수확량은 현재보다 30퍼센트 줄어들 것이다. 그러나 인구는 계속 증가하고 있다. 결국 1인당 식량소비량만 대폭으로 줄어들어 지구 전체에 대규모 기근사태가 발생할 것이다.

우리는 오랫동안 이러한 다양성을 지키기 위해 노력했고 그래서 농작물을 씨앗 형태로 저장해왔다. 씨앗을 바짝 말려서 수분을 제거한 후 포장하여 아주 낮은 온도에서 냉동보관한다. 냉동상태에서는 장기간 저장이 가능하며 여러 면에서 위험천만한 외부적 영향을 피할 수 있기 때문에 연구조사와 육종개발에 활용할 수 있다. 하지만 이처럼 냉동종자들을 건물에 저장해두었는데 그만 끔찍한 일이 벌어지고 말았다. 2006년 9월 쓰나미가 필리핀 군도를 덮친 것이다. 물이 1미터 이상 차올랐고 진흙더미가 건물을 덮쳐서 씨앗 보관시설을 파괴하였다. 오랫동안 정성들여 수집했던 많은 종자들이 단 하루 만에 물에 휩쓸려 사라지는 것을 망연히 바라봐야만 했다.

이러한 것을 보면, 일반 자원 확보와 농작물의 유전자 다양성에 관해 각 나라들은 서로 떼려야 뗄 수 없는 밀접한 관계를 이루고 있다는 것을 알 수 있다. 앞으로 일어날 환경변화에 적응할 수 있는 농업 시스템에 필요한 것들을 완벽하게 갖춘 나라는 없다. 그러므로 전 세계가 모두 함께 머리를 맞대고 필리핀 군도에서 벌어진 참극을 걱정해야 한다. 그날 필리핀 군도에서 잃어버린 종자 속에 앞으로 미국, 이탈리아, 한국에서 자라날 농작물이 기후변화나 해충 등 미래를 대비하기 위해 꼭 필요한 유전자와 형질이 들어 있었을지 모른다.

농업이 성공하지 않으면
다른 어떤 것도 성공할 수 없다.
농작물이 기후변화에 적응하지 못하면,
농업도 기후변화를 이겨낼 수 없다.
인류도 살아남지 못할 것이다.

이런 문제를 해결하기 위해 우리는 어떻게 하고 있는가? 오늘날 우리를 위협하는 다양한 위험에 대한 보호 대책을 세우고 있으며, 완전히 격리된 곳에 씨앗들을 보관하고 있다. 폭풍에 대비하기 위해 남은 종자들을 북극 한곳이 아닌 세계 곳곳에 분산시켜 보관할 것이다. 여기서 특히 중요한 점은 보관하고 있는 각 종자들을 면밀하게 조사해야 한다는 것이다. 종자에 들어 있는 유전적 다양성을 살펴서 기후변화, 물과 에너지, 식품 생산에 중요한 종자를 밝혀내야 한다. 정보 시스템도 개발해야 한다. 현재 보관하고 있는 종자들에 관한 정보의 양도 엄청난데 그것조차 아직 디지털화하지 못한 실정이다. 우리는 갖고 있는 정보조차 제대로 활용하지 못하고 무용지물로 만들고 있다.

만약 이런 일들을 빠짐없이 실행한다면, 지금까지 생각하지 못한

스발바드 섬의 국제 종자 저장고

새로운 단계로 나아가는 출발점이 될 것이다. 아무런 노력도 하지 않고 가만있다가 아이들이 굶어 죽는 모습을 TV로 보게 된다면 그때는 더 이상 손을 쓸 수 없을 정도로 늦다. 오늘날 우리가 직면한 문제의 특징은 그것이 전 세계적으로 동시에 일어난다는 점이다. 그러므로 이 문제의 해결책을 찾는다면 나머지 다른 문제들의 실마리도 찾을 수 있다. 농작물의 다양성 없이 기후변화에 대처할 수 있는 효과적이고 지속가능한 해결책을 찾을 수 있다고 확신한다면 그것은 어불성설이다. 농업이 성공하지 않으면 다른 어떤 것도 성공할 수 없다. 농작물이 기후변화에 적응하지 못하면, 농업도 기후변화를 이겨낼 수 없다. 인류도 살아남지 못할 것이다.

그러나 희소식도 있다. 자신 있게 말할 수 있는 것은 우리 손으로 전 지구가 고민하는 문제를 풀 수 있다는 사실이다. 우리는 이미 필요한 인적자원과 유전자 다양성을 확보하고 있다. 우수한 기술, 훌륭한 연구기관들도 있다. 더 이상 새로운 것을 발명하지 않아도 된다. 그저 지금 가진 것들을 한데 모아 전 지구적 시스템을 구축하고 필요한 자금을 확보하기만 하면 된다. 이제 열심히 노력하여 우리에게 당면한 문제를 풀고 앞으로 나아가는 일만 남은 것이다.

캐리 파울러(세계 작물다양성재단 대표이사)

계단식 논에서 수직농업으로

'수직농업'이라고 알려진 이 프로젝트는 약 10년 전 수업시간에 학생들에게 미래 환경을 가르치다가 우연히 떠오른 아이디어다. 인간은 자연 생태계를 점점 더 깊숙이 침범하고 있다. 그에 따라 우리가 치러야 할 대가도 점점 커져가고 있다. 자연은 새로운 질병을 만들어내어 인간의 건강을 위협하거나 인간의 침범에 대해 장기적인 대응책을 쓰기도 한다. 인류를 서서히 조이는 고통의 근원은 바로 안전하고 깨끗한 물과 식량자원이 부족한 데 있다. 생명유지에 필수불가결한 요소인 물과 식량이 없으면 우리의 생태계가 파괴될 뿐만 아니라 다른 많은 것들이 연속적으로 파괴되리라는 것은 자명한 사실이다.

　전 세계는 차치하고 맨해튼 크기의 작은 땅만이라도 구할 수 있는

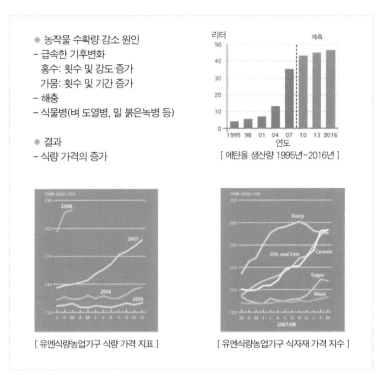

- 농작물 수확량 감소 원인
 - 급속한 기후변화
  홍수: 횟수 및 강도 증가
  가뭄: 횟수 및 기간 증가
 - 해충
 - 식물병(벼 도열병, 밀 붉은녹병 등)

- 결과
 - 식량 가격의 증가

[에탄올 생산량 1995년~2016년]

[유엔식량농업기구 식량 가격 지표]

[유엔식량농업기구 식자재 가격 지수]

수평농업의 몰락

방법이 있는지 살펴보자. 처음은 옥상 정원에 대한 아이디어에서 출발했다. 그것이 발전하여 이 프로젝트가 나오게 된 것이다. 유가가 배럴당 120달러를 상회하는 최근의 어려운 상황을 모두 절감하리라 생각한다. 그러나 더 어려운 점은 세계 어떤 곳에서는 물이 석유보다 훨씬 더 비싸다는 사실이다. 농작물 수확에 필요한 생태 환경이 빠른 속도로 파괴되고 있기 때문이다. 향후 50년 이내에 지구 인구 수가 30억 명 더 증가한다는 연구조사가 있다. 앞으로 30년이 지나면 전 세계 인구의 80퍼센트가 도시에 거주할 전망이다. 현재 인류는 농작물 수확을 위해 남아메리카와 맞먹는 크기의 땅을 사용하고 있다. 지구상에서 경작이 가능한 땅의 80퍼센트를 이미 사용하고 있는 것이다. 그런데 앞으로 50년 동안 30억 명의 인구가 더 늘어나면 곡식 재배를 위해 브라질만한 땅을 추가로 사용할 수밖에 없다.

30억 명의 인구가
먹을 식량을 수확하려면
브라질 크기의
땅덩어리가 필요하다.

추가 사용 토지 예상 면적

브라질 크기의 땅을 추가로 사용할 수밖에 없다는 것이 명백하므로 우리는 뭔가 조치를 취해야 한다. 인류는 스스로 과학기술권the Technosphere이라 부르는 것을 만들어냈다. 그 패러다임에서는 어떤 것이 태어나서 살다가 죽음을 맞이한다. 어떤 것이 죽으면 우리는 그것을 처리할 방법을 찾아내야 한다. 통상 우리는 땅에 묻거나 태우거나 강이나 바다에 던지는 방법을 택한다. 그것은 '요람에서 무덤까지'라는 말에는 부합될는지 모르지만 생물학적인 태도는 아니다. 생물학적인 태도를 가지려면 '요람에서 다시 요람까지' 갈 수 있도록 완전한 순환

체계를 만들어야 한다. 우리가 아는 자연은 모두 순환한다. 모든 생물학적 세포가 그렇고 생태계가 그렇다. 영양분은 모두 재활용할 수 있고 재사용되고 있다. 얼마나 멋진 일인가?

그렇다면 도시에 사는 우리들은 어떻게 하면 생태계에 조금이라도 도움이 될 수 있을까? 최소한 한 가지 방법은 생각해볼 수 있다. 화석연료까지 소비해가며 식량을 먼 곳에서 운반해오지 말고 우리가 살고 있는 도시 안에서 우리가 먹을 것을 직접 기르는 것이다.

그래서 생각해낸 것이 수직농업이다. 학생들과 나는 이 문제에 관해 지난 10년 동안 교실 안팎에서 끊임없이 연구를 계속했고, 드디어 대형 빌딩을 이용한 도시 내 작물 재배 개념을 도출하기에 이르렀다. 실내에서 농작물을 키우는 방법은 이미 널리 알려져 있다. 그것을 환

고층빌딩을 이용한 도시 내 환경 농업

경조절농업이라 부르며 이미 많은 곳에서 실제로 사용하고 있기도 하다. 만약 우리가 그 방법을 다층구조인 건물에 적용하는 데 성공한다면, 다음 세대의 식량을 어디에서 구할 것인가라는 어려운 문제를 해결할 수 있으리라 확신한다.

이제 수직농업이 가져다줄 장점에 대해 미리 예측해보자. 우선 수직농업을 이용하면 원하는 어디서든 작물을 키울 수 있다. 이는 토지가 필요 없기 때문에 가능한 일이다. 이미 몇 군데에서는 실제로 성공을 거두고 있다. 수직농업은 지금까지 보지 못한 새로운 기술이 아니다. 우리가 지금까지 사용하던 기술을 조금 새로운 방식으로 응용하자는 것이다. 그렇게 함으로써 이득을 볼 수 있기 때문이다. 우리는 전자 생태계를 기반으로 한 플랫폼에 대해 알고 있다. 수직농업이라는 농업혁명을 실현하는 데 필요한 플랫폼도 다 갖춘 상태다. 그것을 적절하게 활용하고 관리만 잘하면 된다. 물론 멋진 건축기술을 발휘하여 구조적으로도 최대한 효율적이고 아름답게 만드는 것이 필요하다. 그 수직농업 건물을 어떻게 관리할 것인가에 대해서는 사용자들이 스스로 열심히 찾아낼 것이다. 1년 365일, 1주일에 7일, 하루 24시간 요구하는 대로 계속해 작물을 생산하면서 말이다.

전 세계적으로 환경오염의 가장 큰 주범은 농업용수다. 수직농업을 활용하면 농업용수 때문에 고민할 필요가 없다. 홍수나 가뭄, 곤충이나 해충피해로 인해 더 이상 작물 수확량이 감소할 일도 없을 것이다. 마크 트웨인은 '계란을 한 바구니에 모두 담지 말라'고 했다. 그러나 잠시 생각을 한 후에 이렇게 고쳐 말했다. "계란을 한 바구니에 모두 담아라. 그리고 그 바구니를 잘 간수하라." 우리는 돈을 이런 식으로 보호하고 있다. 식량도 마찬가지다. 잘 지킬 수만 있다면 우리가 먹을 식량을 한군데 모은다고 해서 걱정할 필요가 없다.

특히 음식을 먹는 곳과 가까운 곳에서 작물을 키울 수 있다면 물을 퍼다 나르고 작물을 거둬들이고 이리저리 운반하느라 화석 연료를 낭비하지 않아도 된다. 화학비료나 해충제를 과도하게 뿌릴 필요도 없다. 자연히 실내에서 키우는 것들은 모두 유기농이 된다. 앞으로는 다른 불순물이 전혀 들어가지 않은 순수한 토마토 그 자체를 먹을 수 있다. 너무 당연한 이야기라고 생각하는가? 작물을 키울 때 증기가 이동하는데 그것을 모으면 식수도 만들 수 있다. 식물이 대기 속으로 발산하는 증기는 깨끗하고 100퍼센트 무공해다. 그것을 모아 농업에 재사용하거나 식수로 이용할 수 있다.

수직농업은 그동안 등한시했던 도시 환경적 특성을 새롭게 이용하는 방법을 제시해준다. 일자리가 많이 생겨나니 고용창출 효과도 있다. 무엇보다 그동안 인간이 점유했던 땅을 자연에 되돌려줄 수 있다. 실내에서 작물을 키우면 농사를 짓기 위해 굳이 바깥에 나가지 않아도 된다. 그렇다면 왜 아직 이런 효율적인 수직농업을 실시하는 곳이 없을까? 사람들은 그저 '관행대로 하는 게 좋다'고 생각하는 것 같다. 이런 말을 하고 싶지는 않지만 우리가 따르고 있는 관행은 지금 몰락하고 있다. 그래도 관행을 고집하겠는가?

딕슨 데포미에(콜럼비아대 교수, 수직농업을 창안한 생태학자이자 미생물학자)

풍력, 미래의 국가자원

많은 나라들이 자원 부족에 시달리고 있으며 석유와 가스, 석탄을 수입해야 하는 실정이다. 그러나 사실 나라마다 한 가지 중요한 국가자원을 모두 보유하고 있다. 여기서 중요한 국가자원이란 바로 바람이다. 우리는 에너지의 미래를 다시 생각해야 하며 지금부터라도 깨끗하고 경쟁력 있는 에너지를 잘 활용해야 한다.

"안전한 물의 다량 확보야말로
오늘날 전 인류가 해결해야 할
가장 시급한 문제 중 하나다."
– 반기문 유엔 사무총장(2008년 1월 24일)

H₂O - 전 지구적 문제

풍력은 이런 모든 조건에 부합하는 에너지원이다. 많은 나라들이 가장 중요하게 생각하는 것 중 하나는 자국의 안보다. 특히 자국의 안보를 에너지 독립과 결부시키는 나라가 많다. 만약 여러분이 풍력 이외에는 어떤 뚜렷한 국가자원이 없는 나라에서 살고 있다면 보안은 가장 심각한 문제가 될 것이다. 우리는 에너지 보안을 최우선으로 생각하는 나라들을 많이 보았다. 나라의 발전과 성장을 위해 정부가 최선을 다하고 있는 한국 또한 에너지 보안 문제가 가장 중요한 사안임에 틀림없다.

한국만 그런 것이 아니다. 전 세계 많은 나라들이 한국과 똑같은 문제로 고심하고 있다. 풍력을 '현대 에너지'라고 불러야 하는 이유도 여기에 있다. 풍력은 적절한 기준을 부과하여 언제 어디서나 사용할 수 있기 때문이다. 특히 천연가스와 석유 가격이 오르면서 풍력은 경쟁력을 갖게 되었다. 현재 전 세계에서 석탄, 천연가스, 석유에 주어지는 정도와 같은 수준의 보조금이 풍력에도 주어진다면 풍력은 충분한 경쟁력을 가질 수 있다.

심지어 어떤 보조금도 없이 풍력 에너지 연구를 시작한 나라도 있다. 그만큼 생산비가 적게 들어 경쟁력이 있으며 다른 나라에 의존하지 않고 얼마든지 독립적으로 사용할 수 있고 충분히 예측 가능한 에너지원이기 때문이다. 바람이 부는 곳이라면 어디서든 몇 달 이내에 수백 메가와트의 에너지를 생산할 수 있다. 그리고 풍력 에너지는 깨끗하다. 풍력 에너지의 80퍼센트는 재활용한 것이며 또다시 재생하여 사용할 수 있다. 미래에는 이 재활용률이 99퍼센트까지 증가할 것이다.

세계가 활발하게 논의하는 또 하나의 문제는 깨끗한 물이다. 많은 나라들이 현재 기후변화와 가뭄, 깨끗한 물이 부족한 사태와 싸우면서 힘든 대가를 치루고 있다. 인도나 리우데자네이루의 빈민가 같은 곳에서 깨끗한 물 1리터를 구하려면 엄청나게 많은 돈을 지불해야 한다. 우리가 알고 있는 모든 전통적인 에너지 생산방식에는 많은 물이 필요하다. 앞으로도 물 가격은 빠르게 오를 전망이다. 그러므로 1년에 5리터의 물도 들어가지 않는 풍력 에너지야말로 정말 대단한 장점을 가지고 있다.

한국의 실정은 어떤가? 이명박 대통력은 풍력처럼 재생가능한 에너지 생산을 지지할 뿐만 아니라 한국이 더욱 강하고 건실한 나라로 발전하는 확실한 토대를 만들겠다고 천명했다. 나라가 발전하려면 에

풍력의 에너지 분담비율 22퍼센트, 한국은 가능한가?
- 기본적인 조건(fundamental drivers)들은 이미 갖춘 상태
- 풍력 에너지 공급력 확보 – 수입 연료 의존도를 상쇄시킨다
- 연료 가격 변동에 대한 방지책이 된다
- 저렴한 생산 가격 – 동일 양 비교 시 일반 에너지보다 경쟁력 큼
- 다량 생산, 무한 생산 가능. 특히 무료의 에너지원
- 청정 에너지 – 이산화탄소 배출 없음
- 기존 에너지원과 동등한 수준의 대량 에너지를 신속하게 생산

한국의 풍력 에너지 가능성

너지가 필요한 법이다. 나는 덴마크 사람이다. 덴마크는 인구 5,500만 명의 작은 나라이며, 국가 에너지는 풍력이다. 연간 전기 소비량의 22 퍼센트를 풍력 에너지로 충당하고 있다.

　이것은 분명히 한국에서도 가능한 일이다. 한국은 풍력을 주요 에너지원으로 만들기 위해 중앙과 지방 정부들이 힘을 합쳐 노력하고 있다. 그러나 최근 한국의 상황을 보면, 풍력 에너지의 활용가능성이 무궁무진한데도 불구하고, 정부 정책의 투명성 부족과 지지부진한 정부 승인 과정 때문에 청정 에너지원 계획 자체가 느려지고 있다. 아름답고 깨끗한 자연을 가진 한국 역시 소중한 자연을 보존하려면 재생 가능한 에너지를 더 많이 활용해야 한다. 우리는 지금까지 그래왔듯이 장기적인 비전을 가지고 한국이 21세기 현대 에너지 생산의 결실을 거둘 수 있도록 최선을 다해 협조하고자 한다.

조르비욘 라스무센(베스타스 풍력 에너지 아시아 태평양 사장)

핵융합 에너지의 미래 10년

국제 핵융합 에너지 기구인 **ITER**(International Thermonuclear Experimental Reactor)은 핵융합 에너지 개발을 위해 유럽 연합, 러시아, 미국, 일본, 한국, 인도 등 7개 회원국의 협력으로 2007년 10월 정식 기구로 출범

- 무한대의 연료, 전 세계 어디서나 사용 가능
- 온실가스 방출 없음
- 잔존기간이 긴 방사능 폐기물질 없음
- 대량 에너지 생산 가능

태양과 별을 움직이는 동력 – 핵융합

했다.

핵융합 에너지는 태양과 별들에 의해 만들어진다. 태양에는 거대한 중력이 작용하기 때문에 수소가 서로 뭉쳐서 더 큰 원자가 만들어지는데 그 과정에서 엄청난 양의 에너지가 발생한다. 핵융합은 아주 안전하며 온실가스가 전혀 생기지 않는다. 만약 발전소에 사고가 생겨서 가스가 발생하면 즉시 기계가 작동을 멈춘다. 또한 융합 시 발생되는 폐기물도 잔존기간이 길지 않다. 그러므로 핵융합은 전기를 대량으로 생산하기에 적절한 방법이다.

중수소^{deuterium}와 삼중수소^{fritium}는 모두 수소 동위원소다. 헬륨처럼 더 큰 원자를 만드는 데 사용되며 물 속에도 소량 들어 있다. 여러분이 사용하는 노트북 컴퓨터에 리튬 전지가 들어 있는데, 그 리튬이 바로 삼중수소를 만드는 재료다. 욕조에 소량의 물을 담고 작은 리튬 전지 하나만 떨어뜨려도 아래 그림에 보이는 것처럼 엄청난 전기 에너지가 만들어진다.

노트북의 배터리에서 리튬을 추출하여 반 정도 물이 찬 욕조에 넣으면 시간당 2십만 킬로와트의 전기가 생긴다. 이것은 석탄 70톤의 에너지와 맞먹는 양으로 영국사람 한 명이 30년 동안 생활하고 일하는 데 드는 전기 에너지를 충당할 수 있다.

핵융압 에너지는 필수다

핵융합 에너지 발전의 역사는 꽤 오래되었다. 거의 20년 전, 유럽연합과 미국, 일본, 소련 등 4개 회원국이 국제적 공조의 형태로 출발하여 개념설계를 시작했고 현재 공학설계까지 마친 상태다. 이런 과정을 모두 거치면서 발전소를 세울 수 있다는 자신감도 얻었다. 인도, 중국, 한국이 새로 가입하여 7개 회원국으로 늘면서 2006년 11월 모든 회원국들이 모여 국제 핵융합 실험로 공동이행 협정에 서명했다. 한 프로젝트를 이행하기 위해 7개 회원국이 협정을 맺었다는 사실은 ITER의 미래를 밝혀주는 중요한 요인이다.

지구에 작용하는 중력은 핵융합 에너지를 만들 수 있을 정도로 강하진 않기 때문에 플라즈마 결합을 지속하기 위한 자기장을 만들려면 대형 진공 용기와 거대 자기장을 만들 수 있는 자석이 필요하다. 핵융합 실험로는 거의 진공상태지만, 플라즈마 결합형태 속의 가스를 찾아내어 그것을 에너지 생성에 사용한다.

플라즈마의 밀도가 낮으면 부피가 커야 하기 때문에 핵융합 실험로의 크기도 커야 한다. 다행히 초전도자석이 개발되어 일단 전기가 흐르면 더 이상의 추가 전기는 필요 없게 되었다. 핵융합 실험로를 이용하면 발전소 가동에 소모되는 에너지 양의 열 배가 넘는 에너지를 생산할 수 있다. 물론 실험로의 크기를 고려할 때 완공까지 10년, 완전가동까지는 40년 이상 걸릴 것이다.

ITER 회원국들의 국제적 공조는 핵융합 실험로의 주요 부분을 각 나라가 자국에서 건설한 뒤 발전소가 있는 지역으로 운반해오는 방식으로 진행된다. 주요 부분의 제작은 유럽연합, 일본, 한국, 중국, 러시아 연방이 나누어 맡았다. 이렇게 제작된 품목들은 발전소가 있는 프랑스의 카다라쉬^{Cadarache}로 옮겨져서 조립에 들어간다.

바로 여기 한국에서 제작하는 품목도 핵융합 실험로가 있는 카다라쉬로 운반될 것이다. 회원국들은 이렇게 각자 주어진 책임을 다하면서 서로 협력하고 있다. 이 기계의 크기가 어느 정도일지 대략 상상할 수 있겠는가? 자연히 핵융합 실험로의 주요 부속품 크기도 어마어마하다. 그래서 규모가 큰 공항과 항구가 필요하다. 또한 정부와 산업계의 협력도 절실히 필요한 상황이다.

ITER은 2006년 국제적 협정을 바탕으로 만들어졌고, 현재 과학자와 기술자들로 구성된 ITER의 전문가 250여 명이 카다라쉬에 모여이 프로젝트에 전념하고 있다. 그렇다고 ITER이 에너지 문제를 해결할 가장 최종적인 해결책이라고 생각하지는 말라. 엄밀하게 말하면, 핵융합 실험로는 에너지를 생산하고 핵융합 에너지의 활용가능성을 입증하기 위한 거대한 실험도구의 역할을 할 뿐이다.

ITER의 성공으로 회원국들은 이제 다음 단계를 구상하고 있다. 앞으로 10년 후, 발전소 시설이 완성되면 본격적으로 실험로를 가동할 일이 남는다. 실제로 에너지와 전기를 생산하기 위해 시험발전소를 만들어보려 한다. 앞으로 시험발전소의 성공 여부에 따라 우리는 핵융합 에너지로 전기를 생산하는 한층 더 업그레이드된 방법을 이용할 수 있을 것이다.

이케다 가나메(국제핵융합실험로 프로젝트 사무총장)

지구의 생명, 물

두산 같은 영리를 추구하는 기업이 지속가능한 지구를 논하는 회의에 참여하는 것을 이상하게 여기는 사람도 있을 것이다. 하지만 두산이 여러분의 훌륭한 아이디어를 상업화할 수 있는 적임자이며 전 인류를 위해 커다란 변화를 일으킬 수 있는 기업이란 점을 알아주었으면 좋겠다. 그렇다면 우리가 생각하는 지속가능한 지구, 특히 깨끗한 물을 보존할 수 있는 방법과 해결책이 무엇인지 살펴보자.

담수 사용량이 1인당 연간 1천 톤 이하로 줄어들면 사람들은 물이 부족하다고 느끼기 시작한다. 불행하게도 지구의 총 담수량은 정해져 있다. 지구 상수량의 97퍼센트는 바다가 차지하고 있으며 인간은 나머지 3퍼센트의 물로 생활한다. 그중 0.2퍼센트는 강물, 빙하, 습지다. 19세기 이후부터 물 소비량은 점점 증가하고 있다. 1950년대부터

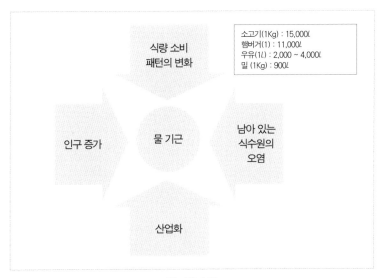

식량 소비
패턴의 변화

소고기(1Kg) : 15,000ℓ
햄버거(1) : 11,000ℓ
우유(1ℓ) : 2,000 ~ 4,000ℓ
밀 (1Kg) : 900ℓ

인구 증가

물 기근

남아 있는
식수원의
오염

산업화

물 기근 요인

2025년 사이 전체 물 소비량은 세 배로 증가할 것으로 예상되며 그 결과 최대 피해자는 농업부문이 될 것이다.

　세계적으로 물이 부족한 가장 큰 원인은 인구 증가, 산업화, 식생활 변화 그리고 담수원의 오염이다. 사회가 부유해지면서 사람들은 더 많은 단백질을 섭취하게 되었다. 고기를 더 많이 먹게 되었다는 뜻이다. 고기를 많이 먹기 위해서는 물도 많이 필요하다. 1킬로그램의 소고기를 생산하려면 1만 5천 리터의 물이 필요하며 햄버거 하나를 만드는 데도 1만 1천 리터가 필요하다. 그러나 밀 1킬로그램을 재배하는 데는 900리터의 물만 있으면 된다.

　담수화 desalination 가 물 부족 문제를 해결하는 대안임이 밝혀지고 있다. 담수화 기술은 전 세계 어디서나 활용 가능하며 세계 여러 나라에

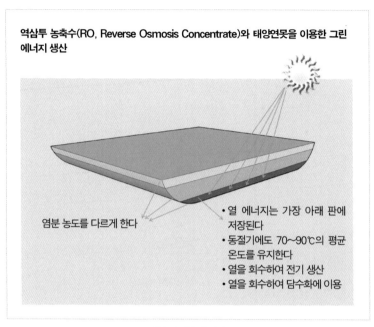

역삼투 농축수(RO, Reverse Osmosis Concentrate)와 태양연못을 이용한 그린 에너지 생산

염분 농도를 다르게 한다

- 열 에너지는 가장 아래 판에 저장된다
- 동절기에도 70~90℃의 평균 온도를 유지한다
- 열을 회수하여 전기 생산
- 열을 회수하여 담수화에 이용

담수화 기술의 미래

서 식수를 생산하기 위해 채택하는 방법이기도 하다. 담수화 기술에는 두 가지 방법이 있는데, 하나는 열처리 기술[Thermal Technology]로 기본적으로 바닷물을 끓여서 수증기를 모으는 방법이며 또 하나는 분리막 기술[Membrane Technology]로 압력을 이용하여 소금을 걸러내는 방식이다. 이 두 기술을 혼용하면, 즉 분리막과 열처리 기술을 결합하면 더욱 효과적이다.

우리는 담수화 기술의 선두주자다. 그리고 사회적 책임을 다하기 위해 노력하고 있다. 현재 두산은 세계 어디서나 활용 가능한 담수화 기술을 개발하기 위해 300명의 과학자와 엔지니어들이 연구에 박차를 가하고 있다. 이것이 바로 두산의 사명이다. 선진국의 도시에서는 1톤의 물을 쓰는 데 1달러도 들지 않는데 정작 어떤 시골 지역에서는 3달러나 내야 한다. 담수화 기술로 이런 비논리적 상황을 바로잡는 것이 우리의 궁극적인 목표다.

진보근(두산중공업 상무)

Saving the Earth
지구를 구하려

오염은 줄이고
드라이빙 즐거움은 극대화한다

우선 상상의 나래를 활짝 펴보자. 앞으로 우리에게 화석 연료를 뛰어 넘는 다른 연료원이 생길 것이라는 상상을 한번 해보라. 이산화탄소 나 다른 오염물질을 배출하지 않으며 무한대로 사용가능한 연료가 생 기는 것이다. 우리 BMW 그룹은 'BMW의 효율적 역동성'이라는 기 치 아래 지속가능한 전략을 세워왔다. 그리고 장기적으로 미래에는 수소 연료가 가장 최적의 연료가 될 것이라는 결론에 이르렀다. 그 중 간단계가 하이브리드 차(내연엔진과 전기자동차의 배터리엔진을 동시에 장착 하고, 차체의 무게를 대폭 줄여 공기저항을 최소화하는 등 기존의 일반 차량에 비해 연비를 향상시키고 유해가스 배출량을 획기적으로 줄인 차―옮긴이)다.

수소 연료와 함께 우리가 연구하는 것은 현존하는 기술을 어떻게 하면 더욱 발전시킬 수 있을까 하는 문제다. 지난 30여 년 동안 우리

BMW 318i의 역사

	BMW 2002 1972년 모델		BMW 318i 1986년 모델		BMW 318i 2000년 모델		BMW 318i 2007년 모델
CO_2배출량	232g/km	-5%	220g/km	-17%	183g/km	-22%	142g/km
연료 소비	10ℓ/100km	-5%	9.5ℓ/100km	-17%	7.9ℓ/100km	-25%	5.9ℓ/100km
성능	74kW	+4%	77kW	+13%	87kW	+21%	105kW
가속도	10.9s	+8%	11.8s	-12%	10.4s	-12%	9.1s

35년간의 이산화탄소 문제 해결

BMW는 차량의 연료 소비량과 이산화탄소 배출량을 반으로 줄였고 그에 반해 성능은 더욱 발전시켰다. 이것이 바로 '효율적인 역동성'이다.

현재 BMW는 재생엔진 생산기술을 이용하여 수소 연료를 생산할 수 있다. 사실 지금도 재생 에너지를 얻을 수 있는 곳에서는 어디서나 수소 연료를 이용한 BMW 차를 볼 수 있다. 물론 하이브리드 자동차도 일반 생산 라인에서 대량 생산이 가능하다. 우리는 1999년 프랑크푸르트에서 열린 모터쇼에 하이브리드 차를 소개하였다. 하이브리드 기술을 상용화하기 위해 BMW가 그동안 얼마나 심혈을 기울여 연구했는지 그동안의 발전 과정을 알리는 거대 행사도 벌였다. 그 이후 지금까지 전 세계 투어를 계속하면서 BMW의 하이브리드 기술을 널리 알리고 있다.

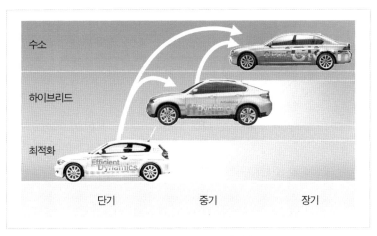

수소

하이브리드

최적화

단기   중기   장기

BMW의 지속가능한 노력과 변화

    특히 우리는 수소 연료로도 역동적인 주행 성능을 유지할 수 있다는 점을 널리 알려왔다. BMW가 만든 H2R이란 차는 오로지 수소 연료로 작동되는 경주용 자동차다. 성능 측정 실험에서 무려 아홉 개의 세계 기록을 세우기도 했다. 시간당 300킬로미터의 속도를 자랑하는 H2R은 수소 연료 엔진이라도 운전의 재미를 그대로 만끽할 수 있다는 것을 입증했다.

    우리는 수소 연료에 대해 장기적인 비전을 갖고 3단계로 나누어 추진하고 있다. 현재는 그 첫 단계로 엔진의 최적화에 심혈을 기울여 가장 역동적이고 효율적인 차를 만드는 데 주력하고 있다. 둘째 단계가 하이브리드 기술을 사용하는 것이고, 가장 최종 단계가 수소 연료를 사용하는 것이다. BMW는 세계 투어의 일환으로 서울에서도 오프닝 행사를 개최하였다. BMW의 세계 투어는 운전자들로부터 많은 피드백을 얻고 오피니언 리더들의 도움으로 우리의 메시지를 세계에 속속들이 전달하는 데 목적이 있다.

　BMW의 하이브리드 모델이 다음 단계로 나아가기 위해서는 차세대 에너지 차량의 생산과 배급 시스템에 종사하는 모든 사람들의 협조와 지지가 있어야 한다. 앞으로 4~50년 후면 현재 석유 매장량도 모두 바닥날 것이다. 그렇다면 대책을 하루라도 빨리 강구하는 수밖에 없다. BMW가 지난 30여 년간 거둔 성과를 바탕으로 머지않아 수소기술의 상용화를 이룩할 것이라고 믿는다. 우리는 여러분들의 작은 도움이 필요하다. 앞서 말한 것처럼 수소 연료를 사용한다고 해서 BMW 브랜드의 최고 가치인 '드라이빙의 진정한 즐거움'이 사라지는 일은 없을 것이다. BMW는 오염물질 방출을 멈출 것이다. 그러나 '드라이빙의 진정한 즐거움'을 추구하는 일만은 결코 멈추지 않을 것이다.

데이비드 팬튼(BMW 아시아 태평양 · 남아프리카 지역 수석 부사장)

저탄소 경제와 정보통신기술의 역할

이 분야에서 우리가 계속 조사하고 있는 가장 핵심적인 사항, 즉 상상과 실행 사이를 가로막는 실질적인 문제에 관해 살펴보려 한다. 탄소 시대를 맞이하는 이 시점에서 정보통신기술이 해야 할 일은 온실가스의 방출을 줄이는 것이다. 우리에게는 기술이 있다. 어려운 점이 있다면 개인의 습관, 정부와 기업의 관행을 바꾸는 것이다. 그리고 이 분야에 전폭적인 투자를 이끌어내는 것도 우리가 풀어야 할 숙제다.

그럼 어디서 해결책을 얻을 수 있을까? 해결책은 빌딩구획과 관리, 새로 짓는 빌딩의 효율성 증진, 오래된 건물의 시설 개선, 전력 소비 관리, 물류 수송과 제조산업 부문의 에너지 효율성 증대에 있다. 이런 개선을 통해 우리가 기대하는 결과는 동력의 최적화다. 동력의 크기와 효율성에 딱 맞는 제어 시스템을 구비하는 것을 말한다.

그 밖에도 여러 가지 중요한 해결책들이 많이 있다. 건물의 규모 축소, 재택근무, 전력 공급 중 에너지 손실을 줄이기 위한 소규모 전력 공급망 구축, 에너지 공급 효율성 증진 같은 것들이다. 탈물질화 dematerialization 역시 중요한 사안이다. 사람들이 출퇴근하는 횟수를 줄이는 것이다. 각 개인이 모두 노력한다면 1인당 탄소 방출량을 50퍼센트까지 줄일 수 있다. 문제는 전 세계 60억 인구 중 탄소 방출을 염려하는 사람들의 수가 너무 적다는 데 있다. 그러나 우리 모두가 생각을 바꾸고 정보통신기술을 열심히 사용한다면 분명히 커다란 변화를 일으킬 수 있다.

	설명	예	기대 효과
산업 프로세스	산업 프로세스 내의 에너지 사용 최적화	- 산업의 자동화 - 동력시스템의 최적화	1.0
동력	동력 공급 및 사용 관리	- 소규모 전력 공급망 및 거리 최적화 - 열병합 발전 (CHP, Combined Heat and Power)	2.1
수송	수송 수단 혼용 및 거리 최적화	- 수송을 최소화하기 위한 수송 네트워크 디자인	2.2
빌딩	빌딩 에너지 소비 관리 및 감시	- 에너지 관리 시스템 - 재고 관리	2.2

플랫폼으로서 정보통신기술의 역할

탈물질화는 효율성 증대에서 얻는 결과와 조금 다른 결과가 나타날 것이다. 에너지 비용에 대한 압박이 커지자 정부와 기업들의 생각이 바뀌고 있다. 한국은 열과 에너지 생산 면에서 강세를 띠고 있으니 분명히 탄소 배출량을 큰 폭으로 감소시킬 수 있을 것이다. 특히 물류 수송과 네트워크 최적화, 빌딩 내 에너지 관리 시스템, 조명 제어 시스템 등을 잘 관리하면 커다란 효과를 얻을 수 있다.

중국 정부가 각종 생산 시설에 탄소 배출량 감소에 따른 적당한 보상만 제공해도 그 효과는 대단할 것이다. 네덜란드 크기만한 나라가 방출하는 것과 맞먹는 양을 감소시킬 수 있기 때문이다. 탄소 방출량

〔 주요 장애물 〕

탈물질화

- 정부 및 산업 부분의 근본적인 변화 필요, 전혀 다른 방법의 생산 및 서비스 필요
- 온실가스 감소의 긍정적 영향을 고려한 네트워크 효과, 개인 습관과 사회적 불안감의 극복

정보통신기술의 온실가스 감소 역할

효율성

- 즉각적인 대규모 투자 및 장기적인 투자 회수 조건 필요
- 설비 및 기술 필요
- 올바른 기준 및 적절한 규제책 필요

실행을 가로막는 장애물

감소를 위해 정부가 촉진 정책을 마련하고 기업들이 정부의 정책을 충실하게 이행한다면 그보다 멋진 일이 어디 있겠는가? 이것은 새로 발명될 신기술에 투자하는 일도 아니요, 가지고 있는 기술을 전혀 새로운 방법으로 활용하는 것도 아니다. 그저 과학적으로 입증된 기술을 최대한 활용할 때가 되었다는 뜻이다.

어떻게 하면 초기 투자를 유도할 수 있을까? 사람들은 지금 우리 앞에 도사리고 있는 위험들 때문에 겁을 집어먹고 에너지 가격의 미래에 대해 불신하며 투자까지 주저하고 있다. 그러나 사람들의 적극적인 투자가 있어야 현재 배출되는 탄소량을 감소할 수 있는 대책을 세울 수 있다. 비즈니스 리더들이 올바른 비전을 제시하고 그에 부합하는 노력을 한다면 커다란 결실을 거둘 수 있다. 중국 같은 신흥 시장과 아시아 기업들이 열심히 노력하고 미국 같은 거대 시장에서 아시아 국가의 노력을 잘 이용하기만 한다면 어떤 기업이라도 세계적인 리더의 자리에 오를 수 있다.

고든 오어(맥킨지 전략수립 글로벌리더 겸 정보통신기술, 기후변화 부문 아시아 책임자)

풍선으로 태양을 가린다

우리가 당면한 과제 중 가장 시급한 것은 다름 아닌 지구온난화 문제일 것이다. 나는 인류가 공학기술을 활용해 우주 공간에 풍선을 띄우는 방법으로 태양광선을 차단함으로써 지구온난화 속도를 늦추거나, 또는 잘만 하면 지구온난화를 완전히 막을 수 있다고 생각하며 그 방법을 제안한다. 우리에게 왜 이 프로젝트가 필요한지, 프로젝트가 어떻게 이루어져야 할지, 풍선은 어느 곳에 띄울지, 그리고 프로젝트가 성공하면 어떤 효과를 얻을 수 있는지 하나하나 짚어보도록 하자.

지구온난화 문제가 심각하다는 것을 부인할 사람은 아무도 없을 것이다. 오늘날의 지구온난화 문제에 사람이 미친 영향이 얼마나 되는가에 대해서는 의견이 분분하지만 어찌 됐든 그 결과 큰 고통이 따르고 있고, 앞으로 더 큰 재앙이 기다리고 있다는 데에는 반론의 여지가 없다. 그것을 막기 위해서는 이산화탄소 배출을 막기 위해 노력해야 한다는 것도 모두 다 아는 사실이다. 하지만 중국과 인도를 비롯한 많은 나라들이 선진국 수준의 물질적 풍요를 추구하게 되면 대기 중에 배출되는 이산화탄소는 점점 더 늘어나게 되고 지구온난화는 더욱 가속화될 것이다. 대기의 기온이 상승하면 바다 위에서 증기가 형성되어 북극과 남극으로 이동하고, 거기서 응축된 증기가 햇빛을 반사해버리는 결과가 빚어져 결국 지구에 빙하기가 닥치게 된다. 빙하기는 과거에도 이미 여러 번 왔었다. 다만 그 때는 순전히 자연적인 현상이었다는 점이 다를 뿐이다.

온난화 문제를 해결하려면 지구 온도를 조금 낮추는 것이 최선이다. 지구와 태양 사이에 뭔가 거대한 물체를 위치시키면 가능한 일이다. 이때 이 물체는 거대하면서도 아주 가벼워야 한다. 얇은 플라스틱

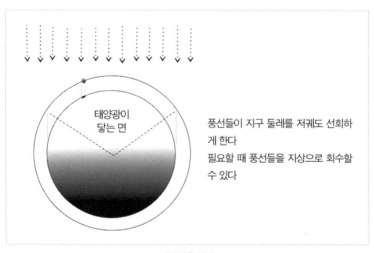

태양광을 막자

으로 만든 풍선을 활용해서 태양빛을 아주 미세하게 0.01퍼센트 정도만 감소시키면 온난화 속도를 늦출 수 있다.

사실 예전에 NASA에서 이미 지구와 금성 사이 우주 공간에 풍선을 띄운다는 제안을 하였다. 이 제안은 실현하기가 매우 어렵다. 더욱이 그 지점에는 풍선을 한 번 띄우게 되면 없애고 싶을 때 제거할 수 있는 방법도 없다. 또 NASA는 태양 에너지 발전을 목적으로 직경 10킬로미터의 거울을 지구 궤도 근처에 설치하는 방법을 고려한 적도 있다. 이와 비슷한 방법으로 거울 대신 거대한 풍선들을 지구 궤도 근처에 띄울 수 있다. 나는 직경 46킬로미터의 풍선 23체를 지상 약 1,000킬로미터 고도에 위치시킬 것을 제안한다. 이 위치라면 풍선이 더는 필요 없게 되었을 때 다시 끌어내릴 수도 있다.

이런 지구 선회 풍선은 각각 두께가 100분의 1밀리미터밖에 되지

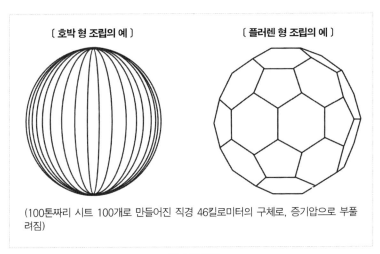

〔 호박 형 조립의 예 〕　　　〔 플러렌 형 조립의 예 〕

(100톤짜리 시트 100개로 만들어진 직경 46킬로미터의 구체로, 증기압으로 부풀려짐)

지구 선회 풍선

않는 극도로 얇은 플라스틱 시트 100장을 붙여서 만든다. 각각의 시트는 바나나 껍질 모양이나 육각형이며, 서로 맞대어 붙이면 바나나 껍질 모양 시트의 경우 외관이 수박과 비슷한 풍선이 완성되고, 육각형 시트의 경우 과학자들이 플러렌^{fullerene} 형이라고 부르는 축구공 모양의 풍선이 만들어진다. 시트 한 장의 무게는 100톤이며 완성되었을 때 풍선 하나의 무게는 1만 톤 정도 된다. 따라서 풍선 23체의 전체 무게는 거의 25만 톤에 이를 것이다. 이 풍선들은 칼륨 같은 물질에서 얻는 증기압으로 부푼 상태를 유지하게 되는데 이때 쓰이는 물질은 고작 몇 톤 정도만 있으면 충분하다. 풍선 표면은 태양빛을 효과적으로 차단하기 위해 검은색으로 칠해지는데, 햇빛을 받는 면의 경우 약 섭씨 80도에 이르고 그 반대 면은 0도 수준에 머문다.

사실 풍선들을 조립하는 것이 가장 큰일이 될 것이다. 우선 시트 100장을 로켓에 실어서 하나씩 우주 공간으로 옮겨야 한다. 아폴로 프로젝트 시절에도 로켓 한 대에 최고 150톤을 우주로 실어 나를 수 있었다. 그리고 오늘날에는 그동안 진보한 기술을 잘만 활용하면 같은 수준의 운반 작업을 10분의 1의 비용으로 할 수 있다. 얇긴 하지만 거대한 플라스틱 시트를 옮기자면 차곡차곡 접어서 로켓이 달린 우주선에 탑재해야 하는데, 일본에서 누군가 오리가미(종이접기) 기술을 적용하면 된다는 아이디어를 내놓기도 했다. 그 다음에는 우주 공간에서 시트를 조립하는 일이 남는데, 무중력 상태에서 접착작업을 진행하기 위해서는 로켓추진 장치가 달려서 자유롭게 이동이 가능한 워크 스테이션이 여러 개 필요하다. 이 일은 피라미드나 만리장성, 또는 서울과 부산 사이에 운하를 건설하는 일만큼이나 엄청난 규모의 건설작업이 될 것이다.

그럼 이제 이 풍선들을 어디에 띄워야 할까? 현재 지구 주위에는 셀 수 없이 많은 위성들이 돌고 있다. 이들 위성 중 하나라도 풍선과 충돌한다면 재난이 따로 없을 것이다. 하지만 다행히 지상으로부터 약 1,000킬로미터와 2,000킬로미터 사이에는 이런 위성이 전혀 존재하지 않는다. 대신 이 고도에는 작은 금속이나 플라스틱 조각들이 떠다니는데 과거에 쏘아 올린 각종 위성들에서 떨어져 나온 파편들로 우주 폐기물이라고 불린다. 하늘에서 '우주 파편 띠'라는 이름으로 알려져 있는 구간이 바로 여기다. 우주 폐기물과의 충돌 위험 때문에 이 고도에 위치하는 위성은 전혀 없다. 위성이 이 구간을 지나가게 되면 충돌이 일어나 위성이 파괴될 수 있기 때문이다. 이런 문제 때문에 우주 폐기물을 청소하는 방법이 여러 가지로 모색되고 있긴 하지만 아직까지는 마땅한 방법이 없는 상태다.

바로 이 우주 폐기물 구간에 풍선을 설치하면 된다. 우주 파편과 풍선이 충돌하면 풍선에 구멍이 생겨 증기가 밖으로 샐 것이다. 하지만 풍선 안의 증기압이 워낙 낮기 때문에 증기가 새는 속도는 매우 미미한 수준이다. 10센티미터의 구멍이 생겨도 증기는 100년 동안 1킬로그램 정도밖에 새지 않는다. 그뿐 아니라 우주 쓰레기가 풍선과 충돌하는 바람에 비행궤도가 조금이라도 틀어지게 되면 결국 대기권으로 떨어져 불타버리게 된다. 다시 말하면 이 풍선들이 우주의 진공청소기 역할도 할 수 있다는 이야기다.

그리고 이 풍선들이 더 이상 하늘에 있을 필요가 없다고 결정되면 다시 로켓엔진을 장착한 우주선을 쏘아 올려서 풍선들을 천천히 끌어 내리는 방법으로 제거할 수 있다.

이런 아이디어를 생각해내기 전에 나는 사막에 대형 거울을 설치하는 방법으로 지구 온도를 낮출 수 있는지 실험해본 적도 있다. 얇은 플라스틱 시트 표면을 반짝이는 금속으로 덮은 다음 사막 바닥에 펼쳐 놓는 실험이었다. 결과는 '아니오'였다. 사막지방은 이미 들어오는 태양 빛의 80퍼센트를 반사하고 있는데다, 반짝이는 판을 사막에 놓으면 순식간에 모래로 뒤덮여버리거나 바람에 날려가 버릴 것이다. 그리고 숲이나 바다에 거울을 놓는 방법도 좋은 생각이 아니다. 숲이나 바다는 지금 하고 있는 기능을 그대로 유지해주기만 해도 더 바랄 것

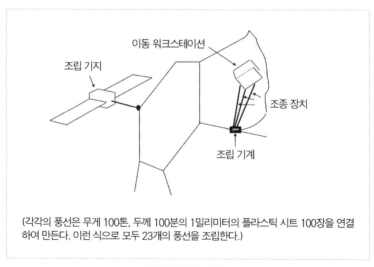

(각각의 풍선은 무게 100톤, 두께 100분의 1밀리미터의 플라스틱 시트 100장을 연결하여 만든다. 이런 식으로 모두 23개의 풍선을 조립한다.)

우주에서 풍선 조립하기

이 없기 때문이다.

나는 지구 선회 풍선 설치를 위한 비용과 기대효과 계산을 모두 마친 상태다. 지금 제안한 내용도 이미 과학논문으로 작성되었고, 2008년 7월 터키 이스탄불에서 열리는 지구온난화 글로벌 컨퍼런스에서 정식으로 발표했다. 나의 계산에 따르면 단 23개의 풍선만으로 태양빛을 0.01퍼센트 줄일 수 있다. 대기권 열교환 시스템은 지금처럼 조금만 틀어져도 지구의 운명이 좌지우지될 정도이기 때문에 이 정도 태양빛 감소만으로도 지구온난화를 막는 데 큰 효과가 있을 것이다.

머리 위로 지나가는 풍선을 사람마다 평균 하루에 한 번꼴로 보게 될 것이며, 이때 약 6초간의 일식현상이 일어난다. 커다란 구름이 머리 위로 지나가는 것과 크게 다르지 않다.

이렇게 우주에 설치된 각각의 지구 선회 풍선들은 달보다 다섯 배정도 크게 보일 것이다. 머리 위로 지나가는 풍선을 사람마다 평균 하루에 한 번꼴로 보게 될 것이며, 이때 약 6초간의 일식현상이 일어난다. 처음에는 사람이나 야생동물이나 모두 이 새로운 현상에 움찔움찔 놀라겠지만, 곧 적응할 것이라 생각한다. 결국 커다란 구름이 머리 위로 지나가는 것과 크게 다르지 않을 것이기 때문이다.

- 23개의 풍선으로 태양빛 0.01퍼센트 감소 기대
- 지구 위에서 직경 기준 달보다 5배 정도의 크기로 보임
- 지구 위 한 사람당 약 하루에 한 번 풍선이 지나가는 것을 목격하게 됨. 지나가는 시간은 약 6초가 소요됨
- 대부분의 사람들은 이 현상에 익숙해지겠지만, 천문학자들은 반대할 가능성이 있음
- 우주 폐기물과 충돌하여 풍선에 구멍이 나는 경우에도 증기가 새는 속도가 몹시 낮아 크게 상관없음
- 풍선과 충돌한 우주 폐기물은 비행궤도에서 이탈하여 지상으로 추락하게 되어, 풍선이 우주 폐기물을 청소하는 기능도 하게 됨
- 풍선을 제작하는 데 드는 비용은 이라크 전쟁 비용의 4분의 1 정도로 추산됨
- 민간 엔지니어링 분야의 큰 사업이 될 것이며, 한국의 참여가 기대됨
- 주요 이산화탄소 배출국들이 우선적으로 비용을 부담해야 함
- 인류의 안전을 위해 이 프로젝트의 실효성을 검토해야 함

기대효과와 결론

이 프로젝트에 드는 비용은 약 5,000억 달러 규모로 예상된다. 이 금액은 지금까지 이라크전과 아프가니스탄 전쟁에 쓰인 비용의 4분의 1밖에 되지 않는 액수다. 생각하기에 따라서는 큰돈도 적은 돈도 될 수 있겠지만 온 세계가 협력하면 결코 불가능한 액수는 아니라고 생각한다. 그리고 누가 이 비용을 부담해야 하는가 하는 문제는 의외로 분명하다. 이산화탄소를 배출하는 모든 나라가 배출량에 따라 돈을 낼 의무가 있다. 그럼 누가 풍선을 만들어 설치해야 할까? 어느 나라든 그럴 만한 기술이 있는 곳에서 담당하면 된다.

모든 것을 고려할 때 이 제안이 터무니없는 소리로 들릴 수도 있다. 하지만 지금 우리가 사는 시대야말로 터무니없는 일이 자행되는 터무

니없는 시대가 아닌가? 자신들이 사는 환경을 파괴한 대가로 결국 역사에서 사라져간 문명이 한둘이 아니다. 우리 스스로 만들어낸 터무니없는 폐해를 해결하려면 어쩌면 말도 안 될 만큼 극단적인 방법을 동원해야 할지도 모른다. 지금 내가 제안하는 이 프로젝트의 실효성이 진지하게 고려되길 바란다.

박 철(KAIST 항공우주공학과 초빙교수)

Limited space, the Earth
제한된 공간, 지구

나는 도시 계획가가 아니라 건축가다

나는 도시 설계 전문가가 아니라 건축가다. 건축과 도시 설계는 원칙적으로 서로 다른 분야라는 사실을 주지해야 한다. 그러나 우리 건축가들은 그런 점을 잊고 있는 듯하다. 지난 100년간 건축가들은 일부러 디자인과 실행, 다른 말로 형식과 기능을 일부러 분리시키며 스스로 건축가의 일을 엉망으로 만드는 결과를 초래했다. 이것은 100년 전 파리의 근대주의자들이 독립적으로 떨어져 나와 처음 시도한 것으로 도시 생활의 온갖 더러운 잔재를 완전하게 제거한 완벽한 유토피아를 건설하겠다는 목적이었다. 그 반향은 대단했다. 이후 거의 50년 동안 미국과 여러 나라에서는 도시생활에서 느낄 수 있는 자극적인 재미가 빠진 대도시들이 생겨났다. 브라질의 수도 브라질리아가 좋은 예다.

이러한 아이디어는 참담한 실패로 돌아갔지만, 우리 건축가들은 형식과 기능을 분리한 것이 문제였다는 사실을 미처 깨닫지 못했다. 그리고 '모 아니면 도'라는 식으로 무작정 반대로 나아가기 시작했다. 과도한 기능주의가 잘못이라면 정반대인 형식주의로 가보자고 생각한 것이다. 그리고 안타깝게도 바로 지금까지 우리는 형식주의에 얽매여 있다. 오늘날 건축가들은 위성사진에 근사하게 찍힐 만한 도시를 만든다. 땅 위의 인간들이 그 건물 속에서 어떤 삶을 영위하게 될 것인지는 전혀 고려하지 않은 채 우주선에서 보기에 그럴듯한 건물만 짓고 있는 셈이다.

이것이 과거 50~100년 동안 우리 건축가들이 저질러온 관행이었다. 자, 이제 어떻게 되겠는가? 우리가 탁상공론을 벌이는 동안 인구가 폭발하듯 늘어났다. 인구팽창 문제 하나 때문에 종교 마찰과 테러, 지구온난화와 질병의 창궐 등 많은 문제가 발생했다. 이런 현실에 대해 우리 건축가들은 대책을 세우고 있는가? 그렇지 않다. 멀찌감치 떨어져서 우리끼리 똘똘 뭉친 사회 속에 몸을 숨기고 있을 뿐이다. 각자 가진 재능과 실력을 우리들의 세계에만 쏟아 붓고 있다. 쓸데없는 곳에 힘과 열정을 낭비하고 있는 셈이다.

세계적으로 유명한 건축가 노먼 포스터Norman Foster는 최근 사막 한 가운데에 300만 명을 수용할 수 있는 도시를 계획하고 있다. 미래가 어떻게 변하든, 앞으로 50년이 지나면 지구 전체의 인구밀도는 현재 1제곱킬로미터당 30명인 아랍에미리트 인구밀도의 네 배에 도달하게 될 것이다. 한국도 예외가 아니다. 제아무리 뛰어난 기술이 개발된다

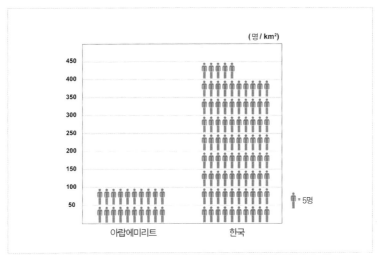

(명 / km²)

450
400
350
300
250
200
150
100
50

아랍에미리트   한국

= 5명

2050년 인구밀도 – 한국 대 아랍에미리트

해도 이것은 피해갈 수 없는 운명이다. 그렇다면 이미 인구 과포화 상태의 도시 문제를 해결하는 데 우리 건축인들의 지식과 지능을 총동원해야 하지 않을까?

여기 두 가지의 프로젝트를 소개하고자 한다. 여러분이 싫어할 수도 있고 좋아할 수도 있겠지만, 앞에서 언급한 문제를 극복할 수 있는 긍정적인 전략이라고 생각해주기를 바란다. 첫 번째 프로젝트는 거버너스 아일랜드Governor's Island에 관한 것이다. 뉴욕항 중간 지점에 약 30년간 전혀 쓸모없이 방치되어 있던 거버너스 아일랜드를 개발하는 공모전이 열렸다. 섬의 크기는 약 225평방미터로, 뉴욕 시는 이 섬의 개발보다 섬 한가운데에 전체를 아우를 수 있는 아름다운 공간을 만드는 계획을 요구했다. 당선작은 나비가 항구의 중심을 향해 날아가 땅에 입을 맞추자 그 자국이 땅에 남았다는 컨셉의 안이었다. 결국 뉴욕시의 가장 중요한 땅덩어리인 그 섬을 개발하겠다는 계획에 형식주의적인 아름다움만 강조한 작품이 결정된 것이다.

거버너스 아일랜드 프로젝트

나는 다른 대안을 생각해보았다. 섬을 관찰한 결과 민·관 합작 형태로 그 섬을 개발하는 것은 불가능하다는 생각이 들었다. 섬에 가기 위해서는 배를 타고 가야 한다. 미국 최고의 부동산 재벌 도널드 트럼프라도 배를 타고 가야 도착하는 곳에 호텔을 세우지 않을 것이다. 하지만 도보로 진입할 수 있는 길을 만드는 것 자체가 너무 힘들어서 거의 불가능한 일이었다. 도시를 활성화시키기 위해 꼭 도시 공원을 개발할 필요가 없는데도, 정부와 건축가들은 5억 달러나 되는 돈을 섬 개발 프로젝트에 쏟아 붓기로 결정해버렸다.

나는 섬 외곽을 개발하는 데 집중해야 한다고 주장했다. 실제로 어떻게 될지는 아무도 모르지만, 최소한 뉴욕 중심가처럼 활기를 찾고 사람들로 북적이게 될 것은 틀림없다. 그리고 개발이 어떤 식으로 진행되든 재미있고 멋있는 디자인을 하는 것이 중요하다. 소규모 개발이든 도시 전체를 아우르는 대규모 개발이든 일관성 있게 디자인하는 것이 중요하다.

그래서 우선 네 가지 간단한 모양으로 지형을 구획하는 아이디어를 제안했다. 그 위에 흙, 유리, 나무 등 각각 다른 재료를 깔아두는 것이다. 이것은 이 섬의 미래 효용가치를 파악한 사람들이 미리 섬의 개발 비용과 건축방법을 잘 파악할 수 있다는 장점이 있다. 섬 내부는 거의 빈 공간으로 놓아두고 뉴욕 시민들이 그동안 할 수 없었던 일을 하도록 했다. 흙을 만지면서 손을 더럽혀보는 것이다. 그래서 우리는 섬 안쪽을 맨해튼 사람들이 와서 농사를 지을 수 있는 농장으로 제안했다. 우리는 인구 급증의 시대에 살고 있다. 세계 인구는 1945년 23억에서 2050년이면 91억으로 늘어나게 될 전망이다. 이제 인구 문제를 좀더 신중하게 다룰 때가 되었다.

두 번째 전략은 하이퍼빌딩(HyperBuilding, 공간의 효율성 제고, 자연과의 공존, 안전한 삶의 영위 등을 위해 새로운 도시계획적 접근이 필요하다는 판단하에 설계된 높이 1,000미터, 수명 1,000년 이상의 건물 – 옮긴이) 건설이다. 하이퍼빌딩은 100년 전 근대주의자들이 품었던 생각이라고 할 수 있다. 앞서 제안한 거버너스 아일랜드 프로젝트의 경우 건축가들이 실제 설계하는 데 제약이 있었지만, 두 번째 전략은 우리가 '완전 독립 프로젝트[Author by Single Hand]'라고 부르는 계획이다. 건축가 르 꼬르뷔지에는 1965년 '유니테 다비따시옹[Unité d'Habitation]'이라는 집합주택을 지었는데 이것은 모

든 것을 다 갖춘 건물이다. 르 꼬르뷔지에는 건물 중간을 관통하고, 상
업공간과 주거공간, 문화공간을 이어주는 도로를 머릿속에 그려보았
다. 하이퍼빌딩 개념은 그때 뿌리를 내린 것으로, 많은 사람들이 사고
실험(thought experiment, 사물의 실체나 개념을 이해하기 위해 가상의 시나리오
를 이용하는 것-옮긴이)을 통해 구체적으로 시험해보기도 한다. 물론 아
직까지는 유니테 다비따시옹이 실제로 건축된 유일한 건물이다.

　최근 진행하고 있는 프로젝트에서 우리는 공공장소와 녹지가 부족
한 장소에서 어떻게 하면 단일 구조 안에서 기준층을 비워둔 채 초밀
도화를 실현할 수 있는지를 시험하고 있는 중이다. 켄터키 주 루이빌
지역을 대상으로 계획하였는데, 루이빌은 유명한 경마대회 켄터키 더
비Kentucky Derby가 열리는 곳이고 주변에 마장도 많은 지역이다. 그런데
최근 단지 주택 건축tract housing부지 조성 때문에 이런 마장들이 매입되
고 있다. 어떤 부유한 여성이 우리에게 프로젝트를 의뢰했는데 그녀
는 이것을 심각한 문제로 생각하고 있다.

　그녀가 원한 것은 영리를 추구하면서도 두 마리 토끼를 모두 잡을
수 있는 개발이었다. 켄터키 주 외곽 농촌 지역에 가중되고 있는 개발
압력을 도심 지역으로 이동시키면서도 외곽 지역이 도심처럼 사람들
로 활기찬 분위기로 변하기를 원했다. 특히 활발한 분위기를 조성하
는 데 예술을 이용하고 싶어했다. 그녀의 비전에 맞추려면 도심에서
흔히 보는 현대 미술관을 지을 정도의 건축비용을 벌어들일 수 있는
상업적인 개발이 필요했다. 그러나 막상 프로젝트를 진행하고 보니
그 장소에는 그만한 개발이 적절하지 않다는 사실을 깨달았다. 그래

서 우리는 도심과 같은 인구밀도를 창출하되 수직적인 공간을 활용하자는 생각을 했다. 이것이 첫 번째 하이퍼빌딩을 만들게 된 계기다. 이제 곧 루이빌 한복판에 매일 1만~1만 1천여 명을 수용할 수 있는 하이퍼빌딩이 생길 것이다.

하이퍼빌딩의 인구밀도는 루이빌 도심지역의 네 배에 달할 것이다. 프로젝트를 진행하면서 우리는 너무 많은 돈을 불필요한 곳에 낭비한다는 것을 알았다. 그리고 도시생활의 흥미진진함을 한 장소에 압축시켜놓을 수 있다는 것도 깨달았다. 그래서 단순히 돈 버는 기계로 전락한 끔찍한 건물들, 즉 투기의 목적으로 탑처럼 높이 솟은 사무실 건

루이빌의 하이퍼빌딩

물과 호텔 등에 이 아이디어를 결합시켜보았다.

루이빌 프로젝트를 통해 우리는 아주 흥미로운 실험을 시도해볼 수 있다. 달리 말하면, 지금과는 다른 특이한 요소들을 하나의 건물에 결합시켜볼 수 있다. 하지만 이 건물을 엄격히 말하면 건물이라 할 수는 없다. 압축된 도시계획이라 할 수 있다. 이 부분은 건축가들이 설계를 확정할 때 고민해야 할 한계이기도 하다. 이제 거버너스 아일랜드에는 예술공간이 생기게 되고, 말 그대로 예술공간과 맞닿을 듯 가까이 수영장과 호텔 같은 편의시설이 들어설 것이다. 만약 1만 1천 명이 일하고 살 수 있는 활기찬 공간을 만들 수 있다면, 루이빌처럼 주변 땅을 개발하기 위해 경제적 도움을 얻을 필요도 없다.

간단하게 요약하면, 엘리트 건축가들은 실용위주의 건물을 짓는 데서 벗어나 이제 중국 관영 TV 건물처럼 시대적 아이콘을 창조하는 데 관심을 기울이고 있다. 과거에는 도시가 잘 굴러갈 수 있도록 훌륭한 연장을 만들었던 똑똑한 건축가들이 이제 도저히 건물이 들어설 수 없다고 생각한 곳에 한꺼번에 수백만 명을 수용할 수 있는 도시를 건설하기 위해 노력하고 있는 것이다.

조슈아 프린스 라무스 (건축 디자인 회사 REX 설립자이자 대표)

좋은 건축가와 위대한 건축가

인위적 조성 환경 속에서 공간이 가지는 의미와 우리가 살고 있는 도시, 우리가 살고 있는 나라 안에서 커다란 변화를 이끌어낼 수 있는 방법에 대해 살펴보자. 나는 건축가와 디자이너, 엔지니어들이 한데 모여서 인도주의적인 프로젝트를 실현하는 '인간을 위한 건축'이라는 단체를 조직했다. 우리 '인간을 위한 건축'이야말로 전 세계 건축가들이 자연재해나 인간이 야기한 각종 피해를 해결할 수 있는 특별한 기회를 제공하며, 특히 사회적으로 커다란 변화를 이끌어낼 수 있다고 믿는다. 자연재해로 피해를 입은 사람들이 제2의 인생을 살 수 있도록 도와주는 것이다.

자원과 전문가가 부족한 나라야말로 우리가 디자인 서비스를 제공

[범례]
★ 지역 본부 실행 프로젝트
■ 참여 건축가들의 출신국
☆ 본부 실행 프로젝트
○ '인간을 위한 건축'에 동참한 지역 건축가들

인간을 위한 건축

하기에 적합한 곳이다. 그런 곳에서 우리의 디자인은 커다란 힘을 발휘할 것이다. '인간을 위한 건축'은 뉴욕의 어느 조그만 아파트에서 시작되었다. 우리는 인터넷을 이용하여 전 세계의 디자이너들과 네트워크를 형성하였으며 다른 사람들에게 인생의 새로운 기회를 만들어주길 희망하는 많은 건축가들이 여기에 참여했다. 그리고 3년 후 우리는 전 세계 26개국에서 136개의 프로젝트를 진행하는 단체로 성장했다.

우리가 진행하는 프로젝트를 보면, 그 방식이 일반 건축가들과 판이하게 다르다. 그리고 지금 건축계에도 이 같은 새로운 혁신의 바람이 불고 있다. 현대의 건축가와 도시 계획가, 엔지니어들은 사람들이 요구하는 것이 무엇인지 확실하게 알아야 한다. 바로 지금 필요한 것도 있지만 총체적으로 지속가능한 사회를 만들기 위해 장기적으로 필요한 것들이 많이 있다. 건축가는 그냥 가서 그림만 그려주는 사람이 아니다. 지역사회와 손을 잡고 사람들이 지역사회의 문제점을 해결할 수 있도록 관련 전문가와 연결시키는 것이 중요하다. 그렇게 해서 지속가능한 사회 환경이 만들어지면 지역 주민들은 그것을 발판삼아 자신들의 삶을 다시 일으켜 세울 것이다.

그렇다면 우리 '인간을 위한 건축'은 어떻게 지역사회를 성장, 발전시킬 수 있을까? 우리는 건축가와 디자이너들을 관련 분야를 담당하는 지역사회 단체나 NGO 기구와 연결해주는 일을 한다. 건축 디자인을 시작하면 한 건물을 짓는 전 과정에 지역사회를 참여시킨다. 지역사회와 파트너를 이루어 지역 주민들이 자신의 마을을 재건할 수 있도록 힘을 키워준다는 뜻이다. 그것은 단순히 건물만 짓는 것을 의미하지 않는다. 주민들이 스스로 성장할 수 있는 메커니즘을 만든다는 뜻이다. 그러고 나서 우리는 재건 사업을 시작한다.

우리 '인간을 위한 건축'은 열린 혁신의 주창자다. 그래서 건축에 대한 아이디어를 사람들이 공유할 수 있는 방법을 꾸준히 모색해오고 있다. 그것이 사회적 대의를 위한 디자인 혁신이며 전 세계가 고통받는 이 시대에 절실히 요구되는 태도라고 생각한다. '인간을 위한 건축'에는 대표가 없다. 참가 디자이너들이 모두 동등한 위치에서 일을 한다. 내가 실제로 사용하는 직함은 '영원한 낙관주의자'다. 나는 104개 국에서 일하는 4,600여 명의 디자이너들을 지휘하지만, 사실 디자이너들은 각자 독립적으로 지역사회의 혁신을 위해 분주하게 움직이고 있다. 우리가 만일 건축회사라면 아마 세계에서 가장 큰 회사일 것이다. 구성원의 분포도를 보면 여성과 젊은 디자이너 쪽으로 그래프가 기운다.

좋은 건축가와 위대한 건축가의 차이점은 뭘까? 그것은 아주 간단하다. 멋진 아이디어를 가진 사람이 좋은 건축가라면 그 아이디어를 실제 건축으로 구현하는 자가 위대한 건축가다. 만약 당신이 사람들의 삶을 바꿀 만한 훌륭한 아이디어를 가진 젊은 건축가라면, 그 아이디어가 누군가에 의해 실제로 이루어질 때까지 무작정 기다리고 있으면 안 된다. 그 아이디어를 구체적으로 실현할 수 있도록 우리가 도울 수 있다. '인간을 위한 건축'의 지역 본부들은 세계 곳곳에서 독립적으로 프로젝트를 수행한다. '인간을 위한 건축'이 그 일을 하는 것이라고

재건에 성공한 마을

멋진 아이디어를 가진 사람이
좋은 건축가라면
그 아이디어를
실제 건축으로 구현하는 자가
위대한 건축가다.

생각하지 않는다. 우리는 분권적인 단체이기 때문에 사실 얼마나 많은 디자이너들이 참여하고 있는지 또 얼마나 많은 지역사회에 변화를 주었는지 잘 모른다. 그것이 우리에겐 그렇게 중요한 문제도 아니다.

2004년 쓰나미가 동남아 일대를 휩쓸고 간 후 우리에게도 피해 지역에서 일하고 있는 스리랑카와 인도 건축가가 있다는 사실을 알았다. 그래서 그들이 프로젝트를 실행할 수 있도록 지원하게 되었다. 어린 학생들이 순전히 인터넷을 통해 핫 초콜릿과 쿠키를 판매하여 모은 5만 달러의 성금을 대신 전달했고 '페이스북Facebook' 같은 웹사이트와 사회적 네트워킹을 할 수 있는 다른 통로들을 이용하여 신속하게 기금을 모으는 수단도 만들었다. 그 결과 정부 기금 없이 인도네시아, 스리랑카, 인도 전역에 걸쳐 수십 개의 건물을 지을 수 있었다. 우리는 UN 기구들, 여러 NGO 단체들과 파트너를 이루어 재빠르게 일을 했고 피해 지역의 지속가능성의 수준을 한 단계 끌어올릴 수 있었다. 우리가 말하는 지속가능성이란 전 세계 90퍼센트 국가에서는 살고 죽는 문제를 의미한다.

또한 우리는 지역사회 내에서 소규모 사업을 창조하고 기술을 훈련하는 방법으로 건축을 이용하고 있다. 재건 프로젝트를 통해 지역 주민들에게 일자리를 제공하며, 빗물의 집수나 이용, 태양전지 복합 패널 같은 다양한 건축 아이디어를 가르쳐준다. 스리랑카의 어떤 학교는 전문 건축가가 아닌 학생들이 직접 디자인하기도 했다. 아이들은 학교의 현장학습 시간에 밀림지역으로 많이 나갔는데, 우리는 아이들에게 그때 본 동물들을 그려보라고 부탁했고 그것을 모아서 학교 건물 디자인에 접목시켰다. 또 스포츠를 이용하여 분리된 종족들 사이에 평화를 도모하기도 했다. 쓰나미가 휩쓸고 지나간 후 우리는 회교도들과 타밀(Tamil, 남부 인도 · 스리랑카 지역－옮긴이) 사람들, 신할리(Shinhalese, 스리랑카 대표 민족－옮긴이) 사람들을 한데 모아서 크리켓 경기를 벌였다. 흩어진 사람들을 하나로 묶는 데 그것만큼 쉬운 방법은 없다.

현재 10억 명의 사람들이 극심한 빈곤에 허덕이고 있다. 경제 발전이 미약한 나라에 살고 있는 사람만 40억 명이다. 현재 일곱 명 중 한 명은 빈민가나 피난민 캠프에 살고 있으며 2030년이 되면 그 수는 일곱 명당 세 명꼴로 늘어날 것이다. 물론 그때가 되면 건축물의 수도 두 배로 늘어나게 된다. 엄청난 숫자가 아닌가? 그러나 두바이의 멋진 마천루 같은 건물이 들어서는 것이 아니다. 그때가 되면 빈민 정착촌들이 지구를 둘러싸게 될 것이다.

나는 서른 살이 되었을 때 평생 무엇을 하면서 살아야 할지를 결정했다. 그 일은 혼자서는 할 수 없는 것이었다. 우리는 저작권에 영향을 받지 않는 메커니즘을 만들었고, 사회를 변화시키기 위해 전 세계 사람들이 정보를 마음대로 이용할 수 있도록 했다. 나는 TED[Technology, Entertainment, Design]라는 이름의 상을 받았는데, 그 상 덕분에 세상을 바꾸겠다는 유일한 나의 희망을 현실로 구체화시킬 수 있었다. 50억 명 사람들의 생활수준이 더 나아지기를 간절히 희망했고, 채 9개월도 안 되는 기간 동안 정보 개방 네트워크를 구축함으로써 나의 꿈을 실제로 이룰 수 있었다. 우리의 바람대로 온라인 공동 협력공간을 만든 것이다. 이제 건축가들은 온라인을 통해 혁신적인 디자인 솔루션을 자유자재로 찾을 수 있게 되었고 지역사회를 위한 프로젝트도 멋지게 실천할 수 있게 되었다.

카메론 싱클레어(인간을 위한 건축 대표)

그린 디자인:
생물과 비생물의 유기적 조합

디자인이 무엇인지, 디자인을 통해 우리가 처한 문제들을 어떻게 해결할 수 있는지에 대해 살펴보자. 지금 우리 인류가 해결해야 할 가장 중요한 문제는 지구의 황폐화다. 디자이너로서 나는 디자인을 통해, 좀더 구체적으로 말하면, 지속가능한 디자인을 통해 우리가 지구를 구할 수 있느냐 하는 문제를 밝혀보고 싶다.

자연을 환경 디자인에 접목시키는 방법은 다양하다. 뉴욕의 센트럴파크처럼 집중식재방법으로 한 곳에 집중적으로 녹지를 조성하는 방법도 있고, 런던처럼 분산식재방법을 써서 도시 곳곳에 녹지를 분산시켜 조성하는 방법도 있다. 혹은 연속식재방법을 쓸 수도 있다. 생태학자의 입장에서 봤을 때 생물체들의 상호작용과 이동, 자연자원 공유를 가능하게 하는 일직선 혹은 방사형의 생태통로를 만들려면 연속식재가 가장 적합한 방법이다. 자연 속에서는 인간도 다른 생명체처럼 하나의 종species에 불과하다. 다른 점이 있다면, 인간은 산업과 건설 등 여러 활동을 하면서 자연에 심각한 피해를 끼칠 위력을 가지게 되었다는 것이다.

'에코셀Ecocell'은 싱가포르 국립도서관을 만들면서 생각한 개념이다. 현재 싱가포르 국립도서관은 지하층의 내부까지 태양광선이 들어와서 사용자들에게 쾌적한 공간이 되고 있다.

에코 디자인 – 싱가포르 국립도서관

그린 디자인이란 생물의 다양성을 존중하는 디자인, 혹은 주변에 살고 있는 생명체들과 생물학적 구성 요소 사이에 균형을 추구하는 디자인이다. 생물학자들은 생물권the Biosphere이라고 부르는 얇은 막이 지구를 덮고 있다고 생각한다. 생물권 안에 식물과 동물로 이루어진 생태계가 있다. 엄밀히 말하면 생태계는 생물적 구성 요소와 비생물적 구성 요소가 서로 유기적으로 영향을 주고받으며 전체를 이루는 공간이다.

그렇다면 우리 인간이 하는 일은 무엇일까? 안타깝게도 우리들, 즉 건축가나 공학자, 디자이너들은 점점 더 비생물적인abiotic 것만 짓고 있다. 건물에 있는 우리를 제외하고는 온통 비유기적이고 인공적인 것뿐이다. 그렇다면 생물적 구성 요소는 과연 어디에 있을까? 앞으로도 지금과 똑같은 방식으로 건물을 짓는다면, 미래에는 온통 인공적이고 비유기적인 것들만 가득하게 될 것이다. 우리가 만들어낸 건물 환경은 거의 대부분 비유기적인 물질로 이루어져 있다. 반면 생태계는 생물적 구성 요소와 비생물적 구성 요소가 골고루 섞여 있기 때문에 서로를 잘 보완할 수 있다.

이런 점에서 건축가가 건물이란 환경을 조성할 때는 생태계의 물리적 요소를 닮도록 디자인해야 한다. 건축물을 단지 하나의 예술품이나 서비스 공간이라고 생각하지 말고 기능적으로 자연과 조화를 이루어야 하는 인공물이라 생각해야 한다. 건물이 이런 기능을 완전히 지닐 수 있는지 파악하려면, 먼저 건물을 지을 곳의 생태계부터 분석해야 한다. 그 장소의 생태계 구조와 에너지 흐름, 생물의 다양성 등 모든 생태학적 특성부터 살펴보아야 한다. 또한 그 지역에서 어떤 곳이 구조적으로 다른 특성을 갖고 있으며, 어떤 곳이 변화에 특별히 예민하게 반응하는지 확인해야 한다. 끝으로는 실제적으로 건물을 짓고 사용했을 때 주변 환경에 어떤 영향을 미칠 것인지도 고려해야 한다.

'시브 매핑sieve mapping'(토지의 사용상 장·단점을 지도로 나타내는 방법-옮긴이) 방법은 특정 지역의 생태계를 통계적으로 나타낼 순 있지만 생태계 내의 복잡한 생물작용을 간과할 가능성이 있다. 생태계의 각 층

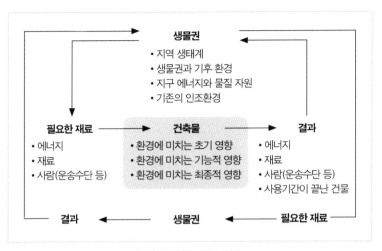

건물이 환경에 미치는 영향

에서는 복잡한 교류가 일어나고 있기 때문에 생태계를 확실하게 분석하려면 건축 부지를 측량하는 것으로는 부족하다. 그 지역 생태계 내부의 동물학적 역학관계를 세밀하게 조사해야 한다.

건축 행위와 건물에서 에너지를 최소로 사용하려면 건축물의 형태와 기능 시스템을 어떻게 설정할 것인지 연구해야 한다. 이 문제를 해결하려면 실내 쾌적조건을 개선할 수 있는 방법을 찾아야 한다. 실내를 쾌적하게 유지하는 설비에는 다섯 가지 종류가 있다. 생물기후학적 디자인이라고 부르기도 하는 순응형 설비Passive Mode, 혼합형 설비Mixed Mode, 완전형 설비Full Mode, 에너지 생산형 설비Productive Mode, 종합형 설비Composite Mode 등이 그것이다. 우리는 건물 외부 환경에 부합하면서도 쾌적한 실내를 개발하기 위해 진보적인 전략을 지속적으로 도입해야 할 것이다.

특히 생산 시설의 경우 자연형 설비와 혼합형 설비만으로는 현대인들이 요구하는 쾌적한 실내를 만들 수 없다. 내부 환경을 개선하려면 완전형 설비처럼 에너지원을 외부에서 끌어들여야 할 때도 많다. 완전형 설비는 M&E라고 부르는 전자·기계 시스템^{Mechanical and Electrical System}을 사용하여 실내 환경을 조절하는데, 화석 연료나 지역에서 많이 생산되는 에너지원 등 외부 에너지원을 끌어 써야 한다. 재생 불가능한 에너지원의 사용을 최소화하고 저 에너지 시스템을 구축하는 것은 생태 디자인의 가장 중요한 목표다.

켄 양(친환경적 고층건물 설계자이자 생태학자)

열린 사회, 열린 공간

인간은 호기심과 창의력을 가지고 태어난다고 나는 믿는다. 인간에게 창의력이 없다면 만족 또한 없을 것이다. 건축가로서 나는 사람들이 자신의 상상력을 십분 발휘하도록 도와줄 수 있는 방법에 대해 많이 고민한다. 지금까지는 교육 시설과 집회 시설 건물을 많이 지어왔는데 위압적인 분위기를 풍기지 않는 건물, 사용자가 공간을 자유자재로 이용할 수 있는 건물을 지으려고 노력했다. 이렇게 '개방된' 공간이 있다면 사람들은 자신들의 삶을 창조적으로 꾸며나갈 수 있으리라 생각한다.

다음의 사진은 아주 다양한 용도로 쓰이고 있는 교회 건물이다. 예배를 드리는 공간 또는 콘서트나 소규모 집회를 위한 공간으로도 쓰이고 있다. 예전에는 건축학교를 지은 적이 있는데 교수들과 학생들

대덕 교회

이 한 곳에서 함께 작업할 수 있도록 공간을 계획했다. 그곳에서 그들은 함께 공부하고 함께 디자인을 하며 때로 합숙도 한다고 한다.

중력은 건축가의 적이라 할 수 있다. 건축 역사를 통틀어 건축가는 중력의 한계를 극복하려고 노력했다. 모두 아는 것처럼 건축가들은 피라미드처럼 엄청나게 거대하면서도 안전하고 게다가 가볍기까지 한 건물들을 짓기 시작했다. 잘 알겠지만 현대 건축물은 유리와 철제 구조물로 지어져서 아주 가볍다. 그러나 우리는 여기에 머물지 않고 한 걸음 더 나아가 곡선형 구조의 가능성을 타진하고 있다. 물론 곡선형은 중력의 작용을 계산하기가 어렵다. 그러나 우리에게는 곡선 구조에서 중력의 작용을 분석할 수 있는 기술이 있다.

이 기술을 기반으로 서울에서 두 가지 설계경기에 참여했다. 하나는 동대문 디자인플라자&파트 설계경기이고 다른 하나는 서울시 신

서울시 신청사 조감도

청사 프로젝트다. 이 두 곳이야말로 서울에서 몇 안 남은 개방장소일 것이다. 서울은 매우 혼잡한 도시기 때문에 여러 사람들이 한꺼번에 모일 수 있는 열린 장소가 그리 많지 않다.

　나는 신청사 건축 디자이너로 선정되었는데, 수직형의 시청 건물을 한번 만들어보고 싶었다. 그러면 수직적인 대광장과 수평적인 대광장이 생기게 된다. 시민들의 접근이 용이하고 밖에서도 속이 훤히 들여다보이도록 설계됐으며 시민들은 자유롭게 시청 꼭대기에 있는 라운지에 올라가 아래로 펼쳐진 대광장을 바라볼 수 있다. 옥상 라운지에서는 음악을 들으면서 눈앞에 펼쳐진 아름다운 고궁을 감상할 수 있다. 건축가의 꿈은 바로 이런 것이다. 유리로 된 콘서트홀을 짓는 것이다. 내가 설계하는 건축에서 가장 중요한 것은 인간이다. 나는 건물에 들어오고 또 그곳에서 사는 사람들이 더 창조적이고 상상력이 풍부한 삶을 살기를 바란다.

유 걸(IARC 공동 대표)

Limitless space, the Universe
무제한의 공간, 우주

유인 우주탐사, 끝나지 않은 사명

우주개발사업에서 현재 우리가 어디까지 와 있고 또 어디로 가고 있는지 간단하게 되짚는 것부터 시작해보자. 유인 우주탐사는 1960년대 아폴로 프로젝트로 시작되었다. 하지만 프로젝트의 초반은 사실 국가 간의 안보경쟁에 지나지 않았다. 우주기술 경쟁에서 소련에게 완전히 뒤처졌다는 사실은 미국에게 큰 충격을 안겨주었고, 이는 세계 최강국이라는 이미지에 적지 않은 타격을 입혔다. 인류 최초의 소련 우주비행사 유리 가가린의 잘생긴 얼굴이 사방에 깔리고 1961년을 빛낸 인물로 선정되었다. 그러나 1960년대 말에 이르러 달에 가장 먼저 사람을 보낸 나라는 미국이었다.

하지만 그 후 수십 년간 우주개발에 대한 관점은 많이 달라졌다. 이제는 국제 협력 차원의 과업이 되었고, 주로 과학기술 경쟁에 중점을

인류 최초의 우주비행사 유리 가가린의 얼굴이
전 세계적 문화 아이콘으로 부상했다

유인 우주탐사의 시작

두고 있다. 이에 따라 우주의 기원에서부터 우주 다른 곳에도 생명이
존재할 가능성 등 많은 것을 연구하고 배우게 되었다. 그리고 무엇보
다 중요한 것은 지구의 미래를 고민하면서 우리 세계가 앞으로도 계
속 지금처럼 아름다운 곳으로 남기 위해서 우주를 어떻게 활용해야
할지에 대한 연구가 활발해졌다는 점이다. 특히 기후변화와 관련하여
많은 연구가 있었다.

현재 토성 탐사선 캐시니^{Cassini} 호가 토성 궤도를 따라 돌고 있다. 캐
시니 호와 거기에 실린 장비는 세계 여러 나라에서 지원을 받아 개발
된 것이다. 멀리 토성 쪽에서 보면 지구는 토성 바깥 고리 바로 너머에
위치한 아주 작은 반점에 불과하다. 이것은 우리가 우주에 대해 깊이
알면 알수록 우주에서 우리가 차지하고 있는 위치가 어떤 것인지 여
실히 깨닫게 해주는 일례라 할 수 있다.

여기 굉장한 사진들이 더 있다. 다음 그림을 보면 게성운이 보인다. 게성운은 11세기부터 전 세계에서 관측되어온 초신성이다. 사진은 NASA에서 쏘아 올린 '위대한 우주 천문대Great Space Observatories'에 있는 우주망원경들로 찍은 이미지들이다. 적외선 관측기구인 스피처 우주망원경Spitzer Space Telescope, 초록색 가시광선으로 관측하는 허블 우주망원경Hubble Space Telescope, 파란색 엑스선 관측기구 챈드라 우주탐사체 Chandra Space Probe가 그것들이다. 이들 우주망원경이 보내오는 놀라운 이미지들 덕분에 우주에 관해 새로운 사실들이 많이 알려지고 있다.

그림에서 오른쪽이 메시에82 은하의 모습이다. 우주와 지상에서 관측된 모습을 합쳐서 완성된 이미지로, 이것만 봐도 우주가 얼마나 장

가시광선으로 관측된 게성운　　**빛을 발하는 메시에82 은하**

지난 20년간 국제 협력의 성과로 얻어진 우주과학기술은 인류로 하여금 지구를 포함한 태양계 내의 행성들뿐만 아니라 태양계 밖의 천체들과 은하계 밖의 성운들, 그리고 그 너머에 대해 눈뜨게 했다.

허블 우주망원경에 관측된 게성운과 메시에82 은하

우리의 희망사항은
앞으로 수십 년 안에 화성에 사람이
살도록 하는 실로 엄청난 도전이다.

대하고 화려한지 알 수 있다. 이보다 지구 가까이에서는 국제우주정
거장(ISS, International Space Station)에서 미국을 비롯한 28개국 이상이
함께 관측활동을 하고 있다.

　이번 기회에 '우리가 나아갈 곳은 어디인가'라는 문제를 놓고 앞으
로 활발한 토론이 벌어졌으면 한다. 앞서 두뇌공학의 1인자인 레이 커
즈웨일Ray Kuzweil 교수는 자신의 저서《특이성이 온다: 기술이 인간을
초월하는 순간The Singularity is Near: When Humans Transcend Biology》에서 '기계의 지
능이 인간을 뛰어넘는 것'을 뜻하는 특이성에 대한 해를 펼쳤는데, 이
는 기하급수적으로 발전하는 정보기술의 미래를 뜻한다. 이번 포럼은
단지 우주뿐 아니라 정보기술도 중요하게 다루고 있다는 것을 짚고
넘어갈 필요가 있다. 우리의 당면과제는 기하급수적으로 발전하는 정
보기술을 어떻게 우주산업에 접목할 것이며, 이에 따라 우리 앞에 기
다리는 미래는 어떤 모습일까 하는 것이다. 인류는 지금과 전혀 다른
존재로 바뀌고 말까, 아니면 어떤 의미에서는 사라져버리게 될까? 어

쩌면 이와 반대로 인류가 태양계 전체로 퍼져나가는 일이 일어날지도 모른다.

화성은 태양계에서 지구와 가장 닮은 점이 많은 행성이다. 여러 가지로 지구와 비슷한 성질을 가지고 있어서 현재 미국 우주개발 프로그램의 핵심 탐사대상이 되고 있다. 우리의 희망사항은 앞으로 수십 년 안에 화성에 사람이 살도록 하는 것이다. 이는 실로 엄청난 도전이며, 이를 위해서는 지구에 있는 모든 사람이 공동목표로 협력해나가야 한다.

화성 궤도 우주선에서 보내온 사진을 보면 화성이 우리 지구와 얼마나 비슷한지 알 수 있다. 사진에 말라버린 사막이 보이는데, 사실 완전히 말라 있는 것은 아니며 물이 흐른 증거가 발견되었다. 이곳은 화성에서도 아주 흥미로운 지역으로 앞으로 수십 년 내에 이곳에 유인 기지를 건설할 수 있을 거라고 믿는 과학자들이 많다.

내가 기대하고 있는 것 중 한 가지는 미래에는 컴퓨터게임 기술과

화성은 지구 바로 옆에서 태양을 도는 지구와 가장 닮은 행성이다. 화성의 하루는 25시간이며, 인간의 생명 유지에 필요한 모든 자원이 존재할 가능성이 높다. 인류가 화성에 가게 될 날도 머지않았다.

지구와 닮은 화성

우주사업이 서로 연대하기 시작할 것이라는 점이다. 우리가 우주와 태양계로 탐험을 떠날 방법은 무엇일까? 실제로 우주선을 타고 나가기도 하겠지만, 어쩌면 가상현실을 이용해 똑같은 일을 할 수도 있을 것이다.

피트 워든(미 항공우주국 에임즈 연구소 소장)

우주탐사의 미래 비전

NASA 에임즈 연구소 소장인 워든 박사는 우리에게 세 가지 질문을 던졌다. 그중 처음 두 가지는 '유인 우주탐사활동의 결과 인류의 거주지가 지구 밖 태양계로 확대될까?' 그리고 '만약 그렇다면 그 방법은 무엇일까?'라는 것이다. 같은 맥락에서 이 두 가지 질문에 대한 나의 의견을 먼저 밝히고 다음에는 워든 박사의 마지막 질문이었던 우리의 비전을 현실로 만들기 위해서는 무엇이 필요한지 살펴보도록 하자.

    우리의 일은 우선 땅 위에서 시작될 것이다. 그리고 그 지상 작업에는 발사체를 조립하는 일이 포함될 것이다. 발사체와 거기 실릴 (위성이나 탐사선 등의) 적재물을 만들어내야 한다. 그리고 이 발사체와 적재물이 우주로 올라가는 동안이 중요한데, 우주여행 전 과정에서 직면하는 위험의 반 이상이 점화와 발사, 그리고 궤도 진입이 이루어지는 단계에 집중되어 있기 때문이다. 따라서 복잡한 위험예측 작업이 뒤따르고, 오작동 등 최악의 사태에 대비한 계획도 마련되어 있어야 한다. 발사체를 일단 지구 궤도에 올리고 나면 다른 천체로 이동하기 위해 우주 내로 진입할 방법, 즉 EDS(Earth Departure Stage, 지구탈출 로켓)가 필요하다. 그 다음, 달이나 화성 등 다른 천체로 날아가서 그 표면에 착륙해야 한다면, 그곳에 우주기지를 구축해야 하고, 임무가 끝나면 우주인들이 지구로 무사히 귀환하는 일이 남아 있다. 이때 극초음속으로 대기권에 재진입하기 위한 기술이 필요한데 매우 중요한 과정인 만큼 위험도 많이 따른다.

수퍼컴퓨팅 분야에서 일하는 사람으로 디지털 기술적 측면에서 어떤 성과가 있었는지에 대해 중점적으로 말한다면, 이제 우리가 보유한 디지털 기술 역량으로 우주탐사활동을 계획하고 지원하는 일을 담당하게 된다. 디지털 기술은 개발비용을 줄이고 개발기간을 단축하는 데 실질적인 기여를 한다. 우주탐사활동의 수행능력과 정확성, 안전성을 강화하는 역할을 하기도 한다. 정확성을 확보하기 위해서는 많은 데이터가 필요한데, 이를 활용해서 새로운 아이디어를 시험하기도 한다. 뭔가 새로운 일을 구상한다고 상상해보라. 디지털 디자인 환경에서는 실제로 뚝딱뚝딱 만들기 전에 모형을 구축해서 가상실험을 통해 성능과 정확성을 검토할 수 있다.

우주비행사나 우주여행자는 우주 공간에서 여러 가지 위험에 직면한다. 방사선에 노출될 수도 있고, 달라진 중력 상태와 밀폐된 좁은 우주선 환경에 적응해야 한다. 오랜 비행기간이 정신적으로 미치는 영

1단계: 초기 유인 우주여행 시대

주요 이슈: EVA(extravehicular activity, 우주선외 활동) 관련사항

우주 공간에서의 인간 생리학적 모델의 첫 등장: 얀 스톨위즈크(Jan A. J. Stolwijk)의
체온조절 모델

2단계: 스카이랩(실험용 우주정거장) 및 초기 스카이랩 미션 시대

주요 이슈: 미션 결과 얻어진 데이터 통합

NASA가 개인별 심혈관, 호흡기, 체온조절 및 체액과 전해질 순환 모델을 개발함

3단계: 후기 스카이랩 및 초기 국제우주정거장 미션 시대

각 신체기관이 이상증후를 보이기 전부터 상태를 파악하는 개인별 수리모델(individual
investigator-originated mathematical models of various body systems) 구축

4단계: 미래 모델

"디지털 우주비행사"

장기 우주여행 계획을 뒷받침하기 위한 생리학적 모델 필요

유인 우주여행을 위한 생리학적 모델

향도 엄청나다. 따라서 지구 귀환 후 회복 치료를 받는 것도 중요한 문
제다.

이때 디지털 기술 측면에서 할 수 있는 일은 무엇일까? 미리 디지털
우주비행사를 만들어 실험하는 것이다. 인간 신체기능 전체를 디지털
화해서 우주 공간에서 만나는 불리한 환경이 업무수행능력에 어떤 영
향을 미칠지 예측할 수 있다. 또 이런 작업을 통해 어려움을 타개할 대
비책을 개발할 수 있다. 사람은 모두 제각각이기 때문에 이런 대비책
도 몸집이 큰 사람부터 작은 사람에 이르기까지 개인별로 따로 만들
어져야 할 것이다.

그렇다면 우리가 바라는 미래는 실현될 것인가? 현재 NASA 국장인 마이클 그리핀Michael Griffin 박사는 다음과 같이 말했다. "바이킹이 처음 배를 타고 망망대해를 향해 출항했을 때 미래에 해양탐험과 해양무역이 어떻게 전개될지 아무도 상상하지 못했다. 이와 마찬가지로 우리가 시작한 이 여행이 미래 인간문명에 어떤 영향을 미치게 될지 오늘은 알 수 없다." 이제껏 우리가 해왔던 일은 앞으로 있을 끝없는 모험의 서막에 지나지 않다. 이런 때에 한국이 유인 우주탐사를 향한 첫걸음을 성큼 떼어놓는 모습을 보니 더욱 기쁘다.

곽도찬(NASA 고등수퍼컴퓨팅 응용 부문 수석연구원)

우주의 사회회와 우주관광

우주로 관광을 떠날 날이 가까워지고 있다. 우리는 로켓이나 항공우주공학에 대해서는 거의 문외한이면서도 우주사업에 몸담게 된 사람들이다. 우주에 관심이 있고, 또 그와 동시에 사람들이 꿈꾸는 생활이 무엇인지를 안다는 자격으로 이 사업에 뛰어들게 되었다. 지금까지 우리가 해온 일은 사람들의 꿈을 현실로 만들어주는 일이었고, 그것은 이제 우주사업에도 계속 적용될 것이다.

우주에 호텔을 짓는 것이 우리가 제안하는 첫 번째 사업이다. 우주호텔은 그저 첫 단계에 지나지 않는다. 하지만 이 첫걸음에서 시작해 궁극적으로 우리가 목표로 하는 것을 말하기 전에 우선 갤럭틱 스위트 우주호텔 프로젝트의 주요 쟁점부터 살펴보자. 우리는 원래 지구 위에 호텔을 디자인하는 사람들이다. 하지만 호텔이나 관광사업 모두 꿈같은 삶이란 개념과 연결되어 있다. 우주사업에 열정을 가진 분들이 뜻을 같이해서 이 프로젝트에 동참하고 있다. 하지만 갤럭틱 스위트의 토대를 이루는 것은 기술적 문제 그 이상이다. 갤럭틱 스위트의 토대는 바로 꿈이다. 단지 우리의 꿈이 아니라 우리 모두의 꿈이다. 갤럭틱 스위트 우주호텔 프로젝트를 위해 특별히 마련된 섬에 앞으로 우주관광객들과 그들의 가족을 위한 훈련설비를 갖출 계획이다. 아름다운 자연풍광 속에서 다이빙을 하거나 아름다운 경치를 즐길 수 있을 것이다. 하지만 이 섬은 결코 휴양만을 위한 곳이 아니다. 이 섬에 우주기지가 건립되면 우주관광객들이 이곳에서 16주 과정으로 신체단련과 기술이론교육을 받고, 실물크기 모형과 모의 실험장치를 통해 갤럭틱 스위트 우주호텔을 미리 경험하게 될 것이다. 한마디로 우주환경 적응훈련을 받는 곳이다.

갤럭틱 스위트 우주기지는 준궤도 우주여행의 꿈을 실현하는 첫걸음이다. 현재 준궤도여행의 꿈은 이미 이루어졌고, 앞으로는 궤도여행에 도전할 것이다. 우리의 목표는 일반에게도 우주관광이 가능해지는 미래를 만드는 것이다. 하지만 현재까지는 유인 우주선의 우주비행사가 되는 것 외에는 실제로 우주에 갈 수 있는 방법이 없다.

하지만 지금도 새로운 기술이 계속 개발되고 있고, 특히 여러 우주비행선 제조사들이 궤도여행을 위해 재사용이 가능한 우주비행선 개발을 추진하고 있는데 우리는 이 개발과정을 면밀히 주시하고 있다. 갤럭틱 스위트가 항공우주산업에 일조하는 방법이 바로 이런 것이다. 관광산업은 항공우주산업의 발전을 앞당기는 추진력이 될 것이다. 냉전시대 군비경쟁에 비하면 훨씬 훌륭한 추진력 아니겠는가? 이러한 취지에서 우리의 슬로건도 "전쟁하지 말고 관광 떠납시다Let's make tourism, not war"로 정했다. 갤럭틱 스위트 우주호텔은 우주휴양지로 개발되고 지구 궤도를 도는 안식처로 구상되었다. 우주관광객은 각자 따로 방을 쓰게 된다. 무중력 상태를 경험하고 머리 위에 떠 있는 지구를 보면서 우주 공간의 느낌을 만끽하도록 설계되었다.

이처럼 갤럭틱 스위트는 우주산업에 기반한 새로운 개념의 관광사업으로, 사람들에게 놀랍고 감동적인 경험을 제공하는 데 초점을 맞추고 현재 조직적으로 실현화 단계를 밟고 있다. 우주관광객은 우주 공간에서 지구와 다른 별들을 바라보며 우리의 세계와 그곳에 사는 우리가 얼마나 특별한 존재인지 뼈저리게 느끼는 순간을 경험하게 될 것이다. 우리의 목표는 이처럼 사람들과 우주를 가깝게 만들어주는 것이다. 갤럭틱 스위트는 사람들이 우주와 친해지는 데 한 걸음 더 나아가고자 하는 우주홍보대사라고도 할 수 있다. 인류가 우주를 알게 됨으로써 지구에서 영위하게 될 삶의 질도 나아질 것이라 굳게 믿는다. 다시 말해 지금 추진하고 있는 프로젝트는 그저 우주에 한 번 나가보는 기회를 제공하는 차원이 아니라, 인류로 하여금 우주가 가진 잠재력을 마음껏 실감하도록 돕는다는 데 그 의미가 있다.

제이비어 클라라문트(갤럭틱 스위트 우주호텔 프로젝트 대표)

아시아, 우주를 향해 날다

스페이스 코리아 프로젝트,
그 현재와 미래

한국 정부는 1996년에 우주개발진흥계획을 발표하였다. 우주기술 수준 세계 10위권 진입을 목표한 20개년 계획이었다. 한국형 우주발사체 **KSLV-I**(Korea Space Launch Vehicle-1)가 곧 발사될 예정이다. 우리나라의 목표는 여기서 끝나지 않는다. 2017년에는 KSLV-II를 발사할 예정이고, 이를 바탕으로 2025년까지 달 궤도 위성과 달 착륙 탐사선을 발사할 것이다. 우리나라가 우주개발 프로그램을 처음 시작할 때는 연간 예산이 고작 3,500만 달러에 지나지 않았지만 지금은 그 열 배인 3억 5,000만 달러에 달한다. 그리고 우주개발 프로그램에 대한 우리 정부의 지속적인 지원으로 예산은 계속 늘어나는 추세다.

이제 한국이 21세기 우주개발 동향을 어떻게 전망하고 있는지 살펴보자. 21세기는 역사상 두 번째 우주경쟁이 시작되는 시기가 될 것으

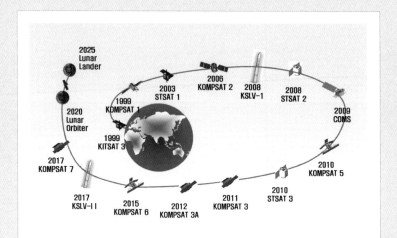

1999년 소형 인공위성 KITSAT 3(우리별3호) → 1999년 COMPSAT 1(다목적위성1
호, 또는 아리랑1호) → 2003년 STSAT 1(과학기술위성1호) → 2006년 COMPSAT 2
(다목적위성2호) → 2008년 KSLV-I(한국형우주발사체 1호) → 2008년 STSAT 2(과
학기술위성2호) → 2009년 COMS(통신해양기상위성) → 2010 COMPSAT 5(다목적
위성5호) → 2010 STSAT 3(과학기술위성3호) → 2011년 COMPSAT 3(다목적위성
3호) → 2012년 COMPSAT 3A(다목적위성 3A호) → 2015년 COMPSAT 6(다목적
위성6호) → 2017년 KSLV-II(한국형우주발사체 2호) → 2017년 COMPSAT 7(다목
적위성7호) → 2020년 달 궤도 위성 → 2025년 달 착륙 탐사선

1996년에 수립된 한국우주개발 진흥계획

로 보인다. 특히 아시아권에서 그 경쟁이 치열할 것이다. 일본과 중국,
인도 모두 달에 우주선을 보낼 계획을 하고 있다. 또한 21세기에는 우
주산업 분야에서 새로운 차원의 기술개발이 이루어지게 될 것으로 기
대한다. 그리고 이런 새로운 변화, 즉 민간 차원의 우주개발이라는 새
로운 움직임이 우주산업의 미래를 크게 바꿔놓을 것이다.

현재 한국은 자체 기술로 세 가지 위성을 개발하고 있다. 우선 2009

년에 발사 예정인 위성은 그중 통신해양기상위성$^{Communication\ Ocean\ and}$ $^{Meteorological\ Satellite}$인 COMS다. 이 위성에 세 가지 관측기기가 실리게 되는데 해상상태를 관측하는 데 이용된다. 2017년에 발사될 KSLV-II의 성공을 향한 초석을 다지는 역할을 하게 될 KSLV-1은 1.5톤 상당의 추진능력을 가진 소형 우주발사체다. KSLV-1은 현재 개발 막바지에서 시스템통합을 눈앞에 두고 있다. 현재 전라남도 외나로도가 발사기지로 확정되어 그곳에 우주센터가 건설되고 있다.

외나로도 우주센터 건설은 이미 마무리 단계에 있으며 현재 시험운영에 들어갔다. 또 우리는 한국 최초의 우주인 배출사업도 함께 진행하면서 한국인 우주인을 통해 18가지 우주실험도 무사히 완수했다. 그리고 우주정거장에 적용할 소음감소장치도 개발했다. 더 나아가 NASA의 요청에 따라 무게측정이 매우 어려운 우주 공간에서 이용할 우주 저울도 한국의 기술력으로 개발했다. 이 모든 것을 고려할 때 한국의 우주개발 프로그램은 성공적으로 진행될 것이다.

한국은 독자적인 우주기술 보유국이 되기 위해 노력하고 있다. 그리고 그 노력은 한국형 우주발사체 KSLV-II 발사로 결실을 맺게 될 것이다. 아울러 한국은 국제 협력을 통한 우주과학과 우주탐사활동에도 적극적으로 참여하고 있다. 항공우주산업을 한국의 차세대 경제성장 동력 중 하나로 성장시키는 것이 우리의 궁극적 목표다. 현재 한국 경제는 자동차와 조선, 정보기술 부문에 집중되어 있는 반면 항공우주 분야는 4억 달러 규모에 그치고 있다. 한국은 현재까지 주로 시스템 통합 부분에 치중했지만 앞으로는 우주과학과 우주탐사 그리고

1) 독자적인 우주과학기술 보유
- 2017년 KSLV-II(한국형우주발사체 2호): 1.5톤급
- 2020년 달 궤도 위성
- 2025년 달 착륙 탐사선

2) 국제 우주과학 및 우주탐사활동 참여
- 국제우주정거장(ISS)의 과학실험
- 국제 달 탐사 프로그램 참여
  · 관심 분야: 로봇공학, 정보기술, 달 현지자원 활용(In-Situ Resource Utilization; ISRU)
  · GES(Global Exploration Strategy, 국제 우주탐사 전략): KARI(Korea Aerospace Research Institute, 한국항공우주연구원) 포함 14개 항공우주국과 연대
  · INL(International Lunar Network, 국제 달 탐사 네트워크): 한국 포함 8개국과 연대 협의 중

3) 우주산업을 차세대 경제 성장 동력으로
- 전 세계 시장점유율: 자동차 5%, 조선 40%, 반도체 40%
- 우주산업은 1%에서 10%까지 성장시키는 것이 목표

2020년까지 세계 7위의 우주강국으로 등극

우주관련 응용프로그램 개발 위주로 전환하고 있다. 우주산업이 어떻게 발전해야 하는가에 대해서는 민간과 정부가 협력하는 체제로 나가야 한다고 생각한다. 우주기술 부문은 진입장벽이 높은 폐쇄적인 시장을 형성하고 있기 때문에 공공 차원의 지원이 필요하다.

백홍렬(한국항공우주연구원 원장)

일본 우주탐사에 대한 소고

우선 향후 한국의 우주개발사업에 작은 도움이라도 될까 하는 바람으로 과거 일본이 어떻게 우주개발과 탐험사업을 전개해왔는지 소개하겠다. 그리고 NASA 에임즈 연구소 워든 소장이 던진 '우리가 나아갈 곳은 어디인가'라는 질문에 대한 답에 대신하여 우주탐사에 대한 개인적 견해를 밝히고자 한다.

현재 JAXA(Japan Aerospace Exploration Agency, 일본 우주항공연구개발기구)는 일본 유일의 우주개발기구다. 2003년까지는 (현 JAXA 산하의) 우주기술 관련 세 기관이 모두 독립적으로 운영되어왔다. NASDA(National Space Development Agency, 우주개발사업단)와 NAL(National Aerospace Laboratory, 항공우주연구소), 그리고 마지막 세 번째는 내가 몸담고 있는 ISAS(Institute of Space and Astronautical Science,

우주과학연구원)가 그 세 기관이다.

이 중 NASDA는 규모 면에서 다른 두 기관보다 일곱 배나 더 컸다. 이들 기관은 5년 전에 하나로 통합되었는데 그중 ISAS는 우주항공과학 연구를 위한 대학 간 협력기관이다. 즉 관련 분야의 해외 각국 전문가들과 협력하여 여러 우주과학 프로그램들을 맡아 시행하고 있다. 우주를 향한 일본의 도전은 사실 이 ISAS에서 시작되었다. 1959년에 길이 10센티미터 정도의 펜슬로켓을 시범발사하면서 우주를 향한 첫 걸음이 시작되었다. 벌써 50년 전 이야기다. 바로 이때가 일본 우주기술 개발사업의 출발점이라고 할 수 있다.

그 후 일본은 지금까지 수많은 우주과학 프로젝트를 운영해왔다. 1990년에 일본 최초의 달탐사위성을 쏘아 올렸고, 1998년에는 화성 탐사기 노조미(희망)호를 발사했으나 안타깝게도 목표했던 화성에 도

1990년 달 탐사기 히텐 　　　1998년 화성 탐사기 노조미

2003년 소혹성 탐사선 하야부사

일본의 우주탐사활동

착하는 것은 실패했다. 그리고 2003년에 발사한 우주탐사선 하야부사(매) 호는 현재 임무를 마치고 지구로 귀환 중이다.

하야부사 호에서 전송된 왼쪽의 이미지들 중 하나는 화성과 목성 사이에서 소행성 하나에 접근했을 때 찍힌 것이고, 다른 하나는 지름이 500킬로미터밖에 되지 않는 작은 소행성 이토카와에 착륙했을 때 찍힌 것이다. 이처럼 하야부사 호는 지구에서 거의 4,800억 킬로미터 이상 떨어져 있는 아주 작은 소행성에 착륙해서 암석 채취에 성공했다. 2010년이 되면 무사히 지구로 귀환할 것으로 기대한다.

주목할 만한 것은 일본의 우주개발 프로그램의 성격이 시간이 가면서 조금씩 변했다는 점이다. 지금은 우주과학기술 발전만이 아닌 다른 목표도 함께 추구하고 있다. JAXA는 2005년에 장기 미래 비전을 내놓았다. 이는 JAXA가 (통합 우주개발 기관으로) 설립된 지 2년째를 맞아 20년 후에 우리가 해야 할 일은 어떤 성격을 띠어야 할지 고민해야 한다는 인식에 따른 결정이었다. 이에 따라 몇 가지 중요한 이슈가 비전에 포함되어 있다. 우주 자체에 대한 지식을 심화시키는 것과 인간 활동 영역을 넓히는 것 등이 그것이다.

하지만 이 비전에 새로이 포함된 목적은 이것이 전부가 아니다. 태양계 탐사활동뿐만 아니라, 달탐사를 비롯한 행성 관측에 대한 지평을 넓히자는 내용도 있었다. 그리고 우주를 사람이 살게 하는 곳으로 만들자는 목표가 2008년 4월 JAXA 행동지침에 포함되었고, 이에 따라 '달과 행성 탐사 그룹Lunar and Planetary Exploration Group'이라는 프로그램 운영기구가 새로이 발족했다. 이 기구를 통해 기존 우주과학기술의 한계를 하나둘 제거해서 미래 탐사활동에 대비하게 된다.

미국과 동유럽 나라들에 비교하면 일본의 우주개발사업은 규모 면에서 여러 가지로 불리한 조건에 있다고 할 수 있다. 무엇보다 미국 NASA에 비하면 역사가 짧고 발사 경험도 적은 데다 예산도 한정적이다. 하지만 다른 나라보다 유리한 점도 있다. 조직의 규모가 작다 보니 보다 긴밀한 협력이 이뤄질 수 있다. 또 다행히 일본은 성능이 우수한 HPC(High Performance Computing), 즉 수퍼컴퓨터에 기반한 유리한 연구 환경을 갖추고 있다. 일본은 2011년에 10페타플롭스 급 수퍼컴퓨터(1초에 10×1,000조 번의 연산이 가능한 수퍼컴퓨터의 일종)를 개발할 예정이며 JAXA는 현재 추진 중인 약 135대의 페타플롭스 급 컴퓨터 도입이 마무리되면 현재보다 세 배 정도 진전된 연산능력이 구축될 것으로 예상된다.

또한 JAXA 산하에 엔지니어링, 디지털 혁신센터인 JEDI(JAXA's Engineering Digital Innovation)가 2년 전 설립되었다. 일본이 자체 개발한 H2A 로켓 발사 장면을 담은 사진이 있다. 로켓이 발사될 때 깃털 먼지와 소음이 매우 강하게 발생하는데 이런 현상은 로켓에 탑재한 인공위성에도 영향을 미칠 수 있다. 즉 이에 대비해서 사전에 위성의 진동 테스트라든가 구조 테스트 등 갖가지 실험이 필요하다는 것을 의미한다. 만약 좀더 정밀한 예측방법이 뒷받침된다면 위성을 개발하는 데 드는 시간을 그만큼 단축할 수 있을 것이다. 우주기술 개발에 고성능컴퓨팅 기술과 정보기술이 활용되는 하나의 사례라 할 수 있다. 일본은 현재 이런 최첨단 기술을 활용해서 우주개발 문화를 바꿔가고 있다.

우주기술 개발사업이 정부 주도로 이뤄져야 하는지 아니면 민간 차원에서 이뤄져야 하는지, 또는 국제 협력이 필요한지 국가 간 경쟁체제가 맞는지 하는 점에서는 많은 논란이 있지만, 중요한 것은 이 모든 것이 어떻게 적절히 어우러지느냐가 열쇠가 될 것이다. 타협을 해야 한다는 것이 아니라 조화가 필요하다는 말이다. 그리고 "원하고, 꿈꾸고, 그리고 실행에 옮겨라"라는 말 속에 그 두 번째 열쇠가 들어 있다. 전직 NASA 에임즈 연구소 소장은 이렇게 말했다. "우주기술 개발은 삼진아웃이 아니라 일진아웃의 게임과 같다. 그러니 망설이지 말고 원하고, 꿈꾸고, 실행에 옮겨야 한다."

코조 후지(일본 우주항공연구개발기구 우주과학연구원 소장)

CHAPTER 3

Fly to the
Future

미래를 향해
날다

빛을 타고 별들을 향해 날다

코스모스 스튜디오는 항공우주회사라고 자처하지 않는다. 우리는 생각을 깨우는 사람들의 모임이다. 전 세계 많은 사람들과 소통하면서 현대 과학혁명이 일궈낸 새로운 기술로 사람들에게 감동을 주는 것, 특히 과학적인 방법으로 이룰 수 있는 것이 무궁무진하다는 신념을 심어주는 것이 우리의 목적이다. 무엇보다 우리의 역할은 인류가 우주의 중심이라고 자처하는 헛된 꿈에서 벗어나도록 치유의 기능을 하는 것이라 생각한다. 이를 위한 방법 중 하나로 우리가 마련한 획기적인 프로젝트가 있다. 바로 인류 최초로 '태양광 돛단배solar sail'를 이용한 우주비행이다.

태양 돛으로 우주를 비행하는 것은 그동안 인간에 의해 고안된 그 어떤 우주선보다도 열 배나 더 빠른 속도로 우주 공간을 누빌 수 있는 방법이다. 태양광의 압력을 이용하면 가능하다. 극도로 가벼운 우주선에 태양광을 반사하는 거대한 돛을 달면, 태양에서 방출되는 광자光子가 이 돛에 부딪히면서 우주선을 살짝 밀기만 해도 가속이 붙어서 점점 더 빠른 속도로 운항하게 된다. 이론적으로 말하자면, 미래 세대가 이 방법으로 태양계를 여행할 경우 명왕성 궤도에 도착할 때까지 광속의 10분의 1 속도를 얻게 된다. 그렇게 된다면 그 다음 세대는 광속의 2분의 1까지 가속하는 데 성공해서 광활한 우주 공간을 거의 지구 시간으로 여행하는 것도 불가능한 일만은 아니다.

이 프로젝트는 지구에서 가장 큰 우주 애호가 단체인 행성협회the Planetary Society라는 단체 덕분에 가능했다. 행성협회는 단순히 우주탐험의 미래를 믿는 사람들이 모여서 만든 국제기구가 아니라 세상에서 가장 막강한 두뇌집단 중 하나다. 우주탐사 경험과 공학기술이 한 곳에 모였다고 할 수 있으며, 협회 구성원들은 돈을 벌려는 목적이 아

어째서 태양광 돛단배인가?

- 다른 별로 가는 길 – 태양계 밖에 있는 행성에 가는 방법으로는 현재까지 알려진 유일한 기술
- 연료가 필요 없는 행성 간 항해 실현
- 태양계 관측활동 가능
- 초경량 기술

빛으로 가는 첫 항해-태양광 돛단배 미션

니라 단지 이 프로젝트에 참여하는 데 의의를 두고 기꺼이 후원하고 있다.

2000년에 코스모스 스튜디오는 충분한 기금을 조성하는 데 성공했고, 태양광 돛단배가 바렌츠 해의 러시아 잠수함에서 볼나^{Volna} 로켓에 실려 발사되기에 이르렀다. 하지만 불행히도 볼나 로켓이 대기 중에서 폭발하면서 결과적으로 우주돛단배를 시험해볼 기회를 전혀 갖지 못했다. 하지만 이 실험에서 주목해야 할 것이 있다. 고작 475만 달러라는 놀랍도록 적은 비용으로 로켓을 발사했다는 사실이다. 이것은 우주탐험 역사상 전무후무한 일이다. 코스모스 스튜디오가 이 프로젝트에 참여한 의의가 바로 여기 있다. 우리는 같은 액수의 돈으로 그동안 수없이 실험해왔듯이 과학의 역사와 우주탐사에 관한 다큐멘터리 영화를 제작할 수도 있었다. 아니면 철저하게 일회성에 그치고 말 광고활동을 할 수도 있었다. 하지만 그것은 하나마나 한 일이다. 그 대신에 우리는 우주탐사의 역사를 만드는 데 직접 참여하기로 했다. 뉴욕에서 평범한 아파트 한 채 살 돈보다도 적은 비용으로 그런 시도가 가능할 줄 누가 생각이나 했겠는가?

앞서 이야기한 것처럼 (연료 걱정 없이) 다른 별들로 여행할 실질적인 방법으로 현재까지 인류가 생각해낸 기술은 태양광 돛단배가 유일하다. 그리고 그 활용 가능성은 그야말로 우리의 상상 자체만큼이나 무한하다. 천문학자이자 나의 남편이기도 한 칼 세이건 박사가 말했듯이 "우리는 우주라는 넓은 바다의 해안가에서 너무나 오래 머뭇거렸다. 이제 돛을 펴고 별들을 향해 항해를 시작할 때다." 코스모스 스튜

"우리는 우주라는
넓은 바다의 해안가에서
너무나 오래 머뭇거렸다.
이제 돛을 펴고 별들을 향해
항해를 시작할 때다."

디오가 우주돛단배를 실현시키는 데 이토록 열광하는 이유가 또 있다. 그 옛날 우리 선조들이 돛에 지구의 바람을 잔뜩 싣고 처음으로 세계를 탐험했던 것과 같은 방법으로 우주를 여행하는 기술이기 때문이다. 지금 한창 준비 과정에 있는 코스모스2호는 태양광 돛단배를 이용한 우주비행을 처음으로 시도하는 한편, 태양광의 압력으로 속도가 증가하는 과정까지 시연하는 것을 목표로 하고 있다. 이번에는 훨씬 크고, 훨씬 강력한 추진력을 가진 좀더 믿을 수 있는 로켓을 이용해야 할 것이다. 러시아가 보유한 모든 로켓 중에서 원한다면 화성까지도 우주선을 보낼 수 있을 정도로 가장 크고 강력한 로켓으로 우주돛단배를 쏘아 올릴 것이다.

한번 상상해보라. 이 엄청난 로켓이 발사될 때, 하늘을 찌를 듯 솟아오르는 로켓 옆면에 당신이 일하는 회사나 당신이 사는 도시의 이름이 새겨진다면 어떻겠는가. 아마도 전례가 없을 정도로 엄청난 브랜딩 효과를 누릴 기회가 될 것이다. 또한 우주비행 역사에서 처음으로 시도되는 기술이다. 1920년대 러시아 우주비행의 개척자 프리드리히 찬데르Friedrich Tsander와 콘스탄틴 치올코프스키Konstantin Tsiolkovsky가 태양광의 압력과 초경량 돛을 이용하면 (그 어느 추진 기술보다) 빠른 속도로 우주선을 운항할 수 있다는 생각을 처음 해냈을 때부터 많은 과학자들이 염원해오던 일이 현실화되는 것이다.

그야말로 신화적인 기회가 아닐 수 없다. 믿을 수 없을 정도의 비용 대비 효과를 자랑하는 이 태양광 돛단배 프로젝트에 참여함으로써 인류가 우주탐험 능력에 엄청난 도약을 이루는 데 기여할 뿐 아니라 지구 위 모든 사람이 지켜보고 있을 우주돛단배 위에 당신의 이름이 새겨지게 될 것이다. 지난 2003년은 라이트 형제가 키티호크(Kitty Hwak, 미국 노스캐롤라이나 주 동북부에 있는 마을-옮긴이)에서 사상 처음으로 비행에 성공한 지 100주년이 되는 해였다. 라이트 형제가 1903년 사상 처음으로 비행한 사실을 지금이야 모르는 사람이 없지만, 당시에는 그들이 하늘을 날았다는 것을 사실로 받아들이는 사람이 없었다. 언론을 끌어들이지 못했기 때문이다. 그때 인터내셔널 헤럴드 트리뷴 지에 "비행사인가, 거짓말쟁이인가?Flyers or Liars?"라는 표제의 글이 실릴 정도였다.

그로부터 5년이 흐른 1908년에야 라이트 형제는 언론을 불러 노스캐롤라이나 주 만테오Manteo에서 공개비행에 들어갔고, 그 이후부터 비로소 사람들은 인간이 날 수 있다는 사실을 믿게 되었다. 이와 마찬가지로 이번 태양광 돛단배 발사의 경우도 인류가 과학기술을 이용해서 다시 한 번 원대한 꿈을 펼 수 있는 길이 열렸다는 사실을 비로소

세상 사람들에게 알리는 기회가 될 것이다. 더 나아가 과학기술이 가져다준 감격과 흥분으로 우리 아이들이 앞으로 열심히 공부해서 훌륭한 과학자와 기술자, 수학자와 공학자가 되겠다고 다짐하는 기회가 될 것이다.

앤 드루안(코스모스 스튜디오 최고경영자)

나는 이미 미래에 산다

로스앤젤레스 빈민가에서 자란 나는 가난하고 교육수준이 낮은 사람들에게 둘러싸여 있었지만 다행히 우리 가족은 굳은 의지로 내가 나쁜 길로 빠지지 않도록 도와주었다. 나는 이처럼 불우한 환경에서 탈출하기 위해 상상을 하고 꿈을 꾸었다. 불우한 환경에서 탈출하는 데가장 도움을 준 것은 다름 아닌 음악이었다. 어린 시절부터 나는 온갖음악을 가리지 않고 들었다. 자메이카 출신의 레게 음악가 밥 말리가부르는 화합의 노래, 스티비 원더가 부르는 사랑의 노래, 폭력을 멈추라는 메시지를 담은 힙합 그룹 퍼블릭 에너미의 노래, 밥 딜런의 사회적 의식을 일깨우는 노래, 흑인 가수로서 흑인이 억압받던 시대에 자부심을 고취한 소울 음악의 대부 제임스 브라운의 노래. '어스윈드앤파이어Earth, wind and Fire'의 행복한 노래, 나 자신을 찾는 법을 가르쳐준

'데 라 소울^{De La Soul}'의 노래. 나는 늘 이들의 노래를 들으며 자랐다. 혼자 춤추며 노래하는 것이 마냥 좋았고, 최고의 관중은 나 자신이었다.

나는 언제나 꿈을 꾸며 살아왔다. 그들의 노래를 들으며 멍하니 공상에 잠기곤 했다. 상상 속에서 공연을 하고 뮤직비디오를 제작했으며 언젠가는 음반을 제작하리라는 꿈도 꾸었다. MTV에 출연하고 음악계에서 활동하고 싶은 마음에 각종 음악 강좌와 컨퍼런스를 찾아다니며 지식을 넓혔다. 라디오에 출연하겠다는 커다란 꿈도 가지고 있었다. 라디오에 내 목소리가 울려나온다는 것은 음반매장 진열대에 내 CD가 놓여 있는 것과 마찬가지로 현실에서는 도무지 이루어질 법하지 않은 일이었다.

블랙 아이드 피즈^{Black Eyed Peas}라는 그룹을 만들어 활동을 시작했을 때, 우리는 음반업계 문턱에 발을 들여놓기 위해 수없이 많은 곡을 만들었지만 번번이 거절을 당했다. 그러나 우리는 'no'라는 대답을 받아들일 수 없었다. 음반 제작사는 아무런 의미도 없는 장황한 가사가 반복되는 단순한 노래를 원했지만 우리는 밥 말리, 데 라 소울, 어스윈드앤파이어가 부른 것과 같은 노래를 만들고 있었다. 음반 제작사는 우리가 라디오에 출연해도 성공하지 못할 것이라고 장담했다. 처음에는 그런 말에 상처를 받고 가슴이 아팠지만 그래도 'no'라는 대답을 받아들일 수는 없었다. 그래서 사람들에게 직접 다가가는 방법을 선택했다. 1995년부터 1997년까지 캘리포니아 주의 대학가를 돌며 우리 노래를 선보였다.

마침내 1998년 블랙 아이드 피즈는 인터스코프 사와 음반계약을 체결했다. 우리는 음반을 내게 되면 반드시 세상에 보탬이 되는 노래를 만들자고 스스로에게 다짐했다. 1998년 첫 번째 음반 〈비하인드 더 프론트 ^{Behind the Front}〉가 나왔고, 2000년에는 〈브릿징 더 갭스^{Bridging the Gaps}〉라는 제목으로 두 번째 음반이 발표되었다. 우리는 세상 꼭대기에 올라선 기분을 맛보았다. 그런데 두 번째 음반이 나온 해인 2000년에 음악 파일 공유 서비스인 냅스터^{Napster}가 등장했다. 우리에게 호응을 보냈던 대학생들, 우리가 음반계약을 맺는 데 도움을 준 바로 그 대학생들이 냅스터를 쓰고 있었다.

두 번째 음반은 8개월 동안 음반 회사들 사이에서만 유통되다가 끝났다. 우리는 다시 출발점으로 돌아가 새 음반 작업에 착수했다. 그 당시 계약해지를 당한 그룹이 많았는데, 우리는 〈엘리펑크^{Elephunk}〉라는 음반을 제작할 수 있었으니 운이 좋은 편이었다. 원래는 첫 번째와 두 번째 음반보다 더 의미 있는 노래를 만들어 색다른 시도를 하고 싶었으나 단순한 곡을 쓰라는 음반 제작사의 요구에 설복당하고 말았다. 〈엘리펑크〉를 제작하는 동안 9·11 사태가 터졌다. 이전과는 완전히 다른 곳으로 변한 세상에서 사람들은 저마다 질문을 던지고 있었다. 우리는 진심으로 시대를 성찰하고 싶었고, 인터넷에서 우리 음악을 무료로 다운로드하는 청소년들을 공동체로 엮고 싶었다. 그래서 블랙아이드피즈닷컴이라는 사이트를 열어 인터넷 공동체를 만들었다. 또 우리는 9·11 사태에서 영감을 얻어 'Where is the Love?'라는 곡을 만들었다.

〈엘리펑크〉가 성공을 거두자 음반업계는 본색을 드러냈다. 여러분도 알겠지만 음반 판매고가 1천만 장을 돌파하면 모든 것이 바뀐다. 투어가 바뀌고 계약이 바뀌고 언론 보도가 바뀌고, 삶이 바뀐다. 하지만 이때 현명하게 처신하고 감정을 잘 다스려서 음악까지 바뀌는 일이 없도록 해야 한다. 우리는 상상력만큼은 바꾸지 말자고 스스로에게 다짐했다.

다음 음반에 〈멍키 비즈니스Monkey Business〉라는 제목을 붙였다. 이제 히트곡이 있는 그룹으로서 나는 〈멍키 비즈니스〉를 제작하는 내내 초조한 심정으로 지켜보았다. 하지만 'Where is the Love?'가 히트곡이 되리라고는 생각지도 못했다. 그저 의미 있는 노래를 만들고 싶었을 뿐이다. 〈멍키 비즈니스〉 음반 작업은 런던에 있는 스튜디오에서 이루어졌는데 모든 곡을 직접 작곡하고 프로듀서 역할까지 담당했기 때문에 상당한 중압감을 느꼈다.

회계사가 음악을 평가하거나
사업가가 음악을 평가하는 일은
바람직하지 않다.
음악은 대중이 평가하는 것이다.

완성된 음반을 넘기자 음반 제작사에서는 〈엘리펑크〉를 넘겼을 때와 마찬가지로 "이건 히트할 만한 게 못 됩니다"라고 이야기했다.

'Where is the Love?'를 들려주었을 때도 그들은 "히트하지 못할 겁니다"라고 말했다. 'Let's Get it Started'를 내놓았을 때는 "특별히 우수한 곡은 아니군요"라고 했다. 사실 회계사가 음악을 평가하거나 사업가가 음악을 평가하는 일은 바람직하지 않다. 음악은 대중이 평가하는 것이다. 우리는 매일 밤 클럽에 가서 사람들이 무슨 음악을 듣는지 알아보기로 했고, 그렇게 해서 나온 곡이 'My Humps'다. 모든 소녀들이 비슷한 노래에 맞춰 춤을 추고 있었기 때문이었다. 하지만 우리는 단순한 노래를 만들 경우 의미 있는 노래와 함께 내놓아 균형을 맞추자고 스스로에게 약속한 바 있었다. 'My Humps'는 의미 없는 곡은 아니었지만 단순했기 때문에 'Union'이라는 곡으로 단순한 느낌을 상쇄했다. 〈멍키 비즈니스〉는 1,200만 장, 〈엘리펑크〉는 1,000만 장이 팔렸다. 5년 동안 2,200만 장의 음반을 판매한 셈이다.

우리는 월드 투어 기간에 우리의 보컬인 퍼기의 음반을 녹음하기 시작했다. 나는 마이클 잭슨 25주년 기념음반과 존 레전드의 음반, 미국 팝그룹 엔싱크의 보컬 저스틴 팀버레이크의 음반 제작을 동시에 진행했다. 그 후로도 퍼기의 음반 녹음은 우리가 맡았다. 독특하고 관능적이고 강한 이미지를 유지해 수많은 소녀들이 퍼기를 동경하도록 만들고 싶었다.

퍼기는 자기가 소녀 시절에 보고 싶어했던 이상적인 가수가 되겠다는 꿈을 가지고 있었다. 그녀는 자기가 이루고 싶은 꿈을 나에게 모두 털어놓았고, 나는 그녀의 꿈을 스튜디오에서 실현하게 해주려고 최선을 다했다. 그녀의 노래를 기획하고 작곡하는 데도 도움을 주었다. 음반 작업을 끝내고 나서 어린 청취자들에게 의견을 들었다. 퍼기의 음악을 듣는 소녀들은 음악을 통해 자신들의 이야기를 해준다는 느낌을 받는 듯했다. 음악은 만국 공통의 언어다. 미국인이 좋아하는 댄스 음악이 한국, 중국, 프랑스에도 전해질 수 있다. 음악에는 실로 강력한 힘이 있기 때문에 음악을 만드는 사람은 책임감을 가져야 한다. 언제나 청소년들이 듣고 있다고 생각해야 한다.

퍼기를 위해 '퍼걸리셔스Fergalicious'라는 곡을 만들었다. 여가수의 노래를 만들기 위해서는 여자의 입장에서 생각해야 하기 때문에 내가 이런 노래를 작곡했다는 것 자체가 신기한 일이다. '퍼걸리셔스'는 재미있는 곡이지만 한편으로는 소녀들을 향해 난잡한 행동을 하지 말라는 이야기를 하고 있었다. 나는 재미있는 노래를 통해 메시지를 전하고 싶었다. 노래가 설교가 되면 곤란하겠지만 유익한 내용을 담을 필요는 있다. 자라나는 소녀들에게는 그들이 존경할 수 있는 퍼기와 같은 인물이 필요하다. 퍼기는 인기를 끌고 싶다고 해서 이 사람 저 사람과 동침하고 섹스를 하는 것은 좋지 않다고 소녀들을 향해 이야기했다. 다시 이야기하지만 이처럼 인기 있는 그룹은 팬들에게 책임 있는 모습을 보이는 것이 중요하다.

퍼기의 노래 가운데 무려 네 곡이 차트 1위에 오르는 히트를 기록했다. 하지만 '해적질'(저작권 침해) 때문에 음반 판매고는 600만 장에 그쳤다. 블랙 아이드 피즈는 1위 히트곡이 그 정도로 많지 않기 때문에 해적질이 음반 판매에 미친 영향을 정확히 가늠하기는 어렵다. 그러나 해적질을 하는 사람들은 우리의 팬이자 홍보 대리인이다. 팬들이 우리의 음반을 구입하면 당연히 좋겠지만, 그들이 음악을 다운로드해서 들은 후 우리의 콘서트에 온다면 그것도 괜찮은 일이다. 우리는 팬들이 와서 음악을 들을 수 있는 사이트인 블랙아이드피즈닷컴을 운영하고 있다. 음악을 만드는 이유도 결국 팬에게 들려주기 위해서다. 클럽에서 틀어놓기 좋은 노래도 만들고, 세상의 추한 모습을 볼 때 드는 생각을 담은 노래도 만든다.

2008년 나는 버락 오바마에게 감명을 받고 'Yes We Can'이라는 노래를 만들었다. 친구인 프레드 골드링 변호사가 오래전부터 오바마를 위해 뭔가 하라고 권했지만 아직 마음을 정하지 못하고 있는 상태였다. 프레드의 의견은 'I Got it from My Mama'라는 나의 노래를 'I'm Voting for Obama'로 바꿔 부르라는 것이었다. 그러나 뉴햄프셔에서 오바마의 연설을 보고 난 후 상황은 바뀌었다. 나는 프레드에게 전화를 걸어 "버락 오바마의 연설을 민주당 사람들만 듣게 해서는 안 되겠어"라고 말했다. 나는 사람들의 감성을 자극해 다른 각도에서 세상을 바라보게 하는 노래가 필요하다고 이야기했다. 오바마가 나에게 해준 일도 그것이었으니까. 공화당원들도 그의 연설을 듣고 느낄 수 있어야 한다고 생각했다. 투표장에 가서 오바마에게 표를 던지지는 않더라도 그의 말에 감명을 받을 수는 있지 않겠는가.

나는 오바마의 연설을 노래로 만들었다. 단순히 그의 연설에 멜로디를 붙였을 뿐이다. 완성된 곡을 들려주자 음반 제작사 사람들은 "멋지군요"라고 시큰둥하게 이야기했다. 'Where is the Love?'와 'Let's Get it Started'를 처음 들려주었을 때 그 곡이 히트하지 못할 것이라고 했을 때와 똑같은 말투였다. 우리 음반 제작사는 괜찮은 회사지만 요즘 대다수 음반 제작사가 그렇듯 사회 참여에는 무관심하다. 그러나 나는 미래에 살고 있는 사람인만큼 커넥티비티connectivity가 무엇이며 모바일과 인터넷이 어떤 힘을 발휘하는지 잘 알고 있다. 그래서 그 노래를 인터넷에 올렸다. 불과 나흘 만에 500만 명이 접속해 노래를 들었고 일주일이 지나자 접속자가 2,000만 명을 돌파했다.

이러한 반응을 통해 나는 더 이상 CD가 음악의 전부가 아니라는 사실을 깨닫게 되었다. 음악은 상상력을 자극하는 체험이다. 음악에는 사람들의 상상력을 자극할 책무가 있다. 음악을 들을 때는 세상을 다른 시각에서 보게 된다. 고개를 갸우뚱하면서 세상에서 벌어지는 일의 진실을 알려고 하거나, 영감을 얻어 자신의 능력을 최대로 발휘하게 만드는 것도 음악의 힘이다. 따라서 작곡을 할 때는 미래를 생각하고 적극 동참해야 하며 휴대전화와 컴퓨터로 할 수 있는 일까지 고려해야 한다. 이는 'Yes We Can'을 통해 입증된 사실이다. 'Yes We Can'은 전통적인 음악과 다른 형식으로 코러스도 없이 멜로디를 입힌 연설에 기타 반주를 곁들인 곡이다. 수많은 사람들이 인터넷에서 이 곡을 널리 퍼뜨렸다. 'Yes We Can'의 힘은 사람들의 손끝에서 나왔다고 할 수 있다.

뮤지션들이 기술을 잘만 활용한다면 예전에 음반업계가 하던 역할보다 훨씬 많은 일을 할 수 있다. 음반 제작사의 역사는 고작 85년이다. 연세가 83세인 우리 할머니가 젊었을 때는 음반매장이라는 것도 존재하지 않았다. 오늘날 우리에게는 휴대전화와 컴퓨터가 있고, 작곡가와 컴퓨터광은 툴을 만들고 소프트웨어를 개발한다. 내가 소프트웨어에 코드를 입력하면 멜로디와 리듬, 운율이 척척 만들어진다. 정말 아름다운 경험이 아닐 수 없다.

윌 아이 엠(힙합그룹 블랙 아이드 피즈의 프로듀서 겸 리드보컬)

Yes We Can!
-윌 아이 엠 특별 인터뷰-

Q 당신이 세상을 변화시킬 때 어떻게 알 수 있는가?

A 그냥 느낌으로 알 수 있다. 반드시 'Yes We Can'이나 'Where is the Love?' 같이 노골적인 노래일 필요는 없다. 가령 블랙아이드피즈닷컴에서 팬이 어떤 문제에 관한 내 의견을 묻는다고 했을 때, 그때 내가 하는 대답이 팬들의 마음을 움직이면 그것이 변화다. 내가 자랑스럽게 생각하는 것을 글로 쓰는 것처럼 간단한 일로도 변화를 일으킬 수 있고, 악기를 활용해서 변화를 일으킬 수도 있다. 그저 내 직감을 따르기만 하면 된다. 직감은 내 안에서 변화가 일어났는지 여부를 알려주는 지표다.

Q 해적질(저작권 침해)을 어떻게 생각하는가? 지금 우리는 디지털의 본질이 결국 승리를 거두려는 역사적인 시점에 와 있다. 사람들이 당신의 음악을 무단으로 다운로드하고, 당신의 음악을 다른 곳에 사용하거나, 변형할 때 어떤 기분이 드는가?

A 해적질은 부정적인 용어다. 오히려 해적질을 하는 사람을 홍보대리인이나 새로운 유통업자라고 부르고 싶다. 내가 스페인의 왕이라면 그들은 신대륙을 찾아나서는 나의 크리스토퍼 콜럼버스다. '해적'들은 내가 만든 음악을 인터넷에 널리 퍼뜨려준다. 유일한 문제는 수익 모델이다. 아직 새로운 수익구조가 만들어지지 않았지만, 앞으로 수익을 올릴 가능성은 분명히 있다. 그런 가능성이 실현되기도 전에 무턱대고 새로운 모델을 거부해서는 안 된다. 오히려 해적질을 포용하고 장려하며 인터넷 다운로드를 위한 콘텐츠를 특별히 제작할 필요가 있다. 해적질을 하는 사람들

이 정말로 해로운 존재라면 'Yes We Can'은 이토록 유명한 노래가 되지 못했을 것이다. 'Yes We Can'은 해적질 덕분에 널리 알려졌다. 노래를 퍼뜨리고 공유하고 다운로드한 사람들의 작은 행동이 모여 결국 선거판에 변화를 일으켰다.

Q 한국 음악이 세계 시장에서 성공할 수 있다고 보는가? 아울러 한국 연예산업에 관한 견해를 부탁한다.

A 한국 방문은 이번이 네 번째다. 이곳에 올 때마다 한국 관객을 위해 공연하며 무척 즐거운 시간을 보냈다. 2만 명에서 3만 명 정도가 모인 대형 콘서트였다. 한국 음악에는 마약과 같은 중독성이 있다. 다만 한국 음악이 다른 나라에서도 빛을 발하도록 하는 것이 과제라고 생각한다. 특히 한국가수 비는 굉장하다. 비는 한국에서뿐 아니라 미국에서도 대단한 존재가 될 수 있다. 미국 가수들이 한국에서 대성공을 거두는데 한국 가수라고 해서 미국에서 성공하지 못한다는 법은 없다. 블랙 아이드 피즈가 브라질에서 성공하지 못할 이유가 있는가? 비가 브라질에서 대성공을 거두지 못할 이유가 있는가? 한국인 아티스트를 세계적인 존재로 키워낸다면 참으로 멋질 것이다.

Q 당신은 평화를 이야기하지만 어떤 가수들은 차별과 폭력을 노래한다. 음악을 하는 사람들이 어떤 메시지를 전해야 한다고 생각하는가?

A 음악가에게 제약을 가해서는 안 된다. 특정한 주제에 관해서만 곡을 써야 한다는 법은 없지 않는가. 음악가는 자기가 느끼는 바

를 음악으로 표현하면 된다. 내가 평화에 관한 노래를 작곡하는 이유는 내가 평화의 힘을 믿기 때문이다. 그러나 내가 옳다고 믿는 바를 다른 예술가에게 강요할 수는 없다. 강요에 의한 예술은 더 이상 예술이 아니다. 나는 평화에 관한 노래를 좋아하고 비틀즈를 좋아하지만 다른 시각에서 만들어진 노래를 즐겨 듣기도 한다. 다른 시각에서 만들어진 노래가 있기에 평화에 관한 노래가 더욱 아름다워지지 않는가.

Q 당신은 당신의 노래가 보편적인 평화의 메시지를 전한다고 이야기하고 있다. 하지만 내가 당신의 노래를 들어보면 성적인 이야기를 하고 있다는 느낌을 받는다. 당신은 의미 있는 노래로 사람들에게 영감을 주어야 한다고 강조했는데, 만약 노래를 듣는 사람이 진짜 의미를 알아차리지 못하고 성적인 암시에만 주목한다면 무슨 의미가 있겠는가?

A 우리는 항상 노래에 의미 있는 내용을 담고 싶었다. 그러나 클럽에 가보면 모든 소녀들이 성적인 내용이 들어간 음악만 듣고 있다. 우리는 그런 노래를 만들되 메시지를 포함시킴으로써 긍정적인 메시지를 전할 수 있다고 생각한다. 가령 "쳐다보기만 하고 만지지는 마세요"라든가 "나는 값싼 여자가 아니에요"라는 메시지를 넣는 것이다. 병에 걸린 사람을 치료하기 위해 일부러 증세를 심하게 만드는 것과 같은 원리다. 박테리아의 일종인 페니실린을 주사하면 다음에 그 병에 걸릴 확률이 낮아진다. 음악에서도 마찬가지다. "성적인 노래를 부르지 않겠습니다"라는 말로

는 현실의 문제를 해결할 수 없기 때문에, 성에 관한 노래를 만들어 듣는 사람을 계몽하자는 것이다. 바로 그것이 우리가 'My Humps'라는 노래를 만든 이유였다.

Q 'Yes We Can'의 뮤직비디오 제작을 위해 만들어진 사이트 딥다이브^{Dipdive}를 통해 당신이 하려는 일은 무엇인가?

A 딥다이브는 음반 제작사의 사망선고에 대한 내 나름의 해결책이다. 우선은 내가 공식 발표한 노래를 모아놓는 사이트를 갖고 싶었다. 나의 모든 노래는 딥다이브에서 들을 수 있으며, 인터넷에서 활동하는 다른 가수들도 자기 노래를 이곳에 올릴 수 있다. 우리는 미래의 예술가상을 정립하는 데 기여하고 싶다. 인터넷에서 미래의 마이클 잭슨을 만들어내는 것이 나의 소망이다. 마이클 잭슨이 음반 제작사들이 기획하고 만들어낸 스타였다면, 오늘날에는 인터넷이나 휴대전화가 제2의 마이클 잭슨을 탄생시킬 수 있지 않겠는가?

제2의 마이클 잭슨은 멀티미디어형 예술가일 것이다. 짧은 소품곡을 만들고, 입소문으로 인기를 끌고, 작곡을 하고 뮤직비디오를 제작하지만 15곡의 노래가 담긴 음반을 발표하는 대신 한 달에 30개의 콘텐츠를 생산할 것이다. 모든 소셜 네트워크에서 10초 간격, 3분 간격으로 콘텐츠가 폭발적으로 쏟아져 나오고 사람들은 콘텐츠 중심지로 모여들 것이다. 콘텐츠 제작자는 광고료나 구독료 등의 방법으로 수입을 거둬들일 것이다. 딥다이브가 하고자 하는 일도 이런 것이다. 딥다이브는 팬에게도 권한을 부여한다. 휴대전화를 손에 들고 우리 콘서트에 온 팬이 딥다이브에 콘텐츠를 올리면 그는 우리의 노래를 전파하는 유통업자가 되는 셈이다.

Q 토머스 에디슨은 천재가 99퍼센트의 노력과 1퍼센트의 영감으로 이루어진다고 말했다. 천재가 되려면 상상력이 중요하다는 의미가 담겨 있는 말이라 생각한다. 당신은 상상력을 어떻게 정의하는가?

A 나에게 상상력은 탈출구인 동시에 현실이다. 상상력은 비정상적인 사회 속에서 살아가는 우리로 하여금 정상적인 세계를 그려 볼 수 있도록 하는 힘이다. 더 나은 세상을 상상하는 것은 우리에게 유일한 선택이다. 상상력은 건강에 좋은 약이다. 상상력은 곧 미래다. 상상력이 없다면 모든 것이 어제와 똑같아 보일 것이므로 결과적으로 과거에 얽매여 살아가게 된다. 우리가 여기 모인 이유도 상상력 때문이 아니겠는가.

미리 가본 2020년

나는 진화생물학자다. 그래서 나는 늘 뒤를 돌아보며 산다. 우리가 과연 어떤 진화의 역사를 거쳐 여기까지 온 것인가를 관찰하고 분석한다. 과거를 연구하는 사람이 과연 미래를 내다볼 수 있을까 고민하는 나에게 비전에 대한 마일즈 먼로^{Myles Munroe}의 정의가 큰 힘이 되었다. 영어의 운을 절묘하게 활용한 구절이라 일단 원어 그대로 적기로 한다. 그에 따르면 비전^{vision}이란 "Foresight with insight based hindsight"란다. 이미 벌어진 일들로부터 얻은 지혜를 바탕으로 통찰력을 기르면 선견지명을 얻을 수 있다는 말이다. 어차피 미래란 어느 순간 아무런 근거 없이 창조되는 것이 아니다. 미래는 어디까지나 '과거의 관성^{inertia of the past}'으로 일어나는 것인 만큼 과거에 대한 명확한 분석과 판단은 미래를 예견하는 데 더할 수 없이 중요한 요소다. 과거를 돌아보는 일이 그동안 우리가 많이 해오던 벤치마킹^{benchmarking}이라면 미래를 예견하는 일은 세계적인 경영 컨설턴트 톰 피터스^{Tom Peters}

가 말하는 퓨처마킹^{future marking}이다. 영국의 문학가 에드먼드 고스 경 ^{Sir} ^{Edmund Gosse}은 "과거는 장례식처럼 지나가고 미래는 불청객처럼 온다" 고 했지만, 나는 "미래를 알고 싶다면 과거를 살펴보라"는 명심보감 의 말씀에 더 공감한다.

나는 지금 이미 시작되었고 적어도 2020년까지 확연하게 이어질 사회문화 트렌드에 입각하여 우리 시대를 다음과 같이 규정한다. 이 것이 내가 보는 2010년대의 모습이다.

- 기후변화의 시대^{The age of climate change}
- 자원고갈의 시대^{The age of resource depletion}
- 고령화의 시대^{The age of ageing}
- 창의와 혁신의 시대^{The age of creativity and innovation}
- 여성의 시대^{The age of women}
- 혼화^{混和}의 시대^{The age of mixing}

이 중에서 '여성의 시대'와 '혼화의 시대'는 서울디지털포럼 2008 이 채택한 주제와는 연관성이 그리 크지 않아 여기에서는 구체적으로 다루지 않기로 하고 나머지 네 트렌드와 관련하여 발표자들의 논의를 정리하고자 한다.

하나. 기후변화와 자원고갈의 시대

기후변화는 사실 세계적으로 대단히 중요한 화두가 된 지 오래이지만 우리나라에서는 온실가스 감축의무를 회피하려는 정부의 소극적인 대응 때문에 사회적인 주목을 받지 못했다. 그러다가 2007년 전 미국 부통령 앨 고어와 '기후변화에 관한 정부 간 패널[IPCC]'이 노벨평화상을 수상한 이후 최대 이슈로 급부상했다.

게다가 2008년 8월 15일 광복절과 정부수립 60주년 기념 경축사에서 이명박 대통령이 '저탄소 녹색성장'을 국가 비전으로 발표하면서 갑자기 정부 모든 부처와 기업들이 분주하게 움직이기 시작했다. 이명박 대통령은 우리 시대를 다음과 같이 정의했다. "지금 우리는 문명의 변화를 보고 있습니다. 세계는 농업혁명, 산업혁명, 정보혁명을 거쳐 환경혁명의 시대로 접어들고 있습니다. 나무와 석탄과 석유의 시대를 지나 새로운 에너지의 시대가 열리고 있습니다." 세계 경제가 빠른 속도로 탄소경제 체제로 변해가고 있는 시점에서 우리 정부의 이같은 국정 방향 설정은 매우 적절한 시도라고 생각한다. 다만 전체적인 흐름은 여전히 20세기 스타일의 경제개발 중심의 정책 기조를 유지한 채 색깔만 녹색인 기술을 개발하기 위해 예전보다 많은 예산을 투입하겠다는 의도라면 진정한 의미의 21세기형 미래 설정이라고 보기 어렵다. 속까지 확실하게 녹색으로 바뀔 수 있도록 근본적인 정책 변환이 필요하다.

나는 요즘 "아주 불편한 진실과 조금 불편한 삶"이라는 제목의 강연을 자주 한다. 기후변화에 관한 진실은 앨 고어가 말하는 것보다 훨씬 더 불편해 보인다. 그 불편한 진실에 대응하는 길에는 단순히 기술을 개발하는 것뿐 아니라 우리 삶 자체를 녹색으로 바꾸려는 노력이 수반되어야 한다. 사회, 문화, 경제 모든 면에서 환경과 삶의 질을 최우선으로 하는 국가 이념을 세우고 우리 삶의 방식을 획기적으로 변화시켜야 한다.

기후변화와 상당 부분 맞물려 돌아가는 문제가 바로 자원고갈의 심각성이다. 이른바 BRICs(브라질Brazil, 러시아Russia, 인도India, 중국China을 일컫는데 최근에는 인도네시아Indonesia까지 합류하여 BRIICs라 불리기도 한다)라고 불리는 신흥 경제대국들이 지금 선진국 대열로 발돋움하기 위해 제2의 산업혁명을 일으키고 있다. 세계 인구의 3분의 1이 훌쩍 넘는 엄청난 인구를 갖고 있는 이들이 마치 블랙홀처럼 세계의 자원을 빨아들이고 있다. 나는 식량Food, 에너지Energy, 그리고 물Water이 21세기에 가장 부족해질 자원이라고 생각한다. 흥미롭게도 이 세 영어 단어의 첫 글자들을 따서 모으면 '거의 없다' 또는 '부족하다'라는 뜻의 영어 단어인 FEW가 된다. 나는 이 세 자원에 대한 철저한 분석 없이는 21세기 세계 경제를 이해하기 어려울 것이라고 생각한다.

지금 현재 우리 인류가 사용하는 경작지의 총면적은 남미 대륙의 면적과 맞먹는다. 우리는 이미 지구상에서 경작 가능한 땅의 80퍼센트를 활용하고 있다는 뜻이다. 인구는 여전히 기하급수적으로 증가하고 있는데 경작지로 늘릴 수 있는 땅은 더 이상 남아 있지 않다. 이처럼 심각한 경작지 부족을 해결하기 위한 대책으로 딕슨 데포미어는 고층건물을 사용하는 수직농업을 제안한다. 동양의 계단식 논에서 아이디어를 얻었다는 그는 고층수직농업이 물 부족과 오염의 주범인 농업용수의 문제를 해결해줄 뿐 아니라 화학비료와 살충제의 사용도 획기적으로 줄일 수 있다고 주장한다. 현재 미국 뉴욕과 한창 건설 중인 한국의 국제신도시 송도가 그의 제안을 신중하게 고려하고 있다. 식량위기의 근본적인 문제는 작물 다양성의 감소다. 이에 대해 캐리 파울러는 노르웨이 스발바르 제도에 국제 종자 저장고를 세우는 등 상당한 준비작업에 착수했다는 희망적인 소식을 전한다. 화석 에너지 고갈에 대한 대책으로 조르비욘 라스무센은 풍력 에너지 개발을 촉구하고 이케다 가나메는 핵융합 에너지 연구에 힘을 쏟으라고 권한다. "안전한 물의 다량 확보야말로 오늘날 전 인류가 해결해야 할 가장 시급한 문제 중의 하나"라는 반기문 유엔 사무총장의 호소에 한국의 두산중공업은 오래전부터 바닷물의 담수화 공정 개발에 투자하여 현재 세계 최고 수준의 기술을 확보하고 있다.

《부의 미래》에서 앨빈 토플러가 지적한 대로 100마일로 달리는 기업에 비해 정부의 발걸음은 답답할 정도로 느리다. 그래도 우리 정부에서 기후변화와 자원고갈의 시대에 대한 준비를 가장 먼저 착실하게 시작한 행정부처는 역시 환경부다. 환경부는 2004년부터 10년 목표로 국가장기생태연구사업을 벌이고 있다. 기후변화에 따른 우리 생태계의 변화를 읽어내려면 먼저 현재 어떤 상황에 있는지를 파악할 필요가 있다는 인식에서 시작된 전국 규모의 생태계 모니터링 사업이다. 사업의 거의 중간 지점에 와 있는 지금 2004년 사업을 시작할 때 확보해놓은 전체 예산의 5분의 1도 채 집행하지 못하고 있는 현실은 상당히 아쉽지만 이 사업을 통해 축적될 우리나라 생태 데이터는 앞으로 우리 정부가 '저탄소 녹색성장'의 방향을 잡아가는 데 결정적인 자료를 제공할 것이다. 환경부는 또한 2007년에 개관한 국립생물자원관에 이어 2012년 완공을 목표로 충청남도 서천군에 국립생태원을 건립하고 있다. 국립생태원에 세워질 '미래생태연구소Research Institute of Future Ecology'는 우리나라 최초의 생태학 연구소로서 기후변화에 따른 우리 생태계의 변화를 실험적으로 검증하고 분석할 수 있는 국제 수준의 연구기관이 될 것이다. 그런가 하면 민간단체인 환경재단은 2008년 2월 22일 세계 최초로 '기후변화센터'를 설립하여 앞으로 기후변화에 관한 세계 각국의 모든 자료들을 수집하고 분석하여 기후변화와 자원고갈 시대의 세계 경제 및 문화를 선도할 기관이 되겠다는 야심 찬 기획을 하고 있다.

둘. 고령화의 시대

개인적으로 나는 노화와 고령사회화 문제를 고민하다 미래연구 분야에 발을 들여놓기 시작했다. 나는 2005년 《당신의 인생을 이모작하라 – 생물학자가 진단하는 2020년 초고령 사회》라는 제목의 책을 출간하며 2020년 대한민국을 강타할 '연진agequake'에 대해 경종을 울렸다. 당시 통계청은 2020년이 되면 우리나라에는 65세 이상 노인들이 15세 미만 어린이들보다 많아지며 역사상 처음으로 인구 자체가 줄어들기 시작한다고 발표했다. 세계 최저 수준의 출산율과 급속도로 늘고 있는 평균 수명 때문에 대한민국은 지금 세계에서 가장 빠른 속도로 고령화하고 있다. 실제로 우리나라는 2006년에 이어 2008년에도 도시국가인 홍콩을 제외한 세계 모든 국가들 중에서 가장 낮은 출산율을 기록했다. 저출산·고령화의 문제는 이 책 중 의학 관련 논의에서 간접적으로 언급되는 수준에 그치고 있지만 다른 모든 미래 구상의 저변에 깔려 있는 심각한 사회 변화다. 새로운 기술의 개발, 환경 변화, 우주 진출 등으로 구현될 미래 사회에서 생산과 소비 모두에 근본적인 동인으로 작용할 것이 분명하기 때문이다. 경제발전의 후발주자인 우리나라는 무슨 문제든 부닥치면 우선 선진국의 사례들을 벤치마킹하는 일부터 해왔다. 하지만 고령화의 문제만큼은 벤치마킹이 불가능하다. 대한민국이 가장 빠른 속도로 고령화하고 있고 가장 먼저 고령화의 늪으로 곤두박질 칠 것이기 때문이다. 고령화는 세계에서 우리가 가장 먼저 퓨처마킹하고 다른 나라들이 우리를 벤치마킹하게 될 것이다.

오브레이 드 그레이가 지적하는 대로 노화는 우리 모두 예외 없이 걸린 질병이다. 노화는 중년의 어느 날 팔을 멀찌감치 뻗어야 비로소 글자가 보이는 순간부터 시작되는 현상이 아니다. 인간은 사춘기 직전부터 늙기 시작하는 이상한 동물이다. 오브레이 드 그레이는 인간의 최대 수명이 지금의 120세보다 30년 연장되어 150세가 되는 과정이 고비일 것이라고 진단한다. 일단 이 첫 관문을 해결하면 므두셀라의 969년 기록을 깨는 것은 오히려 간단할 것이란다. 그는 마치 자동차의 부속을 갈아 끼우는 형식의 공학적 접근이 머지않아 생명 연장을 현실의 세계로 불러들일 것이라고 예측한다. 《인간은 왜 늙는가》(2005)의 저자 스티븐 어스태드도 조만간 노화학자들이 노화를 늦추거나 멈출 수 있는 약물을 개발하여 2150년 이전에 150년을 사는 인간이 나타날 것이라는 사뭇 용감한 예언을 내놓았다. 2150년 이전에 150세가 되려면 그 사람이 이미 태어나 우리와 함께 살고 있어야 한다는 점에서 이 예언은 대단히 파격적이다.

인간 수명의 연장에 또 다른 기대감을 제공하는 분야가 바로 재생의학이다. 배아줄기세포의 전능성totipotency을 이용하여 우리 몸을 끊임없이 재생시켜 생명의 불멸을 가능하게 할 수 있다는 것이다. 하버드 대학은 최근 '발생 – 재생생물학과Department of Developmental and Regenerative Biology'를 신설하고 이 분야에 관한 본격적인 연구에 착수했다. 자르고 또 잘라도 돋아나는 도마뱀의 꼬리에 대한 부러움과 아무리 죽이고 도려내도 어디선가 또 자라나는 암세포에 대한 두려움 모두를 아우르는 비밀을 찾는 것이 바로 재생생물학 연구다. 서울대학교 이병천 교수의 연구진도 개 복제 연구에서 지속적인 성과를 올리고 있다.

셋. 창의와 혁신의 시대

2006년 3월 12일 시사주간지 〈타임〉은 특집기사에서 우리가 인류 역사상 가장 대단한 창의와 혁신의 시대에 살고 있다고 주장했다. 인류 역사상 창의와 혁신을 필요로 하지 않은 시기가 언제 있었으랴 싶지만 지금만큼 대단한 시기는 일찍이 없었다는 주장이다. 이제까지 혁신은 극소수의 천재 또는 지도자에 의해서만 가능했다. 그러나 이제는 그 주체가 극소수에서 엄청난 다수로 넘어갔다는 것이 〈타임〉의 주장이다. 이제는 누구든지 혁신적인 아이디어를 창안하면 그것을 구체화할 수 있는 메커니즘이 존재한다. 컴퓨터의 발달로 가능해진 일이다. 빌 게이츠는 앞으로 10년이 제2의 디지털 시대를 열어줄 것이라고 예측한다. 특히 컴퓨터의 교호(交互, interaction) 방식에 엄청난 변화가 일어날 것이라고 진단한다. 데일 헤릭스타드, 유인경, 크레이그 워커 등은 좀더 구체적인 그림을 그린다.

창의적 혁신의 시동을 걸고 이미 전속력으로 질주하기 시작한 분야가 바로 통신기술 분야다. 온갖 다양한 형태의 혁신적인 아이디어들이 구현되어 마치 바이러스처럼 전 세계로 번지고 있다. 나라 전체를 하나의 광대역 통신망으로 엮는 데 성공한 한국은 새롭게 개발되는 최첨단 통신기술의 시장성을 타진해볼 수 있는 특별한 '사회적 텍스트social text'를 갖고 있는 나라다. 이는 우리가 제2의 디지털 시대에도 유리한 위치를 차지할 수 있다는 뜻이다. 다만 아쉽게도 우리는 세계에서 가장 훌륭한 초고속 통신망만 갖췄을 뿐 그걸 미래 예측이나 국가적 차원의 문제해결에 효과적으로 활용하지 못하고 있다. 한국이라는 국지적인 시장에 갇히길 거부하는 담대함과 더 넓은 시장을 향한 개방성을 주문하는 팀 드레이퍼의 충고에 귀를 기울여야 한다.

하지만 여기서 우리는 잠시 숨을 고를 필요가 있다. 제아무리 화려한 디지털 기술의 혁신도 그를 채워줄 아날로그 콘텐츠가 없으면 아무 의미가 없다는 사실을 잊지 말아야 한다. 섬너 레드스톤이 이를 한마디로 요약한다. "유일하게 변하지 않는 것이 바로 변화 그 자체이지만 그 변화 속에도 변하지 않는 상수들이 있다." 그가 말하는 상수들 중에 가장 핵심적인 것이 바로 콘텐츠다. 컴퓨터게임의 생명도 콘텐츠고, 미래의 인터넷 세계에서 TV가 기댈 곳도 다름 아닌 콘텐츠다.

아무리 과학기술의 시대가 절정으로 치달아도 여전히 인문학이 중요한 이유가 바로 여기에 있다. 21세기 통신기술의 발전은 인문학과 과학기술의 통섭에 달려 있다.

상상이 곧 미래다

지금 이 순간 우리의 상상력을 가장 필요로 하는 것은 단연 환경 문제다. 인류의 생존 자체를 위협하는 문제이며 시간이 얼마 남지 않았다는 데 그 심각성이 있다. 우리에게는 과연 후손들에게 물려줄 한 조각의 미래라도 남을 것인가? 무서운 속도로 벌어지고 있는 지구온난화의 위험을 인식하고 우리의 활동 모든 분야에서 이산화탄소를 비롯한 모든 온실가스의 배출을 줄이는 노력을 기울여야 한다. KAIST의 박철 교수는 태양 에너지의 유입을 조절하는 방법으로 지상 1,000킬로미터 상공에 직경 46킬로미터의 거대한 풍선들을 띄울 것을 제안한다. 기후변화와 대기오염의 가장 심각한 요인인 운송 부문에서도 청정기술 개발에 박차를 가하고 있고 이미 괄목할 만한 성공을 거두고 있다. 고든 오어는 이 같은 탈물질화 흐름에 정보통신기술이 크게 기여할 것이라고 설명한다. 우리나라가 선도적인 역할을 할 수 있는 분야임에 틀림없어 보인다.

모든 환경 문제의 근원에는 언제나 인구 증가의 문제가 버티고 있다. 선진국에서는 저출산 문제로 골머리를 앓고 있지만 세계 인구는 여전히 가파르게 증가하고 있다. 2009년 현재 약 68억 명의 사람들이 이 좁은 행성 위에 살고 있고 2050년에는 90억으로 늘 것으로 예측된다. 인구 증가는 곧바로 공간 부족과 환경 파괴의 문제를 낳는다. 다행스럽게도 태생적으로 창의적인 인재들이 많이 모여 있는 건축계가 발빠르게 보다 지속가능한 미래를 설계하기 시작했다. 싱클레어가 지적하는 대로 "우리가 말하는 지속가능성이란 전 세계 90퍼센트 국가에서는 생사의 문제"다. 더 이상 "우주선에서 내려다볼 때 그럴 듯한 건물"만 지을 게 아니라 진정 인간을 위한 건축을 추구해야 한다는 자성의 목소리가 드높다. 공간도 자원으로 간주한다면 그 역시 심각하게 부족해진 지 이미 오래다. 건축가들은 이제 드디어 건물 안에 있는 인간을 들여다보기 시작했다. 형식과 기능을 동시에 추구하며 생물과 비생물을 접목하려 노력하고 있다.

공간 부족의 문제는 우리의 눈을 자연스레 우주로 돌리게 한다. 나는 하느님이 우리 인간을 완벽한 존재로 만들어주셨다는 데 동의하지 않는다. 그렇다면 적어도 우리에게 날개를 달아주셨어야 한다고 생각한다. 인간의 유전체에는 날개를 만들어주는 유전자가 없다. 하지만 우리는 자력으로 기술의 날개를 개발하여 우리 등에 달았다. 이제 우리는 우주라는 무한공간을 향해 힘찬 날갯짓을 시작하고 있다. 2008년 역사상 처음으로 우주인을 탄생시킨 대한민국도 이제 우주탐사의 대장정에 동참했다. 아마 2010년대에 벌어질 일은 아니겠지만 언젠가는 우리가 드루얀의 상상대로 태양광 돛단배를 타고 저 광활한 우주를 유영할 수 있는 때가 올 것이다. 지구의 한정된 공간을 쪼개고 재배치하던 건축가들은 이제 머지않아 끝없이 열려 있는 우주 공간을 우리가 다룰 수 있는 공간으로 포장하는 작업을 해야 할 것이다. 어쩌면 정반대의 상상력이 필요할지도 모른다.

　나는 여기서 또 한 번 숨고르기를 제안한다. 우주는 분명 우리의 상상을 자극하기에 충분한 미래다. 하지만 우주는 결코 우리가 안고 있는 모든 문제를 한꺼번에 해결해줄 수 있는 유토피아는 아니다. 세계적인 우주물리학자 스티븐 호킹Stephen Hawking이나 프리먼 다이슨Freeman Dyson은 우주가 개발되어 지구인의 상당수가 그곳으로 이주해가면 지금 우리가 겪고 있는 환경 문제들은 더 이상 고민거리가 아니게 될 것이라고 설명한다. 생태학자인 나는 이 문제가 그들이 상상하는 것처럼 단순한 것이 결코 아니라고 생각한다. 우주여행이 손쉬워질 날을 대비하여 이미 다양한 우주관광 상품들이 개발되어 있는 걸로 안다. 하지만 비용이 너무 엄청나 억만장자가 아니면 꿈도 꾸기 어렵다고 들었다. 또 우주여행 티켓을 구입한 그 많은 억만장자들 중에 실제로 우주로 이주하고 싶은 사람이 있는지 묻고 싶다. 클라라문트가 지을 우주호텔에는 며칠간 묵을 용의가 있을지 모르지만 나비도 날지 않고 호젓하게 거닐 숲길도 없는 그곳에 눌러앉아 여생을 보내겠다고 자청하는 억만장자는 단 한 명도 없을 것이다. 우주는 우리가 상상할 수 있는 많은 미래들 중의 하나임에는 틀림없지만 결코 지구의 모든 고민을 하루아침에 날려보내 줄 수 있는 요술방망이는 아니다. 시인 오세영은 그의 시선집 《수직의 꿈》(2008) 첫머리에 "우주는 선과 악이 두는 바둑판"이라고 적었다. 나는 우리가 둘 우주의 바둑에서 선이 불계승을 거둘 것을 기대한다.

상상을 노래하다

유진 서난은 우리들 중 그런 미래에 다녀온 몇 안 되는 사람이다. "하늘을 나는 기분을 한 번이라도 맛본 사람은 땅 위를 걸으면서도 두 눈은 영원히 하늘을 향하기 마련이다. 가지 않았다면 모를까 일단 한번 가본 곳은 항상 다시 가고 싶기 때문이다"라는 다빈치의 말대로 인간의 두뇌는 이제 저 광활한 우주로 마구 펼쳐나갈 것이다. 그 옛날 별을 올려다보며 시작된 과학이 이제 아예 그 별을 만지려 한다. 하지만 우리의 미래는 저 지구 밖 공간에만 있는 것은 아니다. 훨씬 더 넓은 우주가 우리 마음속에 있다. 상상은 그래서 아름다운 것이다. 윌 아이 엠은 이미 미래에 사는 사람이다. 그에게 상상력은 "탈출구인 동시에 현실"이며 "비정상적인 사회에서 살아가는 우리로 하여금 정상적인 세계를 그려볼 수 있도록 하는 힘"이다. 상상이 곧 미래다. 만일 우리에게 상상할 줄 아는 능력이 없다면 "모든 것이 어제와 똑같아 보일 것이므로 결과적으로 과거에 얽매여 살아가게" 될 것이다.

"미래가 당신을 위해 무엇을 준비하고 있는가는 상당 부분 당신이 미래를 위해 무엇을 준비하고 있는가에 달려 있다"는 서양 속담이 있다. 미래학이란 단순히 미래의 모습을 그려보는 지적 활동에 그치는 것이 아니다. 사람들에게 더 밝은 미래에 대한 희망을 심어주는 것이 미래학의 궁극적인 목표다. 하와이 대학의 미래학자 제임스 데이터^{James} ^{Dator}는 "하나의 확고한 미래를 예측^{predict}하려 들지 말라. 여러 가능한 미래들을 예보^{forecast}하라"고 충고한다. 그리고 "끊임없이 더 나은 미래를 구상^{invent}하라"고 주문한다. 미래는 바로 우리 머리 안에 있다.

월 아이 엠은 "음악은 상상력을 자극하는 체험"이며 "사람들의 상상력을 자극할 책무"를 갖고 있다고 말한다. 그래서 나는 평화롭고 따뜻한 미래를 노래한 존 레넌^{John Lennon}과 함께 이 책을 덮으려 한다.

천국이 없다고 상상해보라

그리 어렵지 않은 일이다

아래에는 지옥이 있고

위에는 하늘이 있을 뿐이다

모든 사람들이 오늘을 위해 산다고 상상해보라…

　　⋮

모든 사람들이 평화롭게 산다고 상상해보라…

　　⋮

모든 사람들이 세상 모두를 공유한다고 상상해보라…

　　⋮

미국의 소설가 제임스 볼드윈^{James Baldwin}은 "미래는 천국과 같다. 누구나 천국을 찬미하지만 당장 그곳에 가려는 사람은 아무도 없다"고 말했다. 나는 우리에게 다가올, 아니 우리가 만들어갈 미래가 지금보다 훨씬 더 아름다웠으면 좋겠다. 그리고 언젠가 우리가 살게 될 그 '천국'은 우리 모두가 평화롭게 공유할 수 있는 세상이었으면 좋겠다.

- 최재천

연사 목록

*일러두기: 연사 소개는 본문의 순서에 따랐으며 소속과 지위는 포럼 당시를 기준으로 함

● 유진 서난 _ 아폴로17호 선장, 달에 가본 마지막 우주인

해군 핵 전폭기 조종사를 거쳐 1963년 NASA 우주인으로 선발되었고 1976년까지 13년간 총 3회의 우주비행을 수행했다. 1966년 제미니9호의 파일럿으로 우주 궤도에 올라, 미국에서 사상 두 번째로 우주 유영EVA, Extra-Vehicle Activity을 한 우주인이 되었다. 산소를 공급해주는 생명선에 매달린 채 2시간 10분 동안 지구를 두 바퀴 돌며 각종 테스트를 수행했다. 달에 다녀온 뒤로는 존슨 스페이스 센터에서 우주선의 개발과 시험에 참여했다. 1973년부터 1975년까지는 미국과 구 소련의 아폴로 · 소유즈 랑데부 프로젝트를 위한 협상을 수행했다. 우주왕복선 시대가 도래한 뒤, 서난은 ABC와 CNN 등 TV의 우주 분야 해설가로서도 활약했다. 현재 서난 코퍼레이션의 CEO로서 우주 관련 기업들에게 컨설팅 서비스를 제공하고 있다.
www.genecernan.com / Represented by Mark Larson Media Services, Inc.
Phone (619)542-7795(USA) / E-mail mlinc@cox.net

● 빌 게이츠 _ 마이크로소프트 회장

개인용과 비즈니스 컴퓨팅용 소프트웨어, 서비스, 인터넷 기술 분야에서 세계적인 선두 업체인 마이크로소프트의 회장이다. 1973년 하버드대학교에 입학하여 현재 마이크로소프트 사장 스티브 발머를 만났으며 최초의 마이크로컴퓨터인 MITS 알테어Altair용 프로그래밍 언어인 BASIC을 개발했다. 1975년 폴 알렌과 함께 마이크로소프트를 설립했으며, PC가 모든 사무실과 가정에서 중요한 도구가 될 것이라는 믿음을 갖고 PC용 소프트웨어를 개발하기 시작했다. 개인용 컴퓨팅에 관한 그의 비전은 마이크로소프트와 소프트웨어 산업 성공의 핵심이었다. 그의 지휘하에 마이크로소프트는 지속적으로 소프트웨어 기술을 진보, 향상시키고 사람들이 컴퓨터를 보다 쉽고 저렴한 비용으로 즐길 수 있게 하고자 노력하고 있다.

● 마이클 로버트슨 _ 기즈모5 CEO, mp3닷컴 창립자

실리콘밸리에서 명성을 날린 하이테크 창업가 중에서도 매우 독특한 인물이다. 디지털 뮤직에서 OS, 인터넷 음성통화VoIP에 이르기까지 기존의 패러다임에 도전하는 데에서 자신의 의미를 찾았다. 그는 시장지배적 기술이나 제품에 대해 혁신적인 경쟁 제품을 내놓고 논쟁을 불러 일으키는 데 익숙하며, 종종 업계의 독과점 거

인들과 충돌하고 소송에 휘말리곤 했다. 그는 '소비자들에게 선택의 여지와 자유를 제공하기 위해서' 그렇게 해왔다고 말한다. 그의 경력은 MP3, 리눅스 등 소비자들의 힘을 키워주는 열린 표준을 지향하는 노력으로 채워져왔다.

● 크레이그 워커 _ 구글 음성통신 수석 프로젝트 매니저

벤처 기업 그랜드센트럴을 창업했으며 CEO를 역임했다. 그랜드센트럴은 평생 쓸 수 있는 하나의 번호One Number 아래 집 전화, 사무실 전화, 휴대전화 등 여섯 대까지의 전화를 연결하고, 이들을 통해 걸려오는 전화와 음성메시지를 인터넷에서 통합 관리해주었다. 전화를 거는 사람별로 규칙을 설정해, 누구의 전화인지에 따라 거부하거나 원 넘버에 연결해둔 유·무선 전화 일부 또는 모두를 통해 받을 수 있으며, 그랜드센트럴에 남겨진 음성 메시지는 원 넘버에 연결된 어떤 전화로든 청취할 수 있도록 하는 서비스를 제공했다. 이후 구글 본사가 있는 캘리포니아 주 마운틴 뷰로 사무실을 옮기고, 구글의 음성통신 서비스를 개발하는 책임자가 되었다.

● 팀 드레이퍼 _ DFJ 대표이사, 실리콘밸리의 대표적인 벤처투자자

인터넷 음성통신의 세계 최강자 스카이프, 인터넷 광고의 혁명을 이룩한 오버추어, 중국 최대 검색 포털인 바이두 등을 성공시킨 전설적 벤처투자자다. 그가 설립해 대표이사를 맡고 있는 DFJ Draper Fisher Jurvetson 는 시대를 앞서가는 혜안과 과감한 투자로 실리콘밸리의 대표적 벤처 캐피털로 꼽힌다. 1997년 그가 투자한 핫메일에 바이럴 마케팅을 처음으로 도입하여 성공시킴으로써 '바이럴 마케팅의 창시자'로 불리는 등 시장을 보는 통찰력이 탁월하다. 전 세계 30여 개 도시에 DFJ EPlanet, Zone Ventures, DFJ Dragon 등 다양한 계열사를 설립하여 사실상 드레이퍼그룹을 구축했다. 전 세계를 무대로 기업가 정신과 자유시장의 이념을 전파하는 역동적인 연사이기도 하며 〈포브스〉의 갑부 순위 7위, 가장 영향력이 큰 하버드 동창 52위에 오른 바 있다.

● 데일 헤릭스타드 _ 쉬메틱 CCO, 인터페이스 디자인 부문 에미상 4회 수상

미국 스키메틱 사의 CCO(최고 크리에이티브 담당자)이며 인터랙티브 TV, 방송과 통신 그리고 뉴미디어 분야에서 가장 영향력 있는 사람 중 한 명이다. 30년 이상 방송과 인터랙티브 디자인 분야에서 쌓은 경력을 바탕으로 첨단 인터랙티브 TV, 광대역 통신망, 무선 기술, 인터넷 간의 융합을 이끌고 있다.

공간 내비게이션의 인터페이스를 개척했으며, 소니, CSI, 터너 클래식 무비 등 여러 방송사와 영화사의 프로그램 발전에 기여했다. 손동작을 이용한 인터페이스 활용 장면으로 유명한 영화 〈마이너리티 리포트〉의 개념 연구 그룹에도 참여했는데, 앞으로는 그와 같은 방식의 인터페이스나 심지어 뇌파를 이용한 커뮤니케이션도 가능할 것이라는 게 그의 생각이다.

● 권희민 _ 삼성전자 기술총괄 디지털솔루션 센터장

삼성전자의 신규 사업 추진과 이를 뒷받침하는 광범위한 연구개발 분야를 담당하는 기술총괄 디지털솔루션 센터를 총괄하고 있다. 2005년에 부사장으로 진급했으며 디지털솔루션 센터장으로 임명되었다. 1996년 멀티미디어 사업기획 및 연구 Lab을 맡아 삼성전자에서 업무를 시작했으며, 1999년 상무 시절에는 Information Media Lab장을 담당했다.

그의 팀은 새로운 비즈니스를 발굴하고 시장에 도입하여 새로운 신규 사업으로 추진하는 일을 맡고 있으며, 특히 홈네트워크 시장, 인터넷 게임, IPTV 서비스 등을 기획하고 추진해왔다.

● 유인경 _ LG전자 부사장, 전자기술연구원 원장

미국과 국내 유명 대기업의 소프트웨어 부문을 담당해온 소프트웨어 분야 전문가다. 모바일 분야에서는 모바일 소프트웨어 플랫폼 개발 등을 통한 휴대 단말 소프트웨어 경쟁력 확보에 기여했고, 가정용 분야에서는 미국 iTV 플랫폼인 DASE SW 개발과 국내 기업 DTV 제품의 미국 시장 점유율을 확대하는 데 기여했다. 1976년 LG전자에 입사했으며 미국의 유니시스, 휴렛패커드, 제록스 사를 거치면서 소프트웨어 개발과 기술 컨설팅 분야의 경력을 쌓아왔다. 1997년 삼성전자 S/W 센터장과 DTV 사업팀장을 맡아 모바일 소프트웨어 플랫폼의 개발과 사업화, HDTV 관련 기술과 제품의 개발 등을 추진했다. 2002년 Alticast의 부사장으로 부임하여 방송용 소프트웨어 솔루션을 개발했다.

2004년 LG전자 S/W 센터장으로 부임하여 모바일 및 홈 플랫폼 개발을 진행했으며, 2008년 LG전자의 미래 기술을 주도하고 있는 전자기술원의 원장을 겸임하면서 미래 신사업 창출을 위한 신기술 개발을 책임지고 있으며, 2007년부터 임베디드소프트웨어산업협의회 회장을 맡고 있다.

● 데이비드 갈라스_ 바텔 메모리얼연구소 생명과학 분야 연구담당 최고책임자

세계 최대 연구소 가운데 하나인 바텔 메모리얼연구소의 부사장 겸 생명과학 분야 연구담당 최고책임자로, 여러 건의 생물학 관련 프로그램을 이끌고 있다. 동시에 워싱턴 시애틀 소재 시스템바이올로지연구소에서 교수로 일하며 개인적인 연구들을 수행하고 있다.

다윈 몰레큘러 사를 공동 설립하고 최고경영자와 과학연구담당 최고책임자로 일했으며, 이후 이 회사를 인수한 카이로사이언스에서 사장과 과학연구담당 최고책임자를 지냈다. 이후에는 캘리포니아 클레어몬트에 위치한 케크응용생명과학대학원^{KGI}에서 학장으로, 또 과학연구담당 최고책임자이자 응용생명과학 교수로 재직했다. 1990년부터 1993년까지는 미국 에너지부 산하 과학연구소에서 인간 게놈 프로젝트를 지휘했다. 당시 국제 인간 게놈 프로젝트에서 초기 연구를 수행한 공로를 인정받아 1999년 다른 과학자 다섯 명과 함께 스미스소니언협회의 Computer World Pioneer 상 등을 수상했다.

● 르로이 후드_ 시스템생물학연구소 설립자, 소장

분자면역학, 생물공학, 유전체학 분야의 세계적인 과학자다. DNA 염기서열 분석과 합성, 단백질 합성 등의 분야에서 그가 남긴 선구자적인 업적은 현대 분자생물학의 기초가 되었다는 평가를 받고 있다. 특히 그가 개발을 주도한 염기서열 분석기는 DNA 분석을 자동화하여 속도를 크게 높임으로써, 유전체학 발달과 1990년대 인간 게놈 프로젝트의 성공을 가능케 했다. 미국 시애틀에 위치한 그의 연구소는 지금도 인간 유전정보를 활용한 난치병 연구에서 세계 최첨단을 달리고 있다.

캘텍^{Caltech}에서 연구를 시작한 후드 박사는 1992년 워싱턴 주립대학으로 옮겨 통합학제적인 분자생물공학과를 설립하고 학과장으로 취임했다. 2000년 인간 게놈 프로젝트를 통해 공개된 인간 유전자정보를 활용해 모든 난치성 질환의 치료 방안을 찾고자 시애틀에서 시스템생물학연구소를 설립하고 이 분야 연구를 개척했다.

● 마이클 웨스트_ 바이오타임 CEO, UC버클리 생물공학 부교수

바이오타임BioTime과 엠브리옴 사이언스Embryome Science의 CEO이며 UC 버클리의 생물공학 겸임 교수이다.

바이오타임과 바이오타임의 엠브리옴 사이언스는 인간 배아 줄기세포 관련 기술에 집중한다. 1989년 베일러 의대Baylor College of Medicine에서 세포 노화에 관한 논문을 써 의학박사 학위를 받았다. 생물학적 지식을 노화 관련 퇴행성 질환에 응용하는 데 연구의 초점을 두고 있다. 제론Geron 코퍼레이션의 설립자였으며 1990년부터 1998년까지 암세포에만 공통적으로 활성화되어 있는 효소인 '텔로머라제telomerase'를 이용한 암 진단과 치료 관련 연구를 주도했다.

● 이병천_ 서울대학교 수의과대학 교수

세계 최초의 복제 개 스너피 탄생 연구팀의 주역이었으며, 이후 암컷 복제 개의 생산, 늑대 체세포를 개의 난자에 넣어 대리모 견에 임신시키는 방식으로 복제 늑대 생산, 노령(14세) 개의 복제와 탐지 견의 복제에 이르기까지 갯과 동물의 복제에 관해서는 국제적 연구 우위를 선점하고 있다. 이러한 세포 복제를 통해서 유전자의 조절이 가능하며 이를 통한 형질전환 복제 개 생산의 가능성을 열었다. 향후 이것이 성공할 경우 바이오 의학 분야 질병 모델 동물의 활용을 쥐와 같은 설치류에서 인간과 근접한 개와 같은 대동물로 확장시키는 역할을 할 것이라 전망하고 있다. 현재 그는 형질전환 복제 개의 생산을 위한 효율 증진 연구, 이종 장기 이식용 복제 돼지 생산 연구에 초점을 두고 있다. 현재까지 160편 이상의 국내외 학술 논문을 발표했으며, 이 중에는 과학 저널 〈Nature〉지에 2005년 제1저자로 발표한 "Dogs cloned from adult somatic cells"도 있다.

● 오브레이 드 그레이_ 케임브리지대 노화연구소(CIRCA) 박사, 므두셀라재단 최고과학자

인간은 생로병사를 피할 수 없다는 오랜 상식에 반기를 든 과학자로, 누구나 1,000살까지 살 수 있으며 그 주인공은 다음 세대가 아닌 바로 당신이 될 거라고 주장한다. 영국 케임브리지 대학의 유전학 박사로 케임브리지에서 노화 방지를 위한 학제 간 공동 연구소로 설립한 CIRCA의 일원이며, 보다 독자적인 연구를 위해 비영리 기구인 므두셀라재단을 설립하여 운영 중이다.

그가 말하는 노화 방지의 핵심은 SENS^{Strategies for Engineered Negligible Senescence} 프로젝트
에 있다. 이 프로젝트에는 노화의 주범인 분자와 세포의 손상을 회복시킬 구체적
인 계획이 담겨 있으며, 이는 현존하는 기술을 개선하여 적절히 조합하면 바로 실
행에 옮길 수 있는 것들이어서 20년이면 인간 임상 실험까지 마칠 수 있을 것이라
고 주장했다. 그의 주장은 전 세계에 폭발적인 논쟁을 불러일으켰다. 그는 매사추
세츠 공대 잡지에 분자생물학 학위를 지닌 사람 누구든 "SENS 이론이 잘못됐음
을 논문으로 입증한다면 상금으로 2만 달러를 주겠다"고 공표했다. 그리고 1년 뒤,
관련 분야 최고 권위자들로 구성된 판정단은 "드 그레이 박사의 주장이 틀렸다고
과학적으로 입증한 연구자가 없음"을 선언했다.

● 섬너 레드스톤 _ CBS 방송그룹, 파라마운트 영화사, MTV, 바이어컴 회장

하버드대학, 하버드 로스쿨을 차례로 마치고 워싱턴의 로펌 변호사로 활약하다가
자동차극장 사업에 뛰어드는 것으로 첫 승부수를 띄웠다. 그는 영화 배급사들을
상대로 반독점 소송을 벌여 자동차극장도 개봉작을 상영할 수 있는 길을 열었다.
이후 극장사업을 전국적 규모로 확장하고 회사 이름도 내셔널 어뮤즈먼츠로 바꿨
다. 지금은 극장의 일반적 형태가 된 '멀티플렉스'도 1960년대 후반 그가 고안해낸
사업 모델이다. 내셔널 어뮤즈먼츠는 현재 미국과 영국, 남미 등에서 모두 1,400여
개의 극장을 운영하고 있다.
1987년에는 전국적인 케이블 네트워크 기업인 바이어컴을 인수했다. 바이어컴 산
하의 음악 채널인 MTV와 VH1, 가족 오락 채널 쇼 타임, 어린이 채널 니컬로디언
도 그의 소유가 됐다. 영화 제작사 파라마운트와 세계 최대의 비디오샵 체인인 블
록버스터도 인수했다. 1999년에는 미국 3대 방송 네트워크인 CBS 그룹을 인수해
루퍼트 머독, 테드 터너와 함께 명실상부한 세계 3대 미디어 거두로 올라서게 되
었다. 지금은 지주회사인 내셔널 어뮤즈먼츠 밑에 CBS 그룹과 새로운 바이어컴을
두는 형태로 그룹을 분할하여 지배하고 있다.

● 레지 튀리니 _ 비방디 수석부사장 겸 최고전략담당자

2008년 1월 비방디 수석부사장 겸 최고전략담당자가 되었고, 현재 비방디 경영위
원회의 멤버로 활약하고 있다. 카날 플뤼스, 마로 텔레콤, 유니버설 뮤직 그룹 등

여러 비방디 계열사의 이사이며, 비방디 네트와 비방디 텔레콤 인터내셔널의 CEO 이기도 하다. 그룹의 전략 지침 설정과 해외사업 실행을 맡고 있다.

비방디에는 2003년 인수합병 본부장으로 부임하여 비전략사업 매각 과정에서 그룹 회장을 보좌했고, 전 세계적으로 80여 기업의 매각을 주도했다. 비방디에 입사하기 전에는 아르질 앤 컴퍼니라는 투자은행의 managing partner로서 기업자문 서비스를 담당했다. 95년부터는 라가데르 그룹에서 7년 동안 그룹의 인수합병 업무를 맡았다.

● **구보 신타로** _ **일본 NTV 사장**

일본 요미우리 신문 계열의 지상파 방송사로서 일본 내 선도적 민영 방송인 NTV의 사장이다. 게이오대학 경제학부를 졸업하고 1968년 요미우리 신문에 기자로 입사했다. 1977년부터 1981년까지는 런던 특파원을 지냈으며, 1984년부터 1987년까지 워싱턴 특파원을 역임하며 주로 국제 경제와 무역 이슈에 관해 보도했다. 1994년 각종 사안을 보는 통찰력과 결단력을 인정받아 요미우리 신문 비서실의 부장으로 임명됐다. 1995년 경제부장을 거쳐 1996년 요미우리 신문에서 NTV로 자리를 옮겼다. 2002년에서 2004년까지 NTV에서 보도국 부국장, 미디어전략담당 이사, 영업담당 이사를 거쳐 2005년 6월부터 현재까지 대표이사 사장으로 재직 중이다.

● **놀런 부쉬넬** _ **아타리(ATARI) 설립자, '비디오게임의 아버지'**

탁구형 게임 〈퐁〉, 벽돌깨기형 게임의 효시 〈브레이크아웃〉, 우주전쟁 게임인 〈아스테로이드〉 등의 게임들로 '전자오락'의 역사를 시작한 아타리의 창업자이자 개발자다. 1972년 단돈 250달러로 아타리를 창업하면서 〈퐁〉을 동전투입식 게임기로 제조했다. 그는 '전자 오락실'의 아버지이기도 하다. 아타리 당시의 부쉬넬은 또 다른 의미에서 IT산업의 역사를 만들었다. 애플 창업자 스티브 잡스의 처음이자 유일한 샐러리맨 경력을 만들어준 것이다. 대학을 중퇴한 괴짜 히피 천재 스티브 잡스에게 컴퓨터와 결합된 엔터테인먼트의 매력, 제조업과 콘텐츠의 결합, 조직 내 생활이라는 것을 알려준 유일한 체험이 바로 아타리에서 일하던 시절이었다.

2000년 1월 미국 소비자가전협회는 '명예의 전당'을 창립하면서 첫 헌액 대상자로 50명을 선정했는데 '비디오게임의 아버지'로서 놀런 부쉬넬도 포함되었다.

● 김정주 _ 넥슨 홀딩스 대표

국민 게임 〈카트라이더〉의 산실인 넥슨의 설립자다. 1994년 〈바람의 나라〉라는
세계 최초 '그래픽 온라인게임'을 개발하며 온라인게임 시장을 개척했다. 이는 미
국의 울티마 온라인보다 1년 6개월이나 앞선 것으로, 우리나라가 온라인게임 종
주국으로서 위상을 정립하고 넥슨이 글로벌 게임산업 무대의 정점에 오른 계기
가 됐다.
넥슨은 현재 한국, 일본, 중국, 미국, 유럽에 법인을 두고 세계 60여 개국에 20여 개
의 온라인게임을 서비스하여 3억 명이 넘는 회원을 확보하고 있다. 특히 아시아 시
장에서는 '게임 한류韓流'를 주도하며 〈카트라이더〉 중국 동시 접속자 80만 명을
기록한 바 있다. 또한 〈메이플 스토리〉는 최근 북미 시장에도 진출, 유력지인 〈비즈
니스 위크〉로부터 '미국 사이버 열풍을 주도한다'고 평가받은 바 있다.

● 최재천 _ 이화여자대학교 에코과학부 교수, 한국 생태학회 회장

서울대학교 동물학과를 졸업한 후 미국 펜실베이니아 주립대학을 거쳐 하버드대
학에서 사회생물학의 창시자 에드워드 윌슨 교수의 지도로 박사 학위를 받았다.
하버드대학 전임 강사와 미시건대학 조교수로 미국에서 교편을 잡다가 1994년에
귀국하여 2006년까지 서울대학교 생명과학부를 거쳐 현재는 이화여자대학교 에
코과학부의 교수로 재직하고 있다. 인간을 비롯한 여러 동물들의 성과 사회성의
생태와 진화 그리고 동물의 인지 능력과 인간 두뇌의 진화에 대해 연구하고 있다.
귀국 후에는 여러 신문에 과학의 눈으로 세상을 보는 칼럼을 써왔고 대중의 과학
화를 위해 방송 프로그램에서 6개월간 '동물의 세계'를 강의하기도 했다.
영국 케임브리지대학 출판부에서 출간한 영문 서적 두 권을 비롯하여 다수의 전
문 서적들과 '미국곤충학회 젊은 과학자상' '대한민국 과학문화상' '국제환경상'
'올해의 여성 운동상' '대한민국 과학기술훈장' 등을 수상했고, 현재 '진화심리학
Evolutionary Psychology'을 비롯하여 4개 국제 학술지의 편집위원으로 일하고 있다. 현재
한국생태학회 회장을 비롯하여 136환경포럼, 한국환경운동연합, 기후변화센터의
공동대표를 맡고 있다.

● 캐리 파울러 _ 세계 작물다양성재단 대표이사

급변하는 기후변화와 이에 따를 재앙으로부터 농작물의 다양성을 지키기 위해 전 세계 작물의 종자를 보관하는 국제 프로젝트인 세계 작물다양성재단의 대표이사다. 2억 6천만 달러의 기금을 보유한 이 재단은 노르웨이 북쪽 섬인 스발바르드에 '지구 종말에 대비한 씨앗 금고'를 짓고 있다.

그는 미국과 유럽을 오가며 작물의 다양성 문제에 30년 이상 헌신했다. 1985년에는 스웨덴 국회의사당에서 이른바 대안적 노벨상으로 불리는 Right Livelihood 상을 받기도 했다. 1990년대에는 UN 식량농업기구^{FAO}에서 농작물 유전자 다양성 문제에 대한 국제 컨퍼런스와 연구 프로그램을 조직했으며, 이 프로그램은 UN 차원의 첫 번째 세계적 조사 프로젝트로 이어졌다.

● 딕슨 데포미에 _ 콜럼비아대 교수, 수직농업을 창안한 생태학자이자 미생물학자

수직농업이란 도시의 고층 빌딩에서 온실효과를 이용해 층층이 수경재배 방식으로 과실, 채소, 해산물, 축산물까지 키워내는 농업의 새로운 형태다. 일년 내내 재순환이 가능해 도시 내 자급자족을 가능케 한다. 실내 농업이기 때문에 자연재해나 이상기온 등으로부터 식량을 보호할 수 있으며 살충제나 제초제, 화학비료의 사용도 대폭 줄일 수 있어 더 안전한 식량을 제공할 수 있다는 주장이다. 또한 무차별적인 개간을 막음으로써 토지의 사막화 등도 막을 수 있다는 장점 등을 가진다. 농업용수는 도시 하수를 정화해 쓰며, 경작 중 발생하는 수증기를 모아 음용수로 활용한다.

캐나다 토론토 도심에 구상 중인 58층짜리 '스카이 팜'은 경작 가능 면적이 74만 평방미터로, 이곳에서 나는 농산물로 약 3만 5천 명을 먹일 수 있을 것으로 예상된다. 평지 농업 방식이라면 420만 평방미터에서 농사를 지어야 할 양이다.

● 조르비욘 라스무센 _ 베스타스 풍력 에너지 아시아 태평양 사장

베스타스^{Vestas}는 덴마크에서 출발한 풍력 터빈 제작, 판매 업체로 지난 2003년 덴마크의 또 다른 풍력 터빈 제작 업체 NEG Micon과 합병해 전 세계 시장점유율 30퍼센트를 웃도는 세계 최대의 풍력 터빈 생산 기업이 됐다. 현재 세계 60여 개국에서 풍력 터빈을 판매, 설치하고 있다.

그는 베스타스의 아시아 태평양 지역 판매와 프로젝트, 서비스 업무를 총괄하는 최고책임자다. 베스타스에서 14년 동안 근무해왔으며, 과거 유럽풍력에너지협회 European Wind Energy Association의 위원회 멤버로 활동했고, 현재는 세계풍력에너지위원회 GWEC : Global Wind Energy Council의 부회장을 맡고 있다.

● 이케다 가나메 _ 국제핵융합실험로 프로젝트 사무총장
일본을 대표하는 과학 전문 관료로, 2005년 11월 ITER의 사무총장으로 선출되었다. 그는 1968년 도쿄대학 공학부 원자력공학과를 졸업했으며, 1975년 과학기술청 원자력국 핵연료과에 발령받으면서 핵 전문 관료로서의 본격적인 커리어를 시작했다. 원자력안전국 핵연료규제과, 계획과, 원자력국 정책과 등을 거쳐 1984년 과학기술청 원자력국 핵연료과장에 임명되었으며, 이듬해 워싱턴 주재 일본 대사관의 참사관으로 파견되었다.
1990년대 들어 과학기술청 장관 관방심의관, 원자력 안전국장, 연구개발국장 등을 역임했으며, 2000년 과학심의관을 거쳐 2001년 우주개발사업단의 이사를 맡았다. 2003년에는 크로아티아 대사에 임명되었고, 2005년 11월부터 국제핵융합실험로 프로젝트ITER에 합류했다.

● 진보근 _ 두산중공업 담수기획 상무
두산중공업에서 해수담수화 사업을 수행하고 있는 담수BGBusiness Group에서 전략 및 기획 업무를 관할하고 있다. 하버드 비즈니스 스쿨에서 MBA를 취득하고 미국 매킨지에서 근무해오다 두산중공업에 입사했다. 두산중공업이 미국 AES사의 RO 사업부문을 인수해 설립한 미국 두산하이드로테크놀로지로 자리를 옮겨 회사의 조기 정상화에 기여했다. 두산하이드로테크놀로지는 물 관련 전문지인 〈GWIGlobal Water Intelligence〉가 선정하는 2008 글로벌 워터 어워드Global Water Awards 2008에서 '올해의 담수기업' 부문 최우수상을 수상했다.
담수BG는 2006년 말 두산하이드로테크놀로지와 중동의 허브 두바이에 담수R&D 센터를 설립하고 사우디아라비아와 쿠웨이트에서 잇따라 대형 담수 설비를 수주하는 성과를 거뒀다.

● 데이비드 팬튼 _ BMW 아시아 태평양·남아프리카 지역 수석부사장

영국 랜드 로버에서 엔지니어로 출발해 점차 세일즈와 마케팅 분야의 전문성을 키워나가면서 자동차 관련 경력을 쌓아나갔다. 1992년 랜드 로버의 포르투갈 현지 법인 사장이 되었으며, 1994년 BMW가 로버 그룹을 인수한 뒤에도 포르투갈에 남아 로버 비즈니스를 BMW 그룹의 활동에 통합시키는 프로젝트를 주도했다. 2000년 랜드로버 비즈니스가 포드에 매각될 때 랜드로버의 유럽 영업 총괄 디렉터로 포드에 스카우트되었는데, 2001년 다시 BMW로 영입되어 스웨덴 스톡홀름의 BMW와 Mini 판매 법인 사장이 되었다.

2002년 BMW와 Mini의 유럽 영업을 총괄하는 유럽담당 부사장이 된 팬튼은 뮌헨으로 이동해 BMW 그룹 이사회에 직접 보고했다. 또한 유럽 지역 15개 계열사 사장으로 구성된 경영위원회의 일원으로 그룹 경영에 참여했다. 2007년 아시아, 태평양, 중동, 동유럽, 카리브해 연안과 아프리카 담당 수석부사장이 되면서 국제 시장 경험을 쌓았다.

● 고든 오어 _ 맥킨지 전략수립 글로벌리더 겸 정보통신기술, 기후변화 부문 아시아 책임자

맥킨지 Asian Practice의 디렉터로 맥킨지의 Greater China Practice를 수년간 이끌고 있으며 1993년 이후로 북아시아 지역에서 근무하고 있다. 현재 Greater China의 아시아 전략 Practice 책임자로서 기후변화 관련 작업도 담당하고 있다. 주로 전략, 파트너십, 조직 관련 등의 주제와 관련하여 고객사를 지원하고 있다. 유기적 성장과 인수를 통한 글로벌화 전략의 수립 및 실행 분야에서 그가 보유한 전문 지식은 한국과 중국에서 폭 넓게 인정받고 있다. 그는 기업, 정부, NGO 단체 등 20여 개의 선도 기관들과 함께 탄소 배기가스 배출과 감축에서 정보통신기술이 담당하는 역할을 파악하기 위해 최근 맥킨지와 함께 수행했던 프로젝트에 아시아 리더로서 참여했다.

● 박 철 _ KAIST 항공우주공학과 초빙교수, 전 NASA 선임연구원

1964년에서 1994년 말까지 미국 실리콘밸리에 있는 미 항공우주국 에임즈 연구소에서 연구원으로 근무했다. 그러는 동안 MIT 객원교수, 스탠포드 대학의 강사, 독일 슈르트가르트 대학교 객원교수, 에임즈 연구소의 실험공기열역학과의 과장,

기간 연구자 등의 보직을 거쳤다. 미 아폴로 계획에 참여했으며 아폴로, 우주왕복선 그리고 여러 행성 탐사 우주선의 개발에 종사했다. 1995년에서 1998년까지는 일본 센다이의 도호쿠대학 교수로 재직했으며 1998년에서 2003년까지 에임즈 연구소에서 다시 일했다. 2003년부터는 KAIST 항공우주공학과의 초빙교수로 근무 중이다.

그의 전문 분야는 우주선의 대기 진입이며, 세계에서 그 분야에서 가장 많이 쓰이는 교과서를 포함하여 많은 논문과 저서를 집필했다. 우주선 설계에 관한 특허 보유자이며, 슈르트가르트 대학교 명예박사다. 미 정부와 학회에서 세 번의 훈장을 받았다.

● 조슈아 프린스 라무스 _ REX 설립자이자 대표, 시애틀 중앙도서관 설계자

뉴욕에 사무실을 둔 다국적 건축 디자인 회사 REX의 설립자이자 대표다. 그는 로테르담에 본사를 둔 OMA의 미국 사무소를 뉴욕에 설립한 파트너였다. OMA 뉴욕 시절 시애틀 중앙도서관과 구겐하임 라스베이거스 미술관 등의 대형 프로젝트를 담당했다. 특히 시애틀 중앙도서관은 미국건축가협회에서 2005년의 가장 뛰어난 건축물 13개 중 하나로 선정되었으며, 2004년 〈타임〉이 선정한 걸작 건축물로도 꼽혔다.

2006년 그는 OMA 뉴욕 사무소를 REX로 새롭게 출범시키고, 켄터키 주 루이빌의 문화센터 겸 다용도 수변 시설인 '뮤지엄 플라자', 텍사스 주 댈러스의 '디 & 찰스 와일리 극장', 터키 이스탄불의 유명한 패션 회사 바코^{Vakko}의 새로운 본사, 노르웨이 오슬로의 '스테네르센 박물관'과 '데이히만스케 도서관' 등 다양한 건축 프로젝트를 진행하고 있다.

● 카메론 싱클레어 _ '인간을 위한 건축' 대표

1999년 자신이 설립한 자선 기관인 인간을 위한 건축$^{Architecture\ for\ Humanity}$의 대표다. 그는 이 기관을 통해 인도적인 도움의 손길이 필요한 곳에 건축 디자인 솔루션을 제공하는데, 현재 14개국에 걸쳐 학교, 병원, 서민용 주택단지 등을 장기적 지속가능성이라는 관점에서 건축하는 프로젝트들을 벌이고 있다.

시사 전문지 〈포춘〉은 2004년 그를 '세상을 더 나은 곳으로 바꾸고 있는 7인'에 선

정했으며 세계 최고의 컨퍼런스로 꼽히는 TED로부터 2006년 TED Prize를 수상했다. 실리콘밸리에서 가장 영향력 있는 전문지 〈와이어드〉는 2006년 허리케인 카트리나 복구 과정에 기여한 공로로 그에게 레이브 상$^{Rave\ Award}$을 수여했다. 2007년에는 영국 권위지 〈가디언〉이 'Top 50 글로벌 디자이너'에, 〈비즈니스 위크〉는 '10 Cutting Edge Designers'에 카메론 싱클레어를 포함시켰다. 그는 최근 다보스 세계경제포럼으로부터 '2008 영 글로벌 리더'로 선정되었다.

● 켄 양 _ 친환경적 고층건물 설계자

건축 기획가, 생태학자이자 작가이며, 고층건물의 친환경적 설계 부문에서 가장 권위 있고 선도적인 인물로 알려져 있다. 건물 각 면의 일조량, 풍향, 풍량 등 기후적 요소와 건물 부지 인근의 생태학적 측면, 건축 자재 등을 총체적으로 고려한 친환경, 저 에너지, 고효율 건물을 전 세계에 100여 개 이상 설계했다. 이러한 고층건물을 그는 '생태기후학적 마천루'라고 부른다. 그가 설계한 대표적 건물로는 말레이시아의 메나라 메시니아가$^{Menara\ Mesiniaga}$ 타워, 싱가포르 국립도서관, 영국의 Great Ormond Street Hospital Extension 등을 들 수 있다.

아시아건축사협의회^{ARCASIA}의 의장을 지냈고 미국건축가협회 명예 펠로우이다. 미국 일리노이 주립대학, 하와이 주립대학, 말라야대학 등에서 강의를 했으며 현재 영국 소재 건축 설계 회사인 레웰린 데이비스 양과 말레이시아 소재의 자매회사 햄자&양의 대표를 맡고 있다.

생태학적 건축 설계 분야의 공로를 인정받아 아가 칸 건축 상, RAIA 인터내셔널 어워드, 프린츠 클라우스 상, UIA 오거스트 페레 상 등을 수상했다. 여러 책을 집필했으며 가장 최근의 저서로 《Ecodesign: Manual for Ecological Design》이 있다.

● 유 걸 _ IARC 공동 대표, 서울시 신청사 설계자

지난 40여 년간 미국과 한국에서 건축 설계 활동을 한 건축가로 1998년부터 3년 연속 미국 건축사협회상을 수상했고, 김수근 건축상과 건축가협회상을 수상한 바 있다. 그가 설계한 밀알학교는 KBS 선정 한국 10대 건축물 중 하나다.

서울시 신청사 설계자인 그는 신청사 설계에서 '대중을 위한 개방형 공간'에 중점을 두었다고 이야기한다. 전면을 유리로 하여 개방감을 확대하고자 하는 안인데

기술적으로는 어려운 과제가 될 것이지만 상상력을 통하여 이러한 역경을 이겨낼 수 있다고 자신했다.

현재 아이아크의 공동 대표이며, 경희대학교 건축전문대학원 교수로도 활동 중이다. 서울대학교를 졸업했고 미국 건축사[AIA] 자격을 보유하고 있다.

● 피트 워든 _ 미 항공우주국 에임즈 연구소 소장

미국 애리조나 대학의 천문학, 광학, 천체과학 연구 교수를 역임하며 국방과 과학 연구용 대형 광학 장치 개발과 근거리 소행성 연구에 매진해왔으며 우주탐사와 근거리 별에서의 태양성 활동에 대해서도 연구했다. 지금까지 천체물리학, 우주과학, 전략 연구에 대한 논문 150여 편 이상을 저술 혹은 공동 저술했고, NASA 우주비행에 과학조사대원으로 두 차례 직접 참여했다.

미 국방부의 첨단 연구소인 DARPA의 우주 분야 컨설턴트를 지냈고, 2004년에는 미 의회 펠로우로서 샘 브라운백 상원 의원의 NASA 및 우주 문제에 대한 수석자문관을 맡았다. 애리조나 주립대학에서 천문학 박사 학위를 받은 뒤 1975년에 공군에 입대했고, 2004년에 29년간의 복무를 마치고 준장으로 예편했다.

● 곽도찬 _ NASA 고등수퍼컴퓨팅 응용 부문 수석연구원

NASA 에임즈 연구소에서 28년 이상 재직하면서 전산유체역학 분야에서 최신 기법을 개발하는 등 많은 독창적인 기여를 했다. 우주왕복선 주 엔진의 재설계 등 미 우주국을 위해 아주 복잡하고 실질적인 항공우주 문제를 해결해왔다. 그가 기여했던 재설계 Block II 엔진은 1995년 7월 디스커버리 호부터(STS-70) 이후의 모든 우주왕복 미션에서 사용되었다. 그의 항공우주 분야 기초 연구와 리더십은 전산유체 분야와 항공우주 분야에서 세계적으로 잘 알려져 있다.

또한 전산 혈류 유동 해석 방법의 개발 등 생물 의학 분야에서 선구자적인 기여를 해왔다. NASA와 Micromed Technologies 사의 공동 연구로 NASA-DeBakey 심장 보조장치[VAD]를 개발하여 400여 이상의 환자가 사용하고 있다. 이 VAD 성과물로 2002년도에는 NASA에서 그해 최고의 상용 발명상을 수상하기도 했다.

● 제이비어 클라라문트_ **갤럭틱 스위트 우주호텔 프로젝트 대표**

2012년 개장을 목표로 추진 중인 세계 최초의 우주호텔 기업 갤럭틱 스위트의 설립자이자 이사다. 갤럭틱 스위트는 '우주인 훈련의 역동적 체험과, 열대 휴양지에서의 휴식과 같은 편안한 체험 그리고 궤도상에서 지구를 내려다보는 신비로운 체험을 하나로 만든' 프로젝트다. 지상 발사 10분 만에 시속 28,000킬로미터에 도달해 80분에 한 번 지구를 돌며 하루에 열다섯 번의 일몰을 감상하고, 벌집 모양의 우주호텔로 옮겨 숙박하는 등의 체험을 하나의 패키지로 제공한다는 것이다.

그는 원래 보석 디자이너로 명성을 쌓았으며 건축, 인테리어 및 제품 디자인을 전문으로 하는 기업가다. 두쉬클라라문트^{DuchClaramunt}라는 보석 디자인 회사와 ADD+ 라는 건축, 제품, 보석 디자인 전문 기업도 설립했다. 2007년에는 고객들이 의뢰하는 모든 질문에 답을 제공하는 것을 목표로 EQUIP라는 회사를 설립했다. 2007년에는 자신이 설계한 Chic&Basic Born이라는 호텔로 Contract World 상을 수상했다.

● 백홍렬_ **한국항공우주연구원 원장**

다목적실용위성2호의 개발로 대한민국을 미국, 러시아, 프랑스, 독일, 이스라엘, 일본에 이어 세계에서 일곱 번째 1미터 해상도의 관측 위성 보유국으로 도약할 수 있게 한 주역이다. 또한 우리나라 최초의 우주인 탄생을 진두지휘했으며, 그 우주인이 우주정거장에서 성공적으로 우주 실험을 수행함에 따라 세계에서 열한 번째 우주 실험 수행국으로 만들었다.

국방과학연구소에서 유도탄 개발 업무를 수행했으며, 이후 한국항공우주연구원으로 자리를 옮겨 다목적실용위성1호, 2호 및 원격 탐사 기술을 개발하는 데 주력했다. 특히 다목적실용위성2호에 탑재한 고해상도 카메라 개발에 대한 책임자로 사업 수행을 주도했다. 현재 대한원격탐사학회 회장과 대덕클럽 이사를 겸하고 있다. 주요 포상 경력으로는 천마지대 공유도탄 개발에 따른 대통령 표창, 다목적실용위성1호 개발에 따른 석류장 (훈장) 등이 있다.

● 코조 후지_ **일본 우주항공연구개발기구 우주과학연구소 소장**

일본 우주항공연구개발기구^{JAXA} 우주과학연구본부^{ISAS} 교수이자 디렉터로 일본 항공우주공학 분야를 대표하는 학자다. JAXA의 정보계산공학센터장과 도쿄대학 대학원 항공우주공학 전공 교수직도 겸임하고 있으며, JAXA의 2003년 제1기 중기 계획과 2006년 장기 비전 수립에 참여했다.

1980년 도쿄대학 항공학과에서 공학 박사 학위를 받았고 미국 NASA의 에임즈 연구소에서 2년간 NRC 연구원으로 재직했다. 1984년 일본 항공우주기술연구소의 연구원, 주임연구원을 거쳐 1987년 우주과학연구소^{ISAS}의 조교수가 되었으며, 1997년에 교수로 임명됐다.

● 앤 드루얀 _ 코스모스 스튜디오 최고경영자

작가이자 강연자, TV·영화 제작자다. 작고한 남편 칼 세이건과 함께 유명한 우주 다큐멘터리 시리즈 '코스모스^{Cosmos}'를 제작해 에미상과 피바디상을 수상했다. NASA가 1977년 보이저1호를 우주로 떠나 보낼 때 문명을 지닌 외계인이 발견할 경우에 대비해 지구의 생물 다양성과 문화를 음악과 이미지 등으로 구성한 황금 레코드 판을 실었는데, 그녀가 이 제작 프로젝트의 크리에이티브 디렉터였다. 《혜성^{Comet}》, 《잊혀진 조상의 그림자$^{Shadows\ of\ Forgotten\ Ancestors}$》 등을 칼 세이건과 공동 집필했고, 단독으로도 소설 《A Famous Broken Heart》을 써서 〈뉴욕 타임스〉 베스트셀러에 이름을 올리는 등 작가로서 활발히 활동했다. 1997년 개봉된 영화 '콘택트'(칼 세이건의 동명 소설을 원작으로 함)의 공동 제작자였으며 대본도 함께 썼다. 그녀는 〈뉴욕 타임스〉, 〈워싱턴 포스트〉 등 유력지의 인기 기고가였으며 미국의 유명 방송 시사 프로그램을 통해 우주과학을 대중에게 알리는 데 크게 기여했다. 그녀의 관심 영역은 외계 생명체 탐지, 핵무기 감축, 대마초 합법화 등 다양하며, 수많은 컨퍼런스에 연사로 활동하고 있다.

● 윌 아이 엠 _ 힙합그룹 블랙 아이드 피즈의 프로듀서 겸 리드보컬

세계적으로 유명한 미국 힙합그룹 '블랙 아이드 피즈$^{Black\ Eyed\ Peas}$'의 프론트맨이자 프로듀서로 그룹의 핵심이며 독창성의 원동력이라고 할 수 있다. 블랙 아이드 피즈는 세계적으로 약 2천만 장의 앨범 판매 기록을 세운 인기 그룹으로 10회나 그래미상 후보가 되었으며 2005년부터 2007년까지 3년 연속으로 수상했다. 윌 아이 엠은 여러 차례 솔로 앨범을 발매하기도 했으며 스타 프로듀서로서 저스틴 팀버레이크, 존 레전드, 머라이어 캐리, 휘트니 휴스턴, 마이클 잭슨, 푸시캣 돌스 등 여러 유명한 아티스트의 앨범에 참여했다.

뿐만 아니라 다양한 사회적 이슈와 진보주의적 정치 의식을 담은 음악으로 반향을 불러일으킨 그는 노벨상 수상자인 앨 고어를 위한 노래 'S.O.S.(Mother Earth)'와 2008년 미 대통령 후보인 버락 오바마를 지지하는 노래 'Yes We Can'을 발표해 큰 관심을 끌었다.

최재천

서울대학교를 졸업한 후 미국 펜실베이니아주립대학에서 생태학 석사와 하버드대학에서 진화생물학 박사 학위를 받았다. 하버드대학 전임강사, 미시건대학 조교수, 서울대학교 교수를 역임하고 현재는 이화여자대학교 에코과학부의 교수로 재직하고 있다. 인간을 비롯한 여러 동물들의 성과 사회성의 생태와 진화, 그리고 동물의 인지능력과 인간 두뇌의 진화에 대해 연구하고 있다. 영국 케임브리지대학 출판부에서 출간한 전문서적들을 비롯하여《최재천의 인간과 동물》《당신의 인생을 이모작하라》《대담》《지식의 통섭》등의 저서와《인간은 왜 병에 걸리는가》《인간은 왜 늙는가》《인간의 그늘에서》《음악은 왜 우리를 사로잡는가?》《통섭-지식의 대통합》등의 역서를 출간했다. 통섭원 원장과 기후변화센터, 136환경포럼 등의 공동대표를 맡고 있다.

서울디지털포럼

이른바 T.I.M.E.+, TECHNOLOGY, INFORMATION, MEDIA, ENTERTAINMENT 산업과 주요 글로벌 이슈들을 대표하는 세계 정상급 연사들을 초청하여 범세계적 지식 혁명과 이에 따른 여러 산업의 변화에 대해 토론하고 미래의 비전을 제시하는 SBS 주최 국제 포럼이다. 각계 리더들의 미래를 읽는 혜안을 공유함으로써 디지털 시대의 지식격차 해소와 사회문제 해결, 경제의 발전에 기여함을 목적으로 한다.
홈페이지 www.seouldigitalforum.org
이메일 future@sbs.co.kr